Andy Bosch

Portlets und JavaServer Faces

Andy Bosch

Portlets und JavaServer Faces

entwickler.press

Andy Bosch: Portlets und JavaServer Faces
ISBN: 978-3-939084-89-1

© 2009 entwickler.press
Ein Imprint der Software & Support Verlag GmbH

Bibliografische Information der Deutschen Nationalbibliothek
Die Deutsche Nationalbibliothek verzeichnet diese Publikation in der
Deutschen Nationalbibliografie; detaillierte bibliografische Daten sind
im Internet über http://dnb.d-nb.de abrufbar.

Ihr Kontakt zum Verlag und Lektorat:
Software & Support Verlag GmbH
entwickler.press
Geleitsstraße 14
60599 Frankfurt am Main
Tel: +49(0) 69 63 00 89 - 0
Fax: +49(0) 69 63 00 89 - 89
lektorat@entwickler-press.de
http://www.entwickler-press.de

Lektorat: Sebastian Burkart
Korrektorat: Frauke Pesch
Layout: SatzWERK, Andreas Franke, Siegen (www.satz-werk.com)
Umschlaggestaltung: Maria Rudi
Belichtung, Druck & Bindung: M.P. Media-Print Informationstechnologie GmbH,
Paderborn

Inhaltsverzeichnis

entwickler.press

V Vorwort

Frei nach Martin Luther King Jr. „I have a dream", könnte man meine Motivation für dieses Buch wie folgt beschreiben: „Ich habe einen Traum, in dem es keine Rolle mehr spielt, ob ich JSF-Anwendungen für ein Portal oder für einen herkömmlichen Servlet-Container schreibe. Es ist eine Welt, in der nicht mehr zwischen Portlets und Servlets unterschieden wird. Eine Welt, in der Portlet-Anwendungen und JSF-Servlet-Anwendungen gleichberechtigt und ohne Unterschiede nebeneinander leben können".

Naja, vielleicht ist diese Analogie ein wenig weit hergeholt. Dennoch trifft sie meine Motivation auf den Punkt: War es bislang extrem schwer bis unmöglich, JSF und Portlets zu vereinen, stehen mittlerweile genügend Möglichkeiten zur Verfügung, das Beste aus beiden Welten zu kombinieren. Es ist möglich geworden, dass ein Anwendungsentwickler eine „normale" JSF-Anwendung entwickelt und diese anschließend ohne großen Aufwand in das Portal bringen kann. Es ist keine Illusion mehr, dass die Verbindung von JSF und Portlets nahtlos erfolgen kann. Dieses Buch ist dazu bestimmt Ihnen zu zeigen, wie einfach das ist und wie viel Spaß es machen kann.

Das Buch geht jedoch nicht nur auf die reine Kombination von JSF und Portlets ein, sondern stellt jede Technologie für sich vor: Wie funktioniert JSF, wie erstelle ich Anwendungen basierend auf JavaServer Faces? Und wie bekomme ich das Ganze ins Portal? Welche Rolle spielt dabei die PortletBridge? Diese Fragen sind die Leitfragen dieses Buchs. Es wird so kompakt wie möglich, aber dennoch auch so umfangreich wie nötig eine Einführung in den Themenkomplex von JSF und Portlets gegeben.

So ein Buch entsteht natürlich nicht ausschließlich am Schreibtisch zu dunkler Nachtzeit. Vielmehr waren Diskussionen mit Gleichgesinnten in und außerhalb diverser Communities mehr als hilfreich. Als Erstes muss hier die Expert Group des JSR-301 genannt werden, ohne die es sicherlich kein Buch in dieser Form geben würde. Ich selbst bin zwar Mitglied dieser Expert Group, allerdings haben – offen zugegeben – die Hauptarbeit andere geleistet. Es wurde mit großem Engagement die Spezifikation erstellt, die dann mithilfe der MyFaces Community auch mit einer Referenzimplementierung komplettiert wurde. Auch hier waren wieder viele engagierte Committer eifrig dabei.

Persönlich danken möchte ich Tobias Frech, einem Kollegen von mir, der als Erster mein Buch durchgelesen hat und verschiedene Verbesserungen einbringen konnte. Auch Günther Wutzl aus Österreich hat das Buch vor Erscheinen durchgearbeitet und mir noch einige wertvolle Hinweise gegeben. Vonseiten des Verlags danke ich Sebastian Burkart, der in unglaublichem Tempo meine Kapitel jeweils durchgearbeitet und das Buch qualitativ ein großes Stück nach vorne gebracht hat.

Last but not least habe ich noch eine gute Nachricht für meine Frau Klaudia und meinen Sohn Fabian: Ja, ich werde abends ab jetzt auch mal wieder andere Dinge tun können als vor dem Computer zu sitzen, Beispiele zu programmieren und zu tippen.

1 Einleitung

1.1 JavaServer Faces und Portlets – ein Dream Team?

JavaServer Faces und Portlets – das Dream Team der kommenden Jahre?

Genau diese Frage habe ich mir vor einiger Zeit gestellt – und sie mit einem eindeutigen Ja beantwortet. Ich habe in den vergangenen Jahren zahlreiche Projekte sowohl mit Java-Server Faces als auch mit Portlets im Portalumfeld realisiert. Allerdings war es immer die eine **oder** die andere Technologie, niemals beide gleichzeitig.

Portalprojekte waren spannend, die verschiedenen Portalsysteme bieten eine Vielzahl an Möglichkeiten, um umfangreiche und mächtige Plattformen aufzubauen. Allerdings sind die Mittel, ansprechende User Interfaces aufzubauen, eher bescheiden. Projekte mit JSF dagegen reizen wegen ihrer Möglichkeiten speziell im User-Interface-Bereich. UI-Komponenten mit AJAX-Unterstützung, und sogar Drag-and-Drop im Web lassen sich mit JSF realisieren. Am besten wären somit Projekte, in denen beide Technologien verbunden werden können.

Technisch betrachtet ergänzen sich beide Technologien ideal. Jede der beiden Technologien bietet Möglichkeiten, die die jeweils andere nicht aufweist. Dennoch war es in der Vergangenheit sehr aufwändig bzw. schon fast unmöglich, eine gute Kombination zu realisieren. Dies hat sich jedoch in den letzten Monaten stark verändert. Neue Standards und spezielle Bridge-Lösungen verhelfen dem Anwendungsentwickler, JSF und Portlets nahezu ohne Aufwand zu kombinieren. Endlich lässt sich somit ein einfacher Weg beschreiten, beide Technologien auch ohne mühevolle Integrationsarbeit zu kombinieren. Daher wird meiner Überzeugung nach die Kombination von JSF und Portlets künftig ihren Siegeszug antreten.

Sicherlich, eine genaue Zukunftsprognose kann keiner genau geben, aber wenn Sie sich lange genug mit der Materie beschäftigen, kommen Sie eventuell zur gleichen Überzeugung. Und um Sie davon zu überzeugen, gibt es dieses Buch.

Doch was sind die Argumente, die für die Kombination der beiden Technologien Java-Server Faces (JSF) und Portlets sprechen? Oder ist es nur eine Art Bauchgefühl?

Betrachtet man zunächst JavaServer Faces, so ist allein diese Technologie schon eine Erfolgsgeschichte. Die erste Version der Spezifikation sowie der Referenzimplementierung erschienen bereits im Jahr 2004. Mit der Fertigstellung der Spezifikation entstand zum ersten Mal ein standardisiertes Framework mit dem Fokus auf User Interfaces. Zwar gab es bis dato schon zahlreiche andere Webframeworks (z. B. Struts, Tapestry, Cocoon und viele andere), allerdings waren diese allesamt nicht standardisiert. Jedes dieser vielen Frameworks hatte seine eigene Fangemeinde, auch technisch betrachtet hatten sie alle durchaus ihre Berechtigung. Trotzdem konnte sich keines der Frameworks in der großen Breite durchsetzen.

Mit JSF hatten sich jedoch alle namhaften Softwarehersteller (BEA, Oracle, Sun, IBM, Siemens, Novell und viele weitere) auf ein gemeinsames UI-Framework geeinigt. Die meisten dieser Firmen haben sogar aktiv am JSF-Standard mitgearbeitet. Dies war ein wichtiger Erfolgsfaktor für JSF. Fast alle namhaften Hersteller boten daraufhin Unterstützung von JSF in ihren Entwicklungsumgebungen, Add-ons und Modellierungswerkzeugen an. Auch die Entwicklergemeinde ist stetig angewachsen. Viele sind auf den JSF-Zug aufgesprungen und haben damit zahlreiche Projekte erfolgreich realisiert. Der Siegeszug von JSF war somit nicht mehr aufzuhalten. Heutzutage kann man daher ohne Bedenken behaupten, dass JSF kein Hype ist, sondern ein Trend, und sich mehr als etabliert hat. Viele neue Projekte verwenden JSF für die UI-Schicht in ihren Webprojekten. Auch dass JSF mittlerweile zur Enterprise Edition von Java gehört, spricht für sich.

Portale und Portlets dagegen gibt es schon um einiges länger. Die Geschichte der Portlet-Spezifikation ist auch ein wenig bewegter und weniger geradlinig. Es gab viele politische Diskussionen, bis endlich ein erster gemeinsamer Portlet-Standard (der JSR-168) verabschiedet wurde (mehr dazu finden Sie in Kapitel 2). Zuvor gab es einige herstellerspezifische Lösungen, die untereinander jedoch in keinster Weise kompatibel waren. Somit musste man sich als Anwender für einen Hersteller entscheiden, eine Migration war fast unmöglich. Mit dem JSR-168, der 2003 fertiggestellt war, wurde ein wichtiger Meilenstein erreicht. Alle Hersteller einigten sich endlich auf eine Spezifikation.

Damit wurde es erstmals möglich, dass Portlets auch zwischen den verschiedenen Portalservern ausgetauscht werden konnten (zumindest, wenn man keine herstellerspezifischen Erweiterungen eingesetzt hat). Das Wichtigste war jedoch, dass mittels des Portlet-Standards 1.0, also des JSR-168, endlich ein gemeinsames Programmiermodell für Portlets entstanden ist. Im Sommer 2008 wurde eine weitere Version des Standards (JSR-286) veröffentlicht, was die Akzeptanz und Verbreitung sicherlich nochmals gesteigert hat. Alle wichtigen Hersteller im Java-Umfeld unterstützen bereits diese beiden wichtigen Portlet-Standards. Es gibt heutzutage eigentlich keine Diskussion mehr, auf proprietäre Portlet-Technologien zurückzugreifen.

Wie Sie später noch sehen werden, ist die Portlet-Programmierung eng mit der Servlet-Programmierung verwandt. Statt eines Servlets schreibt man eben ein Portlet. Diese Analogie zeigt aber auch, dass der Portlet-Standard ein sehr grundlegender Standard ist, der zwar die Basistechnologie definiert, aber keine Lösungen für eine höher abstrahierte UI-Entwicklung bereithält.

Denn verglichen mit der Nicht-Portal-Welt ist eine Portlet-Entwicklung noch ein wenig „rückständig": Wer würde heute noch dynamische Webanwendungen direkt in Servlets oder JSP-Seiten programmieren? Ohne Einsatz einer modernen JSP-Tag Library?

In der Nicht-Portal-Welt gibt es bereits seit einigen Jahren genügend Frameworks, die eine weitere Abstraktionsschicht bereitstellen, sodass der Anwendungsentwickler auf ein höheres API (Application Programming Interface) zugreifen kann. Und genau diese Frameworks sind die eingangs erwähnten Projekte wie Struts, Tapestry und natürlich JavaServer Faces. Sie bieten eine Möglichkeit, wie man Seiten beschreiben und definieren kann, ohne z. B. HTML-Code direkt in einer Java-Klasse programmieren zu müssen. Auch bieten einige der Webframeworks vordefinierte UI-Elemente, sodass eine Seite

entwickler.press

sehr schnell aus Komponenten zusammengebaut werden kann, ohne sich mit den Details von HTML, JavaScript oder Stylesheets auseinander setzen zu müssen. JSF ist hierfür sicherlich das beste Beispiel.

Und jetzt schließt sich der Kreis: Mit der Portlet-Spezifikation existiert ein Standard, wie Portlets in einer entsprechenden Portalumgebung ablaufen können. Portale bieten die Möglichkeit, Inhalte und Anwendungen auf UI-Ebene zu aggregieren. Mit der vereinheitlichten Portlet-Spezifikation existiert also ein Basisprogrammiermodell zur Erstellung einzelner Portlet-Anwendungen. Innerhalb eines Portlets existiert jedoch noch kein höherwertiges Model-View-Controller-Framework. Wenn jetzt das Portlet-Programmiermodell mit der JavaServer-Faces-Technologie kombiniert wird, erhält man somit eine sehr mächtige Kombination, um Anwendungen standardkonform und basierend auf den neuesten Technologien zu erstellen.

Die Portlet-Spezifikation definiert sozusagen die Basis, JavaServer Faces die darauf aufsetzende Anwendung. Wie Sie später noch sehen werden, ergänzen sich die Technologien ideal. Jede hat ihren Aufgabenbereich und konkurriert nicht mit der anderen.

Ich selbst war in jüngster Vergangenzeit in einigen Projekten involviert, die auf die Portal- und die JSF-Technologie gesetzt haben. Anfangs gab es durchaus noch zahlreiche Schwierigkeiten, beide Technologien zu verbinden. Doch mit den Standardisierungsbemühungen in den letzten Monaten hinsichtlich der Kombination dieser beiden Techniken wird es hier künftig kaum noch zu unlösbaren Rätseln kommen. Es wurde mit dem Standard JSR-301 eine Lösung geschaffen, die eine einfache Kombination von JSF und Portlets erlaubt und somit jedem Entwickler den Weg öffnet, sich mit JSF und Portlets in der Kombination beschäftigen zu können.

Die Community hat die Chancen erkannt, die eine Verknüpfung von JSF und Portlets mit sich bringt. Es wurde schnell reagiert und basierend auf dem Standard eine Referenzimplementierung erschaffen. Alles deutet darauf hin, dass dieser Weg zukunftsweisend ist und diese so genannten Bridge-Lösungen kontinuierlich weiterentwickelt werden.

Ich kann den Leser also nur ermutigen, sich in diesen interessanten Themenkomplex einzuarbeiten. Es macht durchaus sehr viel Spaß, wenn man erste Erfolge sieht und das erste JSF-Portlet im eigenen Portalserver zum Laufen gebracht hat. Und das ist erst der Anfang der Erfolgsstory. Der JSF-Markt bietet mittlerweile viele ergänzende Produkte und Projekte an, die eine Anwendungsentwicklung weiter vereinfachen und auch für den Anwender der Software sehr intuitive und moderne Lösungen bieten. Man denke hier z. B. an UI-Komponentenbibliotheken wie Apache MyFaces Trinidad oder JBoss RichFaces. Oder man integriert noch AJAX-Funktionalität in das eigene JSF-Portlet. Sie sehen, die Liste der Möglichkeiten lässt sich beliebig fortsetzen.

Mit diesem Buch soll Ihnen ein Einstieg in die Welt von JSF und Portlets ermöglicht werden. Es wird die Technik dahinter aufgezeigt und vorgestellt. Es werden jedoch vor allem auch die erweiterten Möglichkeiten dargestellt, die sich mit der Kombination von JSF und Portlets ergeben. Allem voran soll Ihnen die Arbeit mit JSF und Portlets Spaß machen, und den werden Sie mit Sicherheit haben. Wenn Ihre Kunden dann die ersten Softwarelösungen basierend auf diesem Technologie-Stack erhalten, wird auch Ihr Projektmanager die Entscheidung für JSF und Portlets nicht bereuen.

In diesem Sinne viel Spaß und Erfolg mit JSF und Portlets!

1.2 Voraussetzungen des Lesers

Der Schwerpunkt dieses Buches liegt auf der Kombination von JavaServer Faces und Portlets. Natürlich wird in den ersten Kapiteln des Buches zunächst auf die Grundlagen der JavaServer-Faces- sowie der Portal-/Portlet-Technologie eingegangen. Vorkenntnisse sind somit in JSF oder Portlets nicht notwendig.

Diese ersten Kapitel können nacheinander durchgearbeitet oder es können bei Bedarf einzelne Kapitel nachgeschlagen werden. Wenn Sie sich in das ein oder andere Thema noch tiefer einarbeiten wollen, empfiehlt es sich, dass Sie zusätzlich weiterführende Literatur speziell zu JSF oder Portlets hinzuziehen, da jede dieser Technologien selbst schon ein gutes Buch füllen könnte. Es ist jedoch nicht notwendig, dass Sie bereits jahrelange Erfahrung mit JSF und Portlets haben. Alle wichtigen Grundlagen zu den Technologien werden in den ersten Kapiteln erläutert. Viele kleinere Beispiele demonstrieren, wie eine Portlet-Anwendung oder eine JSF-Anwendung erstellt werden kann. Der gesamte Sourcecode steht als Download bereit.

Es genügt also vollkommen, wenn Sie grundlegende Kenntnisse in der Webentwicklung haben, sei es mit Plain-JSP-Anwendungen oder auch mit Struts. Wenn Sie hierin erste Erfahrungen gesammelt haben, sind Sie bestens für dieses Buch vorbereitet.

Wenn Sie die Technologie an sich bereits beherrschen und sich ausschließlich mit der Kombination beschäftigen möchten, ist es durchaus sinnvoll, gleich zu Kapitel 5 zu springen. Wenn Sie sich jedoch mit den Details der Kombination von JSF und Portlets beschäftigen möchten, sollten Sie die Grundlagen zu den beiden Lebenszyklen detailliert durcharbeiten. Dies ist wichtig für das Gesamtverständnis.

1.3 Systemvoraussetzungen

Spezielle Systemvoraussetzungen seitens der Hard- und Softwareausstattung gibt es nicht. Ein üblicher Entwicklungsrechner genügt vollkommen. Im Buch wird Schritt für Schritt erläutert, was notwendig ist, um die Beispiele und Anwendungen zum Laufen zu bringen. Es wird ausschließlich mit freier Software gearbeitet, sodass sämtliche notwendige Software direkt aus dem Internet bezogen werden kann. Daher genügt eine breite Internetverbindung, um alle notwendigen Komponenten erhalten zu können (manche Softwarepakete sind einige hundert MB groß).

Als Applikationsserver wird JBoss verwendet. JBoss hat zudem eine Erweiterung für den Portalbetrieb (JBoss Portal). Alle Beispiele sind jedoch auch mit einem anderen kompatiblen Server durchführbar.

Der Sourcecode selbst basiert auf Java 5. Ein JDK sollte somit auf ihrem System installiert sein bzw. Sie müssen sich dieses über die entsprechenden Webseiten besorgen. Natürlich können Sie auch ein aktuelleres JDK verwenden. Bitte beachten Sie dabei jedoch die Angaben Ihres Portalservers, um sicherzustellen, dass er ein neueres JDK überhaupt verträgt.

Als Entwicklungsumgebung setze ich selbst Eclipse ein, auch die Abbildungen in diesem Buch basieren auf Eclipse. Natürlich können Sie auch jede andere IDE einsetzen, Sie müssen ggf. die beschriebenen Vorgehensweisen bei der Arbeit mit einem Projekt anpassen.

1.4 Aufbau des Buches

Das Buch hätte durchaus mehr als 1 000 Seiten haben können. Nicht weil ich als Autor derart „geschwätzig" bin oder nicht auf den Punkt komme. Vielmehr behandelt das Buch drei einzelne Technologien, die für sich alleine genommen schon ein recht komplexer Bereich sind. In diesem Buch lernen Sie jedoch die wichtigsten Aspekte von JavaServer Faces, Portlets und der Verbindung beider Welten. Sie werden somit schrittweise in die neue Welt eingeführt.

Dazu wird zunächst in Kapitel 2 mit den Grundlagen von Portalen und Portlets begonnen. Es wird erläutert, was überhaupt ein Portal ausmacht und wie sich Portlets in diese großen und mächtigen Portalsysteme einbringen. Sie lernen die Grundlagen der Portlet-Spezifikation 1.0 und 2.0 (also den JSR-168 und JSR-286) kennen und werden erste Portlets schreiben und deployen. Alle Kapitel sind mit vielen Beispielen versehen, sodass Sie am konkreten Fall verschiedene Aspekte dieser Technologie lernen können.

Im Anschluss daran erfolgt eine Einführung in JavaServer Faces (Kapitel 3). Auch hier werden sämtliche Grundlagen und Konzepte anhand vieler Beispiele erläutert und Zusammenhänge erklärt.

Alle Beispiele wurden im Zusammenspiel mit dem JBoss Application Server sowie dem JBoss-Portalserver erstellt. Natürlich sind die Technologien auch in anderen Serverkonstellationen lauffähig. Mit JBoss Portal habe ich selbst gute Erfahrungen gemacht. Falls Sie neugierig geworden sind, werden in Kapitel 4 die Grundlagen zu JBoss Portal kurz vorgestellt.

In Kapitel 5 geht es dann auch schon um die Verbindung von JSF und Portlets. Es wird aufgezeigt, warum dies ein spannendes und brandaktuelles Thema ist. Da für die Verbindung beider Welten eine so genannte Bridge zum Einsatz kommt, werden auch hierfür die Grundlagen erläutert. Da diese Bridge über den Java Community Process (JCP) standardisiert wurde, wird ebenfalls kurz auf den JCP und die Standardisierungsgremien eingegangen.

Kapitel 6 behandelt die praktische Verwendung der Bridge und erläutert, wie Sie in einer Anwendung JSF und Portlets nutzen können. Es werden Fallstricke aufgezeigt und Best-Practice-Lösungen vorgestellt. Abgerundet wird das Kapitel mit einem Ausblick auf die Integration von JSF-Komponentenbibliotheken.

1.5 Download und Installation der Beispiele

Sämtliche im Buch erwähnten Beispiele stehen unter der Adresse *www.entwickler-press.de/portlets* zum Download bereit. Damit können Sie sehr einfach die erläuterten Sachverhalte nachvollziehen. Die Beispiele sind in verschiedene Projekte aufgeteilt, in jedem Projekt ist ein kleines Beispiel als eigene Seite oder eigenes Portlet realisiert.

Die einzelnen Projekte können Sie über die Eclipse-Importfunktion in ihren eigenen Workspace importieren und von dort direkt in einen Portalserver deployen. Natürlich ist ein Import auch in NetBeans oder Idea möglich.

Das Portalprojekt beinhaltet zudem im Verzeichnis *WEB-INF* zusätzliche Konfigurationsdateien, die JBoss-spezifisch sind. Diese erzeugen beim Deployment automatisch Portalseiten und Unterseiten, auf denen die entsprechenden Portlets bereits platziert sind. Somit können Sie sehr leicht die Beispiel-Portlets testen, ohne zuerst über das Portal-Admin-Menü die Portlets installieren zu müssen. Es genügt, eine *war*-Datei zu erzeugen und in das Deploy-Verzeichnis von JBoss Portal zu kopieren, danach werden automatisch sämtliche Portalobjekte erzeugt.

Sollten Sie mit einem anderen Portalserver arbeiten, können Sie die JBoss-spezifischen Dateien löschen. Sie haben keine Auswirkung auf andere Server.

1.6   Updates und Aktuelles

Es heißt, dass viele Fachbücher bei Erscheinen bereits veraltet sind. Obwohl dies schon ein wenig extrem dargestellt ist, steckt ein kleiner Funken Wahrheit dahinter. Die Welt der Software Technologien ändert sich sehr schnell, und neue Updates erscheinen in immer kürzeren Zyklen. In diesem Buch werden insgesamt drei Technologien behandelt, hier kann man fast sicher sein, dass sich einzelne Bereiche recht schnell weiterentwickeln. Damit Sie dennoch auf dem aktuellen Stand sind, habe ich zwei Webseiten, auf denen ich über aktuelle Entwicklungen berichte. Damit haben Sie jederzeit Zugriff auf aktuellste Informationen.

http://www.jsf-forum.de beschäftigt sich hauptsächlich mit Themen rund um JSF. Es ist zudem ein Forum integriert, in dem Sie Fragen stellen oder in vorhandenen Beiträgen stöbern können. Auch gibt es einige Tutorials, falls Sie neben den Beispielen aus diesem Buch noch mehr Input möchten.

Speziell mit JSF und Portlets beschäftigt sich die englischsprachige Webseite unter *http://www.jsf-portlets.net*. Hier habe ich zwar (noch) kein Forum integriert, dennoch stelle ich in unregelmäßigen Abständen aktuelle Informationen ein. Besuchen Sie somit ab und an diese beiden Webseiten, um aktuelle Neuigkeiten zu erfahren.

2 Grundlagen zu Portalen und Portlets

2.1 Was ist ein Portal?

Ein großes Ziel dieses Buches ist es, JSF-Anwendungen in einem Portal zu betreiben. Dazu soll JSF mit der Portlet-Technologie kombiniert werden. Das Resultat, ein JSF-Portlet, soll dann in einem Portal (genauer gesagt, in einem PortletContainer, doch dazu später mehr) ablaufen. Bevor jedoch in diesem Kapitel auf die Portlet-Technologie eingegangen wird, soll zunächst der Portalbegriff näher beschrieben werden. Denn unter einem Portal verstehen selbst Entwickler oftmals ganz unterschiedliche Dinge.

2.1.1 Portale im weiteren Sinne

Portale galten in den Hochzeiten der New Economy Ende der neunziger Jahre als Garant für Millioneneinnahmen bei einem Börsengang. Jede noch so kleine Themenwebseite war plötzlich ein Portal und damit ein zentraler Einstiegspunkt für genau das Thema, für das die Webseite eben warb. Damit war die Webseite einmalig und man konnte viele Kapitalgeber davon begeistern, dass die Webseite künftig Milliardenumsätze einfahren würde. Wie das Ganze endete, ist bekannt. Nichtsdestotrotz hat sich der Portalbegriff bis heute gehalten und ist – durchaus berechtigt – immer noch mit positiven Assoziationen belegt. Doch was ist eigentlich ein Portal?

Zunächst einmal ist ein Portal nichts anderes als eine zentrale Zugangsstelle oder ein zentrales Zugangstor. Der Begriff stammt aus dem lateinischen „porta" und bedeutet „Pforte". Der Portalbegriff für eine Webseite wird meist dann verwendet, wenn die Webseite Dreh- und Angelpunkt für ein ganz spezielles Thema ist oder auch Sammelpunkt für bestimmte Dienste.

So existieren Themenportale, in denen z. B. nützliche Informationen und Angebote zu Oldtimern, Zauberei, Origami und viele weiteren Themen angeboten werden. Ich selbst bin in meiner Freizeit außerhalb der Softwareentwicklung als Jongleur aktiv. Vor Jahren habe ich daher die deutschsprachige Webseite *www.jonglieren.de* aufgebaut. Hier finden Jongleure verschiedene Anleitungen, wie man das Jonglieren erlernen kann, aber auch Treffpunkte in verschiedenen Städten, in denen man sich auch real zusammenfinden kann. Es gibt Berichte über Jonglierveranstaltungen und viel Backgroundwissen zur Entstehung des Jonglierens. Diese Website ist somit eine spezialisierte Themenseite und könnte durchaus als Portalseite für die deutschsprachige Jonglierszene bezeichnet werden.

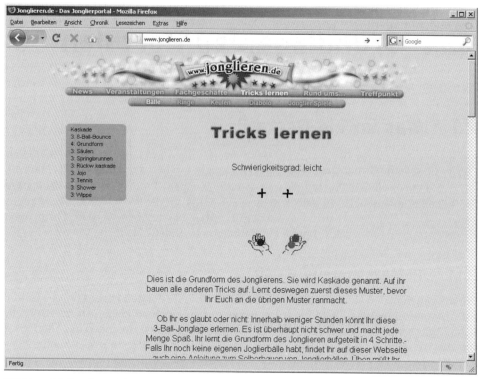

Abbildung 2.1: Jonglierportal auf www.jonglieren.de

Ein Portal ist aber auch eine zentrale Anlaufstelle, bei der Interessierte sich austauschen (z. B. via Foren), Informationen lesen oder teilweise angebotene Produkte auch direkt einkaufen können (Shopfunktionalität). Auch die bekannte Online-Enzyklopädie Wikipedia ist ein Portal. Sie stellt einen zentralen Zugang zu einem riesigen Wissenspool dar.

Der Portalbegriff ist jedoch nirgendwo geschützt oder standardisiert. Es gibt keine Kriterienliste, die ein Webangebot erfüllen muss, um sich als Portal bezeichnen zu können. Übertrieben formuliert könnte sich jede Webseite auch als Portal bezeichnen. Leider passiert dies auch recht häufig. Es gibt Portale zu allen möglichen Themen, doch wenn man genauer hinsieht, sind dort meist nur ein paar spärliche Informationen zu einem Gebiet zu finden und es ist letztendlich nur ein Shop, der sich aus Marketinggründen „Portal" nennt.

Neben den Themenportalen gibt es noch eine weitere Gruppe von Portalen. Die großen, zentralen Internetportale von Yahoo, AOL oder auch T-Online. Diese Portale sind keinem speziellen Thema zugeordnet, sie dienen vielmehr als zentrale Zugangsstelle zu einem breiten Angebot an Themen im Internet. Sie sind oftmals redaktionell betreut, und man findet auf diesen Seiten häufig aktuelle News aus der Klatschpresse, Chats oder auch Anzeigen von Traummännern und Traumfrauen.

Zusätzlich bieten diese Portale oftmals noch Möglichkeiten, das Portal an eigene Wünsche und Anforderungen anzupassen. Dies geschieht dann in einem Bereich, der sich „my…" nennt. So hat Yahoo einen myYahoo-Bereich, in dem sich ein Benutzer seine persönliche Startseite konfigurieren kann. Möchte er nur Nachrichten aus der Wirtschaft und Börsenkurse sehen, oder ist er doch eher an Sportmeldungen interessiert? Damit das Portal künftig weiß, welche Informationen für den aktuellen Besucher angezeigt werden sollen, muss er sich daher registrieren. Damit kann sich der Nutzer künftig im Portal anmelden und erhält daraufhin seine persönliche Startseite angezeigt. Mit Web-2.0-Funktionalitäten geht diese Möglichkeit heutzutage schon sehr weit. Es können auf einer Portalseite Inhalte verschiedenster Dienste aggregiert werden.

Mit im Spiel ist natürlich auch Google. Mit iGoogle existiert seit einiger Zeit schon ein Portal mit erstaunlich viele Funktionen. So können Nachrichten, Spiele, Horoskope und sonstige Mehrwertdienste auf eine eigene Portalseite angeordnet werden.

Abbildung 2.2: iGoogle in Aktion

Zusammenfassend kann also festgehalten werden, dass Portale vor allem Integrationsplattformen sind. Auf einer Portalseite werden Inhalte und Funktionen in einem einheitlichen Layout aggregiert und dem Besucher zur Verfügung gestellt. Häufig kann sich der Besucher anmelden und bekommt dann personalisierten Inhalt. Oftmals haben Besucher zudem noch die Möglichkeit, sich ihre eigene Startseite zusammenzubauen und das Portal an ihre eigenen Bedürfnisse anzupassen.

2.1.2 Portale im engeren Sinne

Die obigen Beschreibungen haben deutlich gemacht, dass ein Portal durchaus ein sehr mächtiges Angebot sein kann. Wie bereits schon am Anfang erwähnt, gibt es leider keinen Kriterienkatalog, den eine Webseite erfüllen muss, um sich als Portal bezeichnen zu dürfen. Aufgrund der Beschreibungen von bestehenden Diensten und großen Portalseiten hat sich in den letzten Jahren jedoch ein Konsens gebildet, welche Funktionen relevant für ein Portal sind:

Aggregation (und Integration) von Inhalten

Die Aggregation ist wahrscheinlich die wichtigste Eigenschaft eines Portals. Ein Portal stellt eine einheitliche Oberfläche für eine Vielzahl von Diensten und Informationen bereit. Der Benutzer hat eine einzige Anlaufstelle (nämlich das Portal), und hat hierüber Zugriff auf unterschiedliche Services, die im Portal zusammengefasst sind. Der Benutzer muss nicht mehr viele unterschiedliche Webseiten und Webadressen kennen, sondern lediglich das Portal. Auch werden oftmals Legacy-Systeme mit einer Weboberfläche versehen, sodass auch solche Altanwendungen über den Browser bedient werden können. Mit dem Zugriff auf verschiedenste Dienste ist auch oftmals ein Single Sign-on (SSO) verbunden. Statt sich an jeder einzelnen Anwendung anmelden zu müssen, genügt eine einmalige Anmeldung am Portal. Das Portal kümmert sich dann selbstständig darum, dass die Anmeldung an im Portal enthaltenen Diensten automatisch funktioniert.

Aggregation bedeutet in diesem Fall, dass die verschiedenen Anwendungen (z. B. der Börsenticker oder die Wettervorhersage) jeweils ein kleines Stück Markup (HTML) liefern, die vom Portal zu einer Gesamtseite zusammengefasst (aggregriert) werden. Für den Benutzer erscheint dies somit als eine zusammengehörige Seite, wenn auch dahinter unterschiedliche Dienste und Anwendungen zum Einsatz kommen.

Personalisierung

Sobald sich ein Benutzer im Portal angemeldet hat, kann er eine für sich passende Konfiguration vornehmen. Wie weit diese Anpassbarkeit geht, hängt vom Portal selbst ab. Manche Portale erlauben die komplette Umgestaltung des Seitenaufbaus, eine Veränderung der Farben, Schriften und Hintergründe, ein Zusammenstellen der Dienste, die sichtbar sein sollen sowie eine Konfiguration der jeweiligen Dienste selbst. Somit erhält der Anwender beim Betreten des Portals (nachdem er sich angemeldet hat), eine für ihn persönlich zugeschnittene (und somit personalisierte) Seite.

Neben den visuellen Möglichkeiten, das Portal an eigene Bedürfnisse anzupassen, können zum Teil auch die enthaltenen Anwendungen angepasst werden. So kann das Wetter-Portlet immer das Wetter des eigenen Wohnortes anzeigen. Oder der Börsenticker zeigt primär Börsenkurse von Aktien, die im eigenen Depot enthalten sind.

Content Management

Ein Portal stellt nicht nur Dienste zur Verfügung, sondern Inhalte allgemeiner Art. Das können Nachrichten sein, Berichte oder sonstige Informationen. Diese Inhalte müssen natürlich verwaltet werden. Daher sind in modernen Portalsystemen oftmals auch CMS (Content Managment Systeme) integriert. Über ein CMS können zumeist statische Informationen abgelegt und verwaltet, Inhalte nach definierten Workflows freigegeben oder zurückgewiesen werden.

Suche nach Informationen

Ein Portal stellt ein Tor zu einer gewaltigen Menge von Diensten und Informationen bereit. Damit diese Flut an Informationen bewältigt werden kann, sind ausgefeilte Suchfunktionen, oftmals eigene Suchfunktionen des Portals notwendig. Es müssen ja nicht nur Daten des Content-Management-Systems durchsucht werden, sondern teilweise auch Dienste oder sonstige Verzeichnisse. Portalsysteme bieten daher meist eigene Suchfunktionalitäten oder haben Schnittstellen zu bekannten Search Engines anderer Anbieter.

Sicherheit

Sicherheit ist ein wichtiger Aspekt eines Portals. Da ein Portal ein riesiger Informationscontainer ist, muss natürlich sichergestellt sein, dass keine Informationen in falsche Hände gelangen. Portale haben meist eine sehr ausgefeilte Berechtigungssteuerung. Somit lässt sich steuern, welcher Benutzer welche Inhalte sehen darf, und welche Dienste verwendet werden dürfen.

Abhängig vom angemeldeten Benutzer können Berechtigungen auf verschiedenen Ebenen vergeben werden. Es können komplette Portalseiten, bestimmte Fensterbereiche oder Portlets ausgeblendet werden, je nach Konfiguration durch den Portaladministrator.

Aber auch die Sicherheit zwischen Browser und Server wird berücksichtigt. Meist findet die Kommunikation verschlüsselt statt, sodass auch hier der gestiegenen Sicherheitsanforderung Rechnung getragen wird.

2.1.3 Portalcontainer und deren Hersteller

Wie aus den Beschreibungen zu Portalen zu ersehen ist, ist der Aufbau eines „richtigen" Portals ein durchaus umfangreiches Unterfangen. Damit nicht bei jedem Portalprojekt das Rad neu erfunden werden muss, bieten viele Hersteller entsprechende Produkte an, mit denen der Aufbau eines Portalprojekts schneller vorgenommen werden kann. Die bekanntesten Portalsysteme im Java-Umfeld sind:

- Apache Pluto (ist streng genommen kein Portal, sondern lediglich ein Portlet-Container mit einem minimalistischen Portalaufsatz)
- Apache Jetspeed
- BEA WebLogic Portal
- IBM WebSphere Portal

- SAP NetWeaver Portal

- Oracle Portal

- Liferay Portal

- JBoss Portal

- u.v.m.

Da Portale nirgendwo standardisiert sind, unterscheiden sich die einzelnen Lösungen teilweise eklatant. Außerdem können Anwendungen z. B. für IBM WebSphere Portal nicht ohne Anpassungen auf den BEA-Portalserver übertragen werden.

Was jedoch standardisiert ist und mittlerweile in allen Portalservern unterstützt wird, ist die einheitliche Behandlung von Portlets. Portlets sind die einzelnen Fragmente, aus denen ein Portal zusammengebaut ist. Mehr zu Portlets erfahren Sie im nächsten Kapitel.

Während die Portalserver beispielsweise von BEA oder IBM kommerziell vertrieben werden (und damit auch nicht gerade billig sind), existiert z. B. mit JBoss Portal eine Open-Source-Lösung, die bezüglich Funktionalität und Komfort mit den namhaften Herstellern durchaus mithalten kann. Apache Pluto fällt ein wenig aus der Aufzählung heraus. Apache Pluto ist kein Portalserver, der für einen produktiven Einsatz gedacht ist. Vielmehr ist Pluto die Referenzimplementierung des JSR-168 und des JSR-286, also der Portletspezifikation. Auf die unterschiedlichen JSRs und Portlets wird in den folgenden Abschnitten noch näher eingegangen. Allerdings ist Pluto teilweise Bestandteil von Portalservern, z. B. von Apache Jetspeed.

Damit Sie als Leser auch alle Beispiele gut nachvollziehen können (ohne dabei gleich ein Vermögen für einen Portalserver ausgeben zu müssen), sind die Beispiele in diesem Buch basierend auf JBoss Portal beschrieben. Damit soll jedoch keine Wertung für den einen oder gegen einen anderen Portalhersteller abgegeben werden, vielmehr ist es so, dass die unterschiedlichen Portallösungen zum Teil unterschiedliche Zielgruppen in den Vordergrund stellen und sich somit der Funktionsumfang deutlich voneinander unterscheidet. Die Auswahl eines passenden Portalservers ist sicherlich kein leichtes Unterfangen. Es muss anhand von unternehmens- oder projektspezifischen Anforderungen die beste Lösung gefunden werden. Für dieses Buch und die gezeigten Beispiele war für mich JBoss Portal die beste Lösung. Zum einen, weil JBoss Portal ein vollwertiger Portalserver ist, zum anderen aber auch, weil die Community-Version frei verfügbar ist und somit jeder Leser dieses Buches die Beispiele auf der gleichen Plattform nachvollziehen kann wie ich.

2.1.4 Portalbenutzer und Rollen

Wie in fast jeder größeren Softwareanwendung existiert natürlich auch im Portalumfeld oftmals ein Benutzer- und Rollenkonzept. Ein Benutzer muss sich zunächst gegenüber dem Portal authentifizieren, um Zugang zu Inhalten und Anwendungen des Portals zu erhalten. Dabei kann ein Benutzer unterschiedliche Rollen innehaben, wodurch detailliert gesteuert wird, welche Inhalte und Bereiche des Portals überhaupt sichtbar sind.

Viele Portale unterstützen zudem auch einen anonymen Zugang. Solange sich ein Benutzer noch nicht am Portal angemeldet hat, ist er in einem Art öffentlichen Bereich. Dieser Bereich kann verständlicherweise nicht speziell auf ihn zugeschnitten sein. Erst wenn sich ein Benutzer erfolgreich angemeldet hat, können durch das Konzept der Personalisierung spezielle Inhalte angezeigt werden oder auch Portlets auf Benutzerinformationen reagieren.

Natürlich kann es im Portalumfeld viele unterschiedliche Rollen geben, die einem Benutzer zugeordnet werden können. Grundsätzlich werden jedoch zwei Rollen unterschieden, die einem Portalanwender zugeordnet werden können: die **Administratorrolle** im Gegensatz zu einer **Benutzerrolle**. Letztere steuern, welche Inhalte ein Benutzer sehen darf, auf welche Anwendungen er Zugriff hat und mit welchem Erscheinungsbild Portlets initial dargestellt werden. Der Administrator dagegen hat die Möglichkeit, das Portal selbst zu beeinflussen und kann in den gesamten Aufbau eingreifen.So kann der Adminstrator:

- neue Benutzer anlegen
- neue Portalseiten anlegen
- neue Portlets in das Portal einbringen
- Portlets auf verschiedenen Portalseiten anordnen

Kurz gesagt, der Administrator hat völlige Kontrolle über das Portal und kann es in verschiedenster Weise steuern.

Benutzerrollen kann es beliebig viele geben. In der Praxis wird häufig an ein Portalsystem ein LDAP-Server angehängt, der für die Verwaltung von Rollen und Benutzern zuständig ist. Je nach Benutzerrolle können dann auch einzelne Portalseiten oder Portlets für einen konkreten Benutzer verfügbar gemacht oder ggf. ausgeblendet werden. Selbst eine programmatische Anpassung von Portletanwendungen basierend auf Rollen ist möglich. Das Rollenkonzept ist somit im gesamten Portalprojekt ein sehr wichtiges Thema, das in der Entwicklungsphase eines Portals nicht unterschätzt werden darf.

2.2   Von Portalen zu Portlets

Auch wenn sich beides sehr ähnlich anhört und beide auch eng zusammenhängen, gibt es gewaltige Unterschiede zwischen Portalen und Portlets. Eine kurze, aber durchaus prägnante Erklärung ist, dass viele einzelne Portlets zusammen ein Portal ergeben. Portlets sind somit einzelne kleine Fragmente im Umfeld eines Gesamtportals. Portale sind für die Aggregation zuständig, also für das Zusammenbauen und Dekorieren der Ausgabe einzelner Fragmente, den Portlets. Zudem stellen Portale für Portlets einen „Lebensraum" zur Verfügung. Dieser Lebensraum wird **PortletContainer** genannt. Der PortletContainer kennt den Lebenszyklus eines Portlets und weiß, wie er mit einem Portlet umzugehen hat. Das Portal schickt somit Anfragen an Portlets zunächst an den PortletContainer, der die Portlets ausführt. Die Antworten von (verschiedenen) Portlets werden vom PortletContainer an das Portal zurückgegeben und dort aggregiert. Oftmals erfolgt noch eine zusätzliche Dekoration der Portlets, sodass eine entsprechend aufbereitete Portalseite das Ergebnis ist.

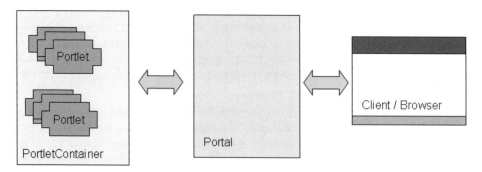

Abbildung 2.3: Zusammenspiel von Portal, PortletContainer und Client

In Abbildung 2.3 ist das Zusammenspiel grafisch dargestellt. Der Client (also im Normalfall ein Browser) stellt eine Anfrage an den Portalserver. Der Portalserver weiß, dass er für eine bestimmte Seite verschiedene Portlets benötigt. Dazu fragt er den Portlet-Container an. Dieser führt die entsprechenden Portlets aus und schickt das entstandene Markup an das Portal zurück. Das Portal kann anschließend die Fragmente verschiedener Portlets zusammen mit weiterem Markup aggregieren und eine Gesamtseite zum Client zurücksenden.

Ein Vorteil von Portlets (gegenüber Portalen) ist es, dass Portlets standardisiert sind. Es ist somit genau geregelt, was ein Portlet ist und was nicht. Die Spezifikation erfolgt über den Portlet-Standard (JSR-168 und JSR-286). Wichtig ist jedoch zu wissen, dass der Portletstandard selbst nur den Teil der Portlets spezifiziert. Es ist also genau beschrieben, wie ein Portlet an sich funktioniert, welche Lebensphasen es aufweist, wie es instantiiert und auch wieder beendet wird. Einen Standard für Portale gibt es hingegen nicht. Portale sind jedoch weit mehr als ein reiner Lebensraum für Portlets. Portale bieten Funktionen wie Single Sign-on, Personalisierung oder sonstige Enterprise-Services. Welche Funktionalität ein konkretes Portal in welcher Ausprägung anbietet, ist nicht standardisiert und kann somit von jedem Portalhersteller unterschiedlich angeboten und implementiert werden.

In Abbildung 2.4 sehen Sie, wie aus einzelnen Portlets eine Portalseite entsteht. Das Portal bestimmt zunächst, welche Portlets auf einer anzuzeigenden Seite sichtbar sind. Mit Hilfe des PortletContainers wird dann die Rückgabe der einzelnen Portlets zusammengefasst, dekoriert und aggregiert. Das Ergebnis ist eine vollwertige Portalseite.

2.2.1 Portletstandards

Bei den Portalbausteinen, den Portlets, sind verschiedene Standards vorhanden. Der wahrscheinlich bekannteste Standard ist der JSR-168. In diesem Standard wurde im Jahr 2003 erstmalig eine Übereinkunft aller namhaften Portalhersteller erzielt, wie ein Portlet aufgebaut ist und funktioniert. Der Weg bis hin zum Standard des JSR-168 war ein langer und zum Teil auch mühsamer Weg. Es gab nämlich bereits vor dem JSR-168 verschiedene Lösungen für Portlets, allerdings hatte hier jeder Hersteller seine eigene Lösung.

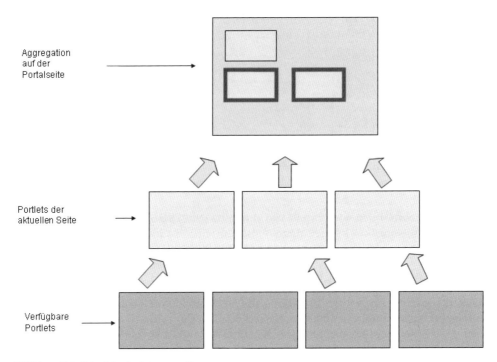

Aggregation
auf der
Portalseite

Portlets der
aktuellen Seite

Verfügbare
Portlets

Abbildung 2.4: Ablauf der Portalaggregation

Die Portlets der einzelnen Hersteller waren untereinander nicht kompatibel. Das Programmiermodell war grundsätzlich anders, eine Migration von einem Hersteller zu einem anderen praktisch unmöglich. Als dann der Startschuß für den JSR-168 gefallen war, wollte natürlich jeder Portalhersteller seinen bisherigen Ansatz durchsetzen. Der JSR-168 war daher auch kein allzu umfassender Standard, vielmehr der kleinste gemeinsame Nenner der vielen Hersteller. Dennoch war es ein großer Meilenstein. Endlich hatten sich alle Hersteller auf einen gemeinsamen Standard geeinigt. Wurden somit Portlets basierend auf dem JSR-168 entwickelt, konnten diese im WebSphere- oder auch Bea-Portlet-Server laufen – ganz ohne Anpassungen. Da dies die erste Version eines Portlet-Standards war, wird der JSR-168 auch oftmals als Portlet-Standard Version 1.0 bezeichnet.

Doch die erste Euphorie verflog schnell, als man die Limitierungen des JSR-168 erkennte. Viele Dinge waren nicht in der Spezifikation enthalten. So war es z. B. nicht beschrieben, wie eine Inter-Portlet-Kommunikation funktioniert. Dies ist dann wichtig, wenn ein Portlet bestimmte Informationen an ein anderes Portlet senden will. Mithilfe des Standards konnten sich Portlets untereinander somit nicht unterhalten. Zwar gab es einige Ansätze, eine Kommunikation über den Application Scope der Portlet-Session umzusetzen, die Ansätze waren jedoch starken Einschränkungen unterworfen. Hersteller „halfen" ihren Kunden durch eigene APIs, also herstellerspezifischen Erweiterungen. Damit war wieder dasselbe Problem wie vor dem JSR-168 gegenwärtig: Portlets an sich waren zwar prinzipiell in verschiedenen Systemen einsetzbar, durch die herstellerspezifischen Erweiterungen dann praktisch aber doch an eine Plattform gebunden.

Daher wurde Ende 2005 ein neuer JSR gestartet: der JSR-286 (oder auch Portlet-Standard Version 2.0). In diesem JSR wurden viele wichtige Themen adressiert, z. B.

- Public Render Parameter

- Portlet Filter

- Portlet Events

- Resource Serving und viele weitere.

Der JSR-286 baut auf dem JSR-168 auf. Portlets, die als JSR-168 Portlet entwickelt wurden, sind damit auch in einer JSR-286-Umgebung lauffähig. Es wurden lediglich neue Interfaces und Klassen aufgenommen bzw. vorhandene um neue Methoden erweitert.

 In diesem Buch wird bereits die aktuelle Portlet-Spezifikation 2.0 behandelt. Alle Listings und Abbildungen basieren zunächst darauf. Die meisten Aussagen über Portlets gelten jedoch auch für den JSR-168.

Der JSR-168 und JSR-286 sind die beiden wichtigsten Standards im Portlet-Bereich. Zusätzlich gibt es noch weitere Standards, die das Umfeld von Portlets beschreiben und definieren. Ein zentraler Standard in diesem Buch ist der JSR-301, der das Zusammenspiel von Portlets und JavaServer Faces regelt. Dazu gibt es ein eigenes Kapitel, das im Detail auf die Inhalte dieses Standards eingeht.

Wenn man Portlets remote nutzen möchte, gibt es noch den WSRP-Standard. Dieser kommt nicht aus dem JCP-Umfeld, sondern wird von der OASIS erarbeitet. WSRP steht dabei für Web Services for Remote Portlets und beschreibt, wie Portlets remote in ein Portal eingebunden werden können. Auf remote Portlets wird in diesem Buch nicht näher eingegangen.

2.2.2 Portalobjekte

Jetzt haben Sie schon ein paar Grundlagen zu Portalen gelernt. Im Zusammenhang mit der Portalentwicklung werden Sie jedoch immer wieder mit weiteren Begriffen wie Portalseite, Portlet-Fenster oder Portlet-Instanz konfrontiert. Da ein Verständnis dieser Begriffe und deren Einordung in den Gesamtkontext äußerst wichtig ist, werden im Folgenden die verschiedenen Portalobjekte näher erläutert. Als Basis für die Erläuterungen wird eine Portalseite des JBoss-Portalservers verwendet. Natürlich gelten die Beschreibungen genauso auch für andere Portalserver und sind nicht JBoss-spezifisch.

Portal

Wie in den ersten Abschnitten bereits ausführlich erläutert, ist ein Portal die Gesamtheit der „Webseite". Ein Portal dient als Zugang zu einem Webangebot und ist oftmals mit der Möglichkeit ausgestattet, sich über eine Anmeldung personalisierten Inhalt anzeigen zu lassen. Ein Portal wird durch einen Portalserver bereitgestellt.

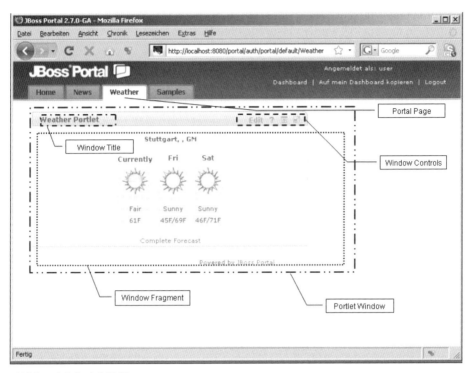

Abbildung 2.5: Portalobjekte

Portalseite

Eine Portalseite (Portal Page) stellt eine Seite innerhalb eines Portals dar. Auf einer Seite können mehrere Portlet-Fenster (Portlet Window, siehe nächster Abschnitt) angeordnet sein. Eine Portalseite ist somit ein Aggregator für Portlet-Fenster. In JBoss-Portal sind die einzelnen Seiten über Reiter ansprechbar. Bezogen auf Abbildung 2.5 gibt es die Portalseiten „Home", „News", „Weather" und „Samples". Neue Portalseiten können vom Adminstrator jederzeit hinzugefügt werden. Auch die Darstellung der Seitennavigation kann an eigene Layout-Vorgaben angepasst werden. Für unser erstes Portlet-Beispiel, das wir später erstellen werden, werden wir auch eine neue Portalseite anlegen und das Portlet in einem eigenen Portlet-Fenster zur Anzeige bringen. Portalseiten können zur Strukturierung der Inhalte und zur Gliederung verschiedener Portlets benutzt werden. Ebenso ist es natürlich möglich, Berechtigungen auf Portal-Seiten zu vergeben, sodass nur bestimmte Benutzer Zugang zu einzelnen Seiten haben. Oftmals existiert auch eine spezielle Portalseite, die sich jeder Benutzer selbst konfigurieren kann. So kann ein Benutzer steuern, dass auf seiner persönlichen Portalseite nur bestimmte Fenster angezeigt werden (z. B. soll der Aktienticker erscheinen, die Wettervorhersage interessiert jedoch nicht). In JBoss Portal wird diese persönliche Seite „Dashboard" genannt.

Portlet-Fenster

Portlet-Fenster (Portlet Windows) stellen den Rahmen dar, in dem einzelne Portlets (Portlet-Instanzen, um ganz korrekt zu sein) dargestellt werden. Auf einer Portalseite kann es mehrere Portlet-Fenster geben. Die Anordnung der Fenster auf einer Seite wird durch das Layout bestimmt, das hinter einer Portalseite liegt. Die Anpassung solcher Layouts ist jedoch portalserverspezifisch und nicht durch einen allgemeinen Standard geregelt. In JBoss Portal kann der Benutzer seine persönliche Portalseite („Dashboard") sowohl von der Erscheiung her anpassen als auch von der Anordnung der einzelnen Fenster. Mehr zum Thema Dashboard finden Sie in Kapitel 4.

Ein Portlet-Fenster weist zudem verschiedene weitere Elemente auf:

- Fenstertitel (Window-Title): Jedes Portlet beinhaltet Metainformationen zu seinem Inhalt und seiner Aufgabe. Der Titel kann im Deployment-Deskriptor des Portlets festgelegt werden und kommt in der Regel im oberen Bereich des Fensters zur Anzeige.

- Fenstersteuerelemente (Window Controls): Mit den Controls lässt sich speziell das Verhalten bzw. das Aussehen eines Portlets/Portlet Windows steuern. Wichtig dabei ist vor allem, dass ein Portlet nur indirekt Einfluss auf die Controls nehmen kann. Das Anbringen von Controls an das Portlet Window erfolgt durch das Portal. Das Aussehen der Controls unterscheidet sich auch von Portal zu Portal und kann durch ein einzelnes Portlet nicht beeinflusst werden. Die Controls selbst können in zwei Gruppen unterschieden werden. Es gibt Controls für die Steuerung der Größe des Fensters (der so genannte Window State) sowie Controls für die Steuerung des Modus, in dem sich ein Portlet befindet (der so genannte Portlet Mode). Window States und Portlet Modes werden in einem späteren Abschnitt nochmals ausführlicher erläutert.

- Fensterfragment (Window Fragment): Ein gravierender Unterschied zwischen einer normalen Entwicklung einer Webanwendung und der Entwicklung eines Portlets liegt darin, dass ein Portlet nie seitenfüllend ist, sondern immer nur einen Teil innerhalb einer gesamten Portalseite darstellt. Portlets liefern somit lediglich Fragmente (meist HTML-Fragmente) aus, die durch den Portalserver zu einer Gesamtseite zusammengebaut werden. In einem Portlet-Window wird somit niemals eine vollständige (HTML-)Seite dargestellt, sondern lediglich ein (HTML-)Fragment.

Unterseiten (Subpages)

Portalseiten können wiederum Portalseiten enthalten. Dies ist letztendlich eine weitere Unternavigation. In JBoss Portal werden standardmässig Subpages als Drop-Down-Menü dargestellt. Dies kann jedoch durch eigene Layouts angepasst werden. Andere Portalhersteller bieten ähnliche Funktionalitäten. Die Darstellung der Navigation ist oftmals durch das Layout komplett an eigene Anforderungen anpassbar.

entwickler.press

Portlet-Instanz

Direkt auf eine Seite wird nicht das Portlet platziert, sondern vielmehr eine Instanz des Portlets. Dies lässt sich am ehesten mit einer (Java-)Klasse und einem Objekt vergleichen. Ein Portlet ist die Klasse, Portlet-Instanzen sind die konkreten Objekte. Das Prinzip von Portlet-Instanzen hat den Vorteil, dass Portlets auf unterschiedlichen Seiten in einem unterschiedlichen Kontext eingesetzt werden können, ohne sich gegenseitig zu beeinflussen. Es ist daher oftmals möglich, verschiedenen Portlet-Instanzen unterschiedliche Konfigurationsparameter mitzugeben, obwohl beide auf dem gleichen Portlet basieren. Portlet-Instanzen werden von den meisten Portalherstellern angeboten, sie sind **nicht** Bestandteil der Portlet-Spezifikation.

2.2.3   Window States und Portlet Modes

Ein Portlet bildet lediglich einen Teil einer gesamten Portalseite ab. Portlets liefern somit nur Fragmente, wohingegen das Portal die Aggregation verschiedener Fragmente vornimmt und daraus eine komplette Portalseite zusammenbaut. Portlets haben damit wenig Einfluß auf das Gesamtaussehen einer Seite. Jedoch können Portlets bestimmen, welchen (relativen) Platz sie auf einer Seite beanspruchen können. Dies wird über sogenannte **Window States** vorgenommen. Zudem können Portlets in verschiedenen Modi betrieben werden, den sogenannten **Portlet Modes**. Beide Begriffe, Window State und Portlet Mode, sind elementare Begriffe in der Porletentwicklung und spielen auch in der konkreten Programmierung eine wesentliche Rolle. Daher wird jetzt zunächst erläutert, was Window States und Portlet Modes sind und welche Auswirkungen diese auf eine gesamte Portalseite haben. In einem späteren Abschnitt wird dann anhand der API erläutert, wie programmatisch auf States und Modes zugegriffen werden kann.

Ein Portal besteht zunächst aus mehreren unterschiedlichen Portalseiten. Innerhalb dieser Portalseiten können wiederum mehrere Portlet-Fenster angeordnet sein, die in ihrem Rahmen ein konkretes Portlet beinhalten. Da somit auf einer Seite mehrere Portlets angeordnet sein können, müssen sich diese Portlets den zu Verfügung stehenden Platz teilen. Eine einfache Lösung wäre es, jedem Portlet einen genau gleich großen Platz zuzugestehen, um somit eine gerechte Aufteilung zu erhalten. Aber vielleicht möchte der Benutzer eines Portals in einem speziellen Portlet zunächst intensiver arbeiten, bevor er anschließend in einem anderen Portlet seine Arbeit fortsetzt. In diesem Fall wäre es wünschenswert, dem aktiven Portlet mehr Platz einzuräumen als den aktuell inaktiven. In der reinen Desktop-Welt ist dies bereits ein bekanntes Feature. Fenster z.B. unter MS-Windows können minimiert und maximiert werden. Genau dies läßt sich in einer Portalwelt auch mit den Window State realisieren. Der Standard sieht dabei drei Zustände vor, in denen sich ein Portlet befinden kann:

- minimiert

- maximiert

- normal

Je nach gewähltem Zustand bekommt ein Portlet mehr oder weniger Platz innerhalb einer Portalseite zugewiesen.

Abbildung 2.6: Beispielseite mit Standard Window State

In Abbildung 2.6 sind die Portlets zunächst alle im Default Window State. Sobald beispielsweise das Google Map Portlet maximiert wird, müssen alle anderen Portlets weichen und dem Map Portlet den maximalen Platz zugestehen (vgl. Abbildung 2.7).

Welche Informationen in dem jeweiligen Zustand dargestellt werden, ist Aufgabe des Portlet-Entwicklers. Theoretisch wäre es denkbar, dass ein Portlet denselben Inhalt anzeigt, ungeachtet seines Window States, aber dies wäre eine schlechte Programmierung. Vielmehr sollte der Portlet-Entwickler in der Erzeugung des (HTML-)Fragments den jeweiligen Window-State berücksichtigen und eine dazu passende Ausgabe erzeugen. Neben den drei im Standard erwähnten Window States kann es auch noch so genannte **Custom Window States** geben. Diese sind jedoch von Portalserver zu Portalserver unterschiedlich. Auch kann es sein, dass nicht jeder Portalserver die Custom Window States eines anderen Portalservers unterstützt. Abgesehen davon ist es auch recht unwahrscheinlich, dass weitere Window States benötigt werden. Mit den drei im Standard vorgesehenen Optionen lässt sich in der Regel alles abdecken. Das Thema der Custom Window States ist in der Spezifikation erwähnt und vorgesehen. Als konkrete Window States sind nur die drei erwähnten definiert.

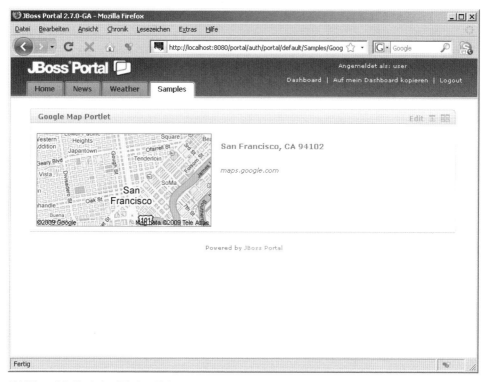

Abbildung 2.7: Maximized Window State

Neben dem Window State befindet sich ein Portlet auch stets in einem bestimmten Portlet-Modus (Portlet Mode). Der Portlet-Modus bestimmt den aktuellen „Betriebszustand", in dem sich ein Portlet befindet. Der Standard sieht dabei auch wieder drei Varianten vor:

- View
- Edit
- Help

Der View-Modus ist dabei der Standardmodus, der von jedem Portlet auch unterstützt werden muss. Wird ein Portlet auf einer Portalseite zur Anzeige gebracht, ist es zunächst im View-Modus. Wobei View-Modus nicht bedeutet, dass nur Daten zur Anzeige gebracht werden können. Es können auch Eingabefelder im View-Modus auftauchen, es kann also eine komplette Anwendung im View-Modus betrieben werden.

Abbildung 2.8: Edit-Modus des Wetter-Portlets

Deutlicher wird die Definition des View-Modus, wenn man die anderen Modi betrachtet. Der Edit-Modus dient primär dazu, das Portlet für den jeweiligen Benutzer zu konfigurieren. So kann in einem Wetter-Portlet ein Benutzer im Edit-Modus z. B. seinen Wohnort hinterlegen, sodass das Wetter speziell für seine Gegend angezeigt wird. Da auch der Portlet-Modus programmatisch abgefragt werden kann, kann auch der Portlet-Entwickler steuern, welche Funktionalität im Edit-Modus bereitgestellt werden soll.

Der Help-Modus dient einer Hilfe für das jeweilige Portlet. Im Help-Modus kann eine einfache Textseite dargestellt werden oder auch eine hochkomplexe Hilfelösung zum Vorschein kommen. Auch dies ist wiederum Sache des Portlet-Entwicklers.

Neben diesen drei im Standard vorgesehenen Portlet Modes sind auch hier wieder (analog zu den Window States) Custom Portlet Modes möglich. Auch hier gilt wieder, dass das Vorhandensein und die Unterstützung von Custom Portlet Modes sich von Portalserver zu Portalserver unterscheidet.

Der Wechsel der Portlet Modes erfolgt über die Window Controls. Es werden nur dann Controls für den Wechsel angezeigt, wenn das Portlet einen anderen Mode überhaupt überstützt. Beim Wetter-Portlet erscheint der „Edit"-Link zudem nur, wenn ein Benutzer im Portal angemeldet ist. Anonyme Benutzer können nicht in den Edit-Modus wechseln. Dies wäre auch nicht sinnvoll, denn für welchen Benutzer sollen Einstellungen aus dem Edit-Modus gespeichert werden? Oder macht ein anonymer Benutzer die Konfiguration für alle anderen?

Ein Portlet muss nicht alle Modi unterstützen. Lediglich der View-Modus ist zwingend vorgeschrieben, alle anderen sind optional. Welche Portlet Modes ein konkretes Portlet anbietet, wird in einem Deskriptor beschrieben, der mit dem Portlet zusammen ausgeliefert wird. Das Portal fragt diesen Deskriptor ab und stellt infolgedessen nur die Steuerelemente für die Modes dar, die das Portlet unterstützt.

2.2.4 Portlet-Lebenszyklus (einfach)

Bevor wir ein erstes einfaches Portlet erstellen, ist zunächst eine elementare Eigenschaft von Portlets wichtig: Der Portlet Lifecycle. Der Lebenszyklus eines Portlets bildet die Zustände eines Portlets in einem Portlet-Container ab. Portlets werden analog zu Servlets in einen Container deployt, dort in Betrieb genommen und ggf. später wieder aus dem Container entfernt. Insofern ähneln sich die Lebenszyklen von Servlets und Portlets recht stark. Der Lebenszyklus eines Portlets ist natürlich auch in der Portlet-Spezifikation hinterlegt. Es wird genau beschrieben, welche Phasen im Lebenszyklus es für ein Portlet geben kann. Das Verständnis der Phasen ist für einen Entwickler unbedingt notwendig.

Im Gegensatz zum Servlet Lifecycle, der lediglich eine Servicephase aufweist, gibt es in der Portlet-Welt einen leicht umfangreicheren Lifecycle. Portlets unterscheiden nämlich, ob ein so genannter RenderRequest, oder ein ActionRequest ausgelöst wurde. Doch warum diese Unterscheidung? Warum genügt Portlets nicht wie Servlets eine einfache Servicemethode?

Betrachten Sie zum Verständnis nochmals die Portal-Beispielseite in Abbildung 2.6. Für den Browser ist das eine große HTML-Seite, auf der mehrere Formulare angeordnet sind. Wir wissen, dass dies separate Portlets sind, im Browser ist es jedoch zunächst eine ganz normale HTML-Seite, die auch von einem Servlet hätte erzeugt sein können. Um diese Gesamtseite zu erzeugen, muss das Portal (mithilfe des PortletContainers) alle Portlets zunächst befragen, wie diese sich darstellen möchten. Aufgrund der Antworten wird dann eine komplette Seite aufgebaut. Klickt der Benutzer dann in der Browserseite auf einen Button eines Portlets, so muss eine Aktion genau in diesem Portlet verarbeitet werden. Die Aktion betrifft in der Regel jedoch nur dieses eine Portlet, die anderen sind durch die Aktion nicht betroffen. Nachdem das eine betroffene Portlet die Aktion dann verarbeitet hat, müssen sich alle Portlets wieder darstellen, da (AJAX einmal außen vorgelassen) nur komplette Seiten zum Browser zurückgeschickt werden können. Aus genau diesem Sachverhalt heraus hat man im Portlet-Standard zwei Phasen vorgesehen: Eine Render-Phase und eine Action-Phase.

Um ein Portlet jedoch in die Lage zu versetzen, die Render- oder Action-Phase auszuführen, muss (analog zu Servlets) erst einmal eine Init-Phase durchlaufen werden. Am Ende des Lebenszyklus gibt es dann wieder eine Destroy-Phase. Dieser gesamte Lebenszyklus ist in der Portlet-Spezifikation in einem Interface abgebildet: *javax.portlet.Portlet*.

Sobald eine Klasse diesem Interface genügt, darf sich die Klasse fortan als Portlet bezeichnen.

Abbildung 2.9: Portlet-Interface

Wie in Abbildung 2.9 zu sehen ist, benötigt ein Portlet mindestens vier Methoden. Diese Methoden bilden den Lebenszyklus des Portlets ab (vgl. Abbildung 2.10). Zur Laufzeit wird diejenige Klasse, die das Interface implementiert, instanziiert und als Portlet dem PortletContainer zur Verfügung gestellt. Es wird im Normalfall genau eine Instanz pro Portlet-Klasse erzeugt. In Cluster-Umgebungen ist es eine Instanz pro Virtual Machine.

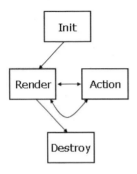

Abbildung 2.10: Lebenszyklus eines Portlets

Init-Phase

Die Init-Phase ist die erste Phase des Portlet-Lebenszyklus. Sie wird dann durchgeführt, wenn das Portlet in Betrieb genommen wird. Die Init-Phase wird genau einmal durchlaufen. Sie wird durch den PortletContainer angestoßen. In der Init-Phase können allgemeine Initialisierungen vorgenommen werden, die von einer konkreten Benutzeranfrage unabhängig sind. So können z. B. Einstellungen geladen oder Verbindungen zu einem Backend geöffnet werden. Der init-Methode wird zudem ein Objekt der Klasse *javax.portlet.PortletConfig* mitgegeben. Über dieses Config-Objekt hat man Zugriff auf verschiedene Angaben und Einstellungen des Portlets selbst.

Falls während der Initialisierung Fehler auftreten, kann eine *javax.portlet.PortletException* geworfen werden. Die Spezifikation besagt, dass ein Portlet nicht in Betrieb genommen werden darf, falls eine *PortletException* während der Initialisierung aufgetreten ist. Es kann jedoch auch der Fall auftreten, dass ein Portlet nur vorübergehend nicht initialisiert werden kann. In einem solchen Fall kann eine *javax.portlet.UnavailableException* geworfen werden. Diese Exception bietet zudem die Möglichkeit für den Container, weitere Informationen abzufragen. So kann die Exception „permanent" sein. In diesem Fall darf das Portlet überhaupt nicht mehr in Betrieb genommen werden. Es kann jedoch sein, dass eine Zeit in Sekunden angegeben ist, wie lange das Portlet nicht verfügbar ist. Dann darf der Container nach der angegebenen Wartefrist nochmals versuchen, das Portlet zu initialisieren.

Erst wenn die Init-Phase ohne Fehler durchlaufen wurde, können die Folgephasen (die durch konkrete Benutzeranfragen ausgelöst werden) durchlaufen werden.

Render-Phase

In der Render-Phase erfolgt die Erzeugung des (HTML-)Fragments, das zusammen mit allen anderen Portlets der Portalseite sowie etwas „Zutaten" des Portals eine neue Gesamtseite ergibt. Die Render-Phase wird für jedes Portlet aufgerufen, das sich auf der aktuell gerenderten Seite befindet. Durch Caching-Mechanismen kann es vorkommen, dass ein Aufruf einer Portalseite zu keinem expliziten Aufruf der Render-Phase eines Portlets kommt. In diesem Fall wird das zuvor für dieses Portlet erzeugte und gespeicherte Markup verwendet.

Um die Phase zu steuern, können in der Action-Phase so genannte Render-Parameter gesetzt werden, die in der Render-Phase ausgewertet werden können. Auch können Public-Render-Parameter berücksichtigt werden.

Sie fragen sich jetzt vielleicht, warum jetzt schon die Action-Phase ins Spiel kommt, wo diese doch erst im nächsten Abschnitt erläutert wird? Der Grund ist folgender: Während eines „normalen" Portalbetriebs wechseln sich Action- und Render-Phasen ab. Es gibt keine zeitliche Reihenfolge der beiden Phasen. Bei einem Erstaufruf einer Seite wird zunächst lediglich die Render-Phase aufgerufen, um das initiale Markup zu erzeugen (daher ist die Phase hier auch zuerst erklärt). Wenn dann im Portlet eine Aktion angestossen wird, z. B. das Abschicken eines Formulars), wird zunächst die Action-Phase ausgeführt. Im Anschluss an die Action-Phase wird dann die Render-Phase durchgeführt.

Action-Phase

Wie der Name bereits vermuten lässt, finden in der Action-Phase die Aktionen statt. Aktionen können durch das Abschicken eines Formulars oder durch das Anklicken eines Links im Portlet angestoßen werden. Wichtig für das Verständnis ist, dass die Action-Phase nur für dasjenige Portlet durchgeführt wird, in dem die Aktion ausgelöst wurde. Befinden sich z. B. auf einer Portalseite fünf unterschiedliche Portlets und wird in einem Portlet ein Formular abgeschickt, so wird die Action-Phase auch nur für dieses eine Portlet angestoßen.

Im Anschluss an die Action-Phase wird wieder die Render-Phase aufgerufen. Da in der Action-Phase Parameter gesetzt werden können (Render-Parameter sowie Public-Render-Parameter), können diese in der folgenden Render-Phase berücksichtigt werden.

Destroy-Phase

Die Destroy-Phase wird aufgerufen, wenn ein Portlet außer Dienst gesetzt werden soll. Dies kann dann sein, wenn es aus dem PortletContainer entfernt oder wenn das komplette Portal heruntergefahren wird.

In der Destroy-Phase können Resourcen zurückgegeben bzw. geschlossen werden. Es können allgemeine Aufräumarbeiten durchgeführt werden. Die Destroy-Phase kann auch nur einmal im gesamten Lebenszyklus eines Portlets vorkommen. Soll nach der Destroy-Phase ein Portlet doch wieder in Betrieb genommen werden, muss es erneut initialisiert werden.

2.2.5   Portlet-Lebenszyklus (erweitert)

Mit dem JSR-286 (Portlet 2.0) wurde der Lebenszyklus erweitert. Der grundsätzliche Ablauf ist gleich geblieben, jedoch sind zusätzliche Phasen für eine Eventverarbeitung sowie für das ResourceServing hinzugekommen. Innerhalb des Portlet-Lebenszyklus können so genannte Portlet Events erzeugt werden. Diese können von anderen Portlets verarbeitet werden. Dazu ist eine separate Lebenszyklus-Phase vorgesehen, die vor der Render-Phase aufgerufen wird. Zudem können in der Event-Phase wiederum neue Events erzeugt werden.

Neben dem Erzeugen von Markup kann ein Portlet mit den neuen Portlet-Möglichkeiten auch Ressourcen genereller Art liefern. So kann beispielsweise ein PDF erzeugt werden oder auch ein dynamisches Bild. Für das Erzeugen dieser Ressourcen ist ebenfalls wieder eine eigene Phase vorgesehen, die parallel zu einer Render-Phase anzusehen ist.

2.2.6   GenericPortlet

Im vorherigen Abschnitt wurde der Lebenszyklus eines Portlets erläutert. Sie haben gesehen, dass eine Klasse das Portlet-Interface implementieren muss, um als Portlet in einem PortletContainer deployt werden zu können. In der Praxis wird jedoch äußerst selten das Interface direkt implementiert und die entsprechenden Methoden auspro-grammiert. Vielmehr wird eine Basisklasse *javax.portlet.GenericPortlet* verwendet und von dieser abgeleitet. Im GenericPortlet sind alle Methoden rudimentär implementiert. Des Weiteren wird einiges an „Basisarbeiten" in dieser Klasse vorgenommen. Auch bietet das GenericPortlet den Komfort, in abgeleiteten Klassen mit Annotationen arbeiten zu können. Die Verwendung dieser Klasse als Basisklasse hat zudem den Vorteil, dass nur noch Methoden überschrieben werden müssen, die benötigt werden.

Soll beispielsweise in der Init-Phase nichts Besonders passieren, muss die Methode nicht in die eigene Portlet-Klasse eingefügt werden. Das GenericPortlet stellt eine Mindest-implementierung bereit.

Ein weiterer Vorteil ist zudem, dass das GenericPortlet bereits in der render-Methode auswertet, welcher Portlet Mode gesetzt ist. Für jeden Portlet Mode wird dann an eine spezialisierte Methode weitergeleitet. Diese sind:

- doView

- doEdit

- doHelp

Somit kann in der eigenen Portlet-Klasse eine Abfrage der Modes entfallen, da lediglich die spezialisierte Methode überschrieben werden muss.

Zusätzlich bietet das GenericPortlet auch einige „Convenience-Methoden" an. Dies sind Methoden, die man sonst auch im Zugriff hätte, aber deren Aufruf etwas umständlicher wäre. Ein Beispiel dafür ist die Methode *getPortletName* oder auch *getResourceBundle*. Beide Methoden sind auch über die PortletConfig beziehbar, im GenericPortlet hat man eben direkt Zugriff darauf.

2.2.7 Portlet Deployment

Jede Klasse, die das Portlet-Interface implementiert, ist ein Portlet. So weit, so gut. Doch kann man ein solches Portlet nicht ohne Weiteres in einen PortletContainer deployen. Doch wie bekommt man dann das neu geschriebene Portlet in den Container? Wie genau erfolgt ein Deployment? Leider endet genau an dieser Stelle die Portlet-Spezifikation. Es gibt keinen Standard, wie ein Portlet deployt werden muss. Vielmehr bleibt es den Portalservern überlassen, hier eigene Verfahren und Vorgehensweisen bereitzustellen. Allen gleich ist jedoch, dass das Portlet-Projekt z. B. als Web Archive (war) deployt werden kann. Ein Web Archive ist ein spezielles Format, in dem alle notwendigen Dateien und Klassen enthalten sind, die für das Projekt zur Laufzeit notwendig sind (es müssen also keine Java-Sourcedateien enthalten sein, die class-Dateien genügen). In Eclipse kann eine solche war-Datei recht einfach mittels eines Exports erzeugt werden.

Die war-Datei kann dann dem PortletContainer übergeben werden, der die darin enthaltenen Portlets entsprechend im Portal bereitstellt. Das Übergeben kann auch wieder sehr unterschiedlich sein. Mal genügt ein einfaches Kopieren der Datei in ein Deploy-Verzeichnis (z. B. bei JBoss Portal), mal existiert ein eigener Dialog, um die Datei dem Portal zu übergeben (z. B. bei WebSphere Portal).

Damit der Container jedoch weiß, welche Portlets im Archiv enthalten sind und ggf. mit welchen Initialisierungsparametern das Portlet gestartet werden soll, muss noch ein so genannter **Portlet-Deployment-Deskriptor** beigefügt sein.

Der Portlet-Deployment-Deskriptor wird **portlet.xml** benannt und liegt parallel zur *web.xml* im *WEB-INF*-Verzeichnis der Anwendung. Der Aufbau der *portlet.xml* ist im JSR-168/JSR-286 geregelt und somit standardisiert.

```
<portlet>
  <description>HelloWorld Description</description>
  <portlet-name>HelloWorld</portlet-name>
  <portlet-class>de.jsfportlets.sample.portlet.HelloWorld</portlet-class>
  <expiration-cache>0</expiration-cache>
  <supports>
    <mime-type>text/html</mime-type>
    <portlet-mode>VIEW</portlet-mode>
  </supports>
  <supported-locale>en</supported-locale>
  <portlet-info>
    <title>Hello World Portlet</title>
    <short-title>Hello</short-title>
    <keywords>Hello,Demo,Example</keywords>
  </portlet-info>
</portlet>
```

Listing 2.1: Beispiel für einen Portlet-Deployment-Deskriptor

In Listing 2.1 ist ein Beispiel für eine einfache *portlet.xml* zu sehen. Es wird zunächst über das Tag *<description>* eine Beschreibung des Portlets angegeben. Der Portlet-Name in *<portlet-name>* wird später auch vom Container in verschiedensten Anzeigemasken verwendet. Entscheidend ist die Portlet-Klasse *<portlet-class>*, hier ist der vollqualifizierende Name einzutragen. Da ein Portlet unterschiedliche Portlet Modes unterstützen kann – aber nicht muss – werden im Deskriptor ebenfalls die unterstützen Modes angegeben. Ein Portlet muss jedoch mindestens den View Mode bereitstellen. Die Portlet-Infos *<portlet-info>* liefern wiederum zusätzliche Informationen zum Portlet, die vom Container und dessen Adminstrationsprogrammen ausgewertet werden können.

2.3 Ein erstes HalloWelt-Portlet

Es ist schon fast Tradition, dass jede neue Technik zunächst mit einem einfachen Hallo-Welt-Beispiel erläutert wird. Diese Tradition soll natürlich auch hier nicht gebrochen werden, daher wird im Folgenden ein erstes sehr einfach und übersichtlich gehaltenes Portlet entwickelt und anschließend in ein Portal deployt.

> In den folgenden Kapiteln werden unterschiedliche Portlets entwickelt, anhand derer die Portlet-Funktionalität verdeutlicht wird. Es wurde bewusst darauf verzichtet, ein durchgängiges komplexes Portlet zu erstellen. Vielmehr enthält auch ein Portal verschiedene Portlets und nicht nur ein großes mächtiges. Auch haben Sie so den Vorteil, jedes Thema separat an einem dedizierten Beispiel nachlesen und austesten zu können.

In diesem ersten Beispiel wird direkt mit dem Portlet API gearbeitet. In der Praxis arbeitet man jedoch eher seltener direkt mit dem Portlet API. Portlet-Entwicklung ist mit einer Servlet-Programmierung vergleichbar. Und wer schon einmal Webseiten direkt mit dem Servlet API vorgenommen hat (Stichwort HTML-Output in *println*-Statements), der weiß, das so etwas keinen Spaß macht. Sun hat daher schon vor einigen Jahren die JSP-Technologie bereitgestellt, mittels der ein modernes Model-View-Controller-Konzept realisiert werden kann. Auch mit Portlets ist die Integration von JSPs möglich und sogar sehr sinnvoll. Da auch JSPs als View-Technologie für JavaServer Faces verwendet werden können, werden wir in den Folgekapiteln auf die Integration von JSPs noch genauer eingehen. Das erste Beispiel jedoch ist noch sehr „basisnah".

2.3.1 Systemvoraussetzungen

Damit Sie alle Beispiele leicht nachvollziehen können, stehen alle Quelltexte zum Download bereit. Für die Beispiele und die Entwicklung von Portlets allgemein wird im Buch als IDE Eclipse verwendet. Natürlich lässt sich das Ganze auch mit anderen IDEs realisieren, aber ich selbst bin bekennender Eclipse-Entwickler. Mit Eclipse und den entsprechenden Plug-ins (wie z. B. WTP Web Tools Project) haben Sie Unterstützung in Form verschiedener Editoren für XML, JSP und andere Dateien. Ebenso können Sie sich bereits eine Projektstruktur für Webanwendungen und Portlets erzeugen lassen. Die Wahl des JDK (Java Development Kit) bleibt ihnen überlassen. Allerdings sollte es mindestens ein

Java 5 sein, da Sie ansonsten später mit JSF Probleme bekommen. Auch JSR-286 sollte mit Java 5 betrieben werden, da ansonsten einige Features nicht zur Verfügung stehen.

Als Portlet-Container wird im Buch auf JBoss Portal aufgesetzt. Die Beispiele funktionieren natürlich auch in anderen Portalservern, so lange diese die benannten Standards (JSR-168 und JSR-286) unterstützen. Falls Sie nicht den JBoss-Portalserver einsetzen, müssen Sie ggf. in der Dokumentation ihres Lieblingsservers nachlesen, wie die Portlets deployt und administriert werden können.

2.3.2   Einrichten der Entwicklungsumgebung

Die folgenden Abschnitte beziehen sich auf Eclipse als Entwicklungsumgebung. Natürlich lassen sich alle Beispiele auch mit anderen IDEs nachvollziehen. Eventuell ist mit anderen Entwicklungsumgebungen der ein oder andere Arbeitsschritt zusätzlich notwendig, oder aber es ist mit einer anderen IDE viel leichter. Die grundsätzliche Vorgehensweise sollte sich jedoch nicht gravierend unterscheiden.

Als Erstes wird ein neues Projekt für das HalloWelt-Portlet angelegt. In Eclipse können Sie dafür die Funktion NEW PROJECT | DYNAMIC WEB PROJECT verwenden. Dies hat den Vorteil, dass Sie bereits eine Verzeichnisstruktur erhalten, die in einem Webumfeld notwendig ist (vgl. Abbildung 2.11).

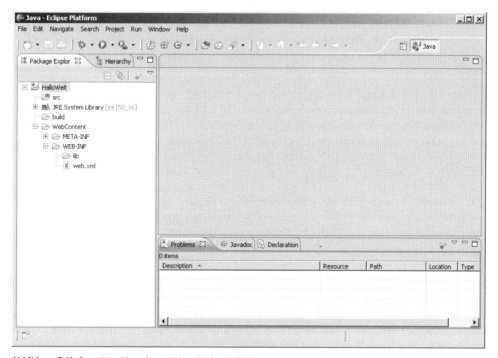

Abbildung 2.11: Grundstruktur eines Webprojektes in Eclipse

Als Ergebnis erhalten Sie eine Projekthülle, in der bereits einige Verzeichnisse enthalten sind, zusammen mit dem Deployment-Deskriptor *web.xml*. Diese Projektstruktur ist die Ausgangsbasis für die weitere Entwicklung.

 Eclipse bietet im Wizard für das Anlegen eines dynamischen Webprojekts eine Auswahl an, welche Version des dynamischen Webmoduls verwendet werden soll. Verwenden Sie hier mindestens die Version 2.3, da dies die Mindestanforderung bei einem JSR-168 Portlet ist. Version 2.3 des dynamischen Webmoduls resultiert in der Unterstützung der Servlet-Spezifikation 2.3, die eben im Portlet-Standard hinterlegt ist. Für JSR-286-Portlets können Sie natürlich auch auf höhere Versionen gehen.

In Listing 2.2 ist der Deployment-Deskriptor *web.xml* abgebildet. In der *web.xml* müssen keine besonderen Eintragungen für Portlets vorgenommen werden.

```xml
<?xml version="1.0" encoding="UTF-8"?>
<web-app
  xmlns:xsi="http://www.w3.org/2001/XMLSchema-instance"
  xmlns="http://java.sun.com/xml/ns/javaee"
  xmlns:web="http://java.sun.com/xml/ns/javaee/web-app_2_5.xsd"
  xsi:schemaLocation="http://java.sun.com/xml/ns/javaee
                      http://java.sun.com/xml/ns/javaee/web-app_2_5.xsd"
      id="WebApp_ID" version="2.5">
  <display-name>HalloWeltV1</display-name>
  <welcome-file-list>
    <welcome-file>index.html</welcome-file>
    <welcome-file>index.htm</welcome-file>
    <welcome-file>index.jsp</welcome-file>
    <welcome-file>default.html</welcome-file>
    <welcome-file>default.htm</welcome-file>
    <welcome-file>default.jsp</welcome-file>
  </welcome-file-list>
</web-app>
```

Listing 2.2: Abbildung der web.xml

Wenn Ihnen das Ganze bislang noch etwas merkwürdig vorkommt, da noch nichts Portlet-spezifisches passiert ist, ist das durchaus in Ordnung. Ein Portlet ist zunächst einmal ein Webmodul, nur eben mit ein paar Besonderheiten. Diese werden wir in den folgenden Schritten näher betrachten. Es ist also in Ordnung, dass ihr Projekt so aussieht, als ob Sie ein normales Webprojekt anlegen würden.

Gemäß der Servlet-Spezifikation werden *jar*-Bibliotheken im *WEB-INF/lib*-Verzeichnis abgelegt. *Class*-Dateien gehören in das *WEB-INF/classes*-Verzeichnis. Eclipse verhält sich jedoch so, dass standardmäßig die Klassen in einen Build-Ordner abgelegt werden. Erst bei einem Export z. B. als *war*-Datei wird das Artefakt entsprechend umgebaut. Wenn Sie das nicht möchten, können Sie den Ort für die Klassendatei im Projekt auch ändern. Gehen Sie dazu mit der rechten Maustaste auf ihr Projekt und wählen Sie dort *Eigenschaften*. Dort finden Sie dann einen Eintrag für den Java Build Path. Auf der Lasche Source können Sie ganz unten auf dem Dialog den *Default Output Folder* angeben. Wählen Sie dazu das Verzeichnis *WEB-INF* aus und erstellen Sie darin einen Unterordner *classes*. Dieser Ordner ist dann der Ausgabeordner für Klassendateien (vgl. Abbildung 2.12). Beim Export als Web Archive macht Eclipse dies dann zwar korrekt, aber durch diese Änderung sind Sie auf der sicheren Seite.

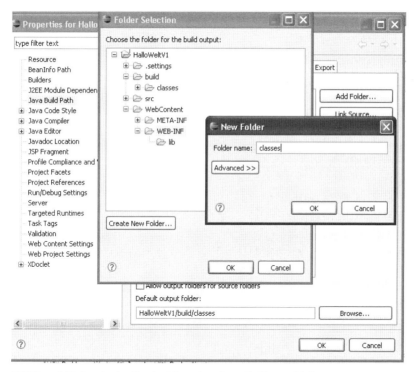

Abbildung 2.12: Angabe des Standard-Ausgabeordners für Klassendateien

Nachdem die Grundstruktur des Projekts steht, kann es an den Build-Pfad gehen. In Eclipse wird zwischen dem Build-Pfad und dem Runtime-Klassenpfad unterschieden. Der Runtime-Klassenpfad ergibt sich aus den Inhalten des *WEB-INF/lib*-Verzeichnisses sowie den Inhalten aus *WEB-INF/classes*. Gegen alle darin enthaltenen Klassen kann entwickelt werden. Für die Portlet-Entwicklung muss jedoch gegen das Portlet API entwickelt werden. Das Portlet API liegt in den Portalservern als *jar*-Bibliothek vor. Diese darf natürlich **nicht** ins *lib*-Verzeichnis kopiert werden, da sie bereits zentral im Container vorhanden ist. Um dagegen entwickeln (und damit kompilieren) zu können, muss die Bibliothek in den Build-Pfad aufgenommen werden. In Eclipse kann in den Projekteigenschaften im Build-Pfad eine externe Bibliothek mit aufgenommen werden. In JBoss Portal liegt die Datei unter *JBOSS_HOME/server/default/deploy/jboss-portal.sar/lib* und heißt *portlet-api.jar*. Der Name der Datei kann nicht nur von Portalserver zu Portalserver anders heißen, sogar innerhalb der Versionen des JBoss Portals wurde der Name mehrfach geändert. Suchen Sie einfach nach einer entsprechend benannten Datei, falls Sie einen anderen Portalserver oder eine andere Version von JBoss Portal einsetzen.

Damit sind die Arbeiten am Projektsetup fertig. Jetzt kann es endlich an die Programmierung des Portlets gehen.

2.3.3 Aufbau der Portlet-Klasse

Basierend auf dem Projekt-Setup aus dem vorherigen Abschnitt können wir nun eine erste eigene Java-Klasse anlegen.

```java
package de.jsfportlets.sample.portlet;

import java.io.IOException;
import java.io.PrintWriter;


import javax.portlet.GenericPortlet;
import javax.portlet.PortletException;


import javax.portlet.RenderRequest;
import javax.portlet.RenderResponse;

public class HelloWorld extends GenericPortlet {

    @Override
    protected void doView( RenderRequest request, RenderResponse response)
            throws PortletException, IOException {

        response.setContentType("text/html");
        PrintWriter writer = response.getWriter();
        writer.println( "Hallo neue Portlet Welt" );
        writer.println( "<br><br>" );
        writer.println( "Herzlichen Glückwunsch zum ersten Portlet !!!" );
        writer.println( "<br><br>" );
    }
}
```

Listing 2.3: Ein erstes HalloWelt-Portlet

In Listing 2.3 ist das erste HalloWelt-Portlet abgebildet. Die Klasse *HelloWorld* leitet dabei von GenericPortlet ab. Damit muss lediglich die *doView*-Methode überschrieben werden. Da im Beispiel mit Java 5 gearbeitet wird, kann die Annotation *@Override* verwendet werden. Dies stellt sicher, dass auch tatsächlich eine Methode der Basisklasse überschrieben wird.

In der *doView*-Methode wird zunächst der Content Type gesetzt, den das Portlet liefert. Dies wird in den meisten Fällen wohl *text/html* sein. Über den Aufruf *response.getWriter()* wird ein Writer-Objekt geholt, in das der HTML-Output geschrieben werden kann.

 Bei *setContentType* und *getWriter* gibt es im neuen JSR-286 eine kleine Änderung. Es ist mittlerweile auch erlaubt, den ContentType nach *getWriter* zu setzen. In der JSR-168-Spezifikation hat dies noch zu Exceptions geführt. Es war notwendig, *setContentType* immer als erste Anweisung durchzuführen. Dies wird jedoch künftig nicht mehr ganz so streng gehandhabt.

Die folgenden vier Zeilen erzeugen das gesamte Markup, das im Portlet zur Anzeige kommt. Es fällt auf, dass kein *<html>*- oder *<body>*-Tag verwendet wird. Dies ist auch richtig so, da Portlets lediglich Fragmente erzeugen und keine komplette Seite. Die Aggregation der verschiedenen Portlets sowie die Anreicherung um allgemeine Seitenangaben wird durch das Portal erledigt. Diese wenige Sourcecodezeilen genügen auch schon, um erste Ausgaben als Portlet betrachten zu können. Wir stellen somit unsere Programmiertätigkeiten an dieser Stelle ein und widmen und dem Deployment des Projekts.

2.3.4 Bereitstellen des Portlet-Deployment-Deskriptors

Damit ein PortletContainer weiß, welche der vielen Klassen in einem Archiv das eigentliche Portlet darstellt, ist ein Portlet-Deployment-Deskriptor notwendig (ok, einverstanden, in unserem ersten Beispiel ist die Auswahl an Klassen noch nicht allzu groß, aber das kommt noch). Dieser beinhaltet neben der Angabe der Portlet-Klasse zusätzliche Init-Parameter, Angaben zu den verfügbaren Portlet Modes sowie noch viele weitere Optionen, auf die in den folgenden Kapiteln detailliert eingegangen wird.

```xml
<?xml version="1.0" encoding="UTF-8"?>
<portlet-app xmlns=http://java.sun.com/xml/ns/portlet/portlet-app_2_0.xsd
    xmlns:xsi="http://www.w3.org/2001/XMLSchema-instance"
    xsi:schemaLocation=http://java.sun.com/xml/ns/portlet/portlet-app_2_0.xsd
    http://java.sun.com/xml/ns/portlet/portlet-app_2_0.xsd version="2.0">

    <portlet>
        <description>HalloWelt Beispiel</description>
        <portlet-name>HalloWelt</portlet-name>
        <portlet-class>de.jsfportlets.sample.portlet.HelloWorld</portlet-class>
```

Listing 2.4: Portlet-Deployment-Deskriptor für HalloWelt

```
        <expiration-cache>0</expiration-cache>
        <supports>
            <mime-type>text/html</mime-type>
            <portlet-mode>VIEW</portlet-mode>
        </supports>
        <supported-locale>en</supported-locale>
        <portlet-info>
            <title>Hallo Portlet Welt</title>
        </portlet-info>
    </portlet>
</portlet-app>
```

Listing 2.4: Portlet-Deployment-Deskriptor für HalloWelt (Forts.)

In Listing 2.4 ist der gesamte Deskriptor abgebildet, der für das erste Hallo-Welt-Beispiel notwendig ist. Der Deskriptor *portlet.xml* liegt auf der gleichen Ebene wie die *web.xml* im *WEB-INF*-Verzeichnis. Mit der Portlet-Klasse und dem Portlet-Deployment-Deskriptor ist die erste Beispielanwendung fertig und kann im Portalserver deployt werden.

2.3.5   Deployment des Portlets in JBoss Portal

Nachdem wir erfolgreich das erste Portlet erstellt haben, wollen wir dieses natürlich auch live, also innerhalb eines PortletContainers, sehen. Die Beispiele in diesem Buch basieren alle auf JBoss Portal, einem Open-Source-Portlet-Container. JBoss selbst wird vielen wahrscheinlich ein Begriff sein, da der JBoss ApplicationServer schon viele Jahre erfolgreich auf dem Enterprise Markt verfügbar ist. JBoss Portal ist eine Erweiterung des Application Servers um Portalfunktionalität. Genau wie der Application Server ist auch JBoss Portal Open Source und damit lizenzfrei über die Webseite von *www.jboss.org* zu beziehen. Es gibt sowohl eine Community-Version als auch eine Version mit Support von RedHat/JBoss. Support ist natürlich kostenpflichtig. Im Buch wird jedoch die Community-Version verwendet.

Am einfachsten geht die Installation, wenn Sie ein „Bundle" herunterladen. In solch einem Bundle ist ein vollständiger JBoss-Server inklusive der Portalerweiterung bereits enthalten und es genügt, das Paket lediglich in einem Verzeichnis zu entpacken. Natürlich sollte ein entsprechendes JDK (Java Development Kit) auf dem System installiert sein. Aber das sollte sowieso der Fall sein, sonst hätten Sie obige Beispiel-Portlets nicht kompilieren können.

Eine ausführliche Anleitung zur Verwendung des JBoss-Portalservers finden Sie in Kapitel 4. An dieser Stelle wird nur rudimentär auf das Deployment eines Portlets eingegangen, sodass Sie zumindest das Beispiel-Portlet einmal betrachten können.

 Die Beispiele basieren alle auf der JBoss Portal 2.7.0 GA. Sollten Sie eine andere Version verwenden, kann es in den Screenshots sowie in den Abläufen durchaus kleinere Unterschiede geben.

Start des JBoss-Portalservers

Die Installation der JBoss-Portalservers sollte eigentlich kein Problem sein, genügt doch ein normales Entpacken der Archivdatei. Starten lässt sich der Server über ein entsprechendes Windows-Skript (*run.bat*) oder ein Shell-Skript (*run.sh*) für Linux, das im Unterverzeichnis *bin* zu finden ist. Nach ein paar Sekunden meldet der Server, dass er erfolgreich gestartet wurde und bereit für Anfragen ist. Danach kann der Portalbereich über die Adresse *http://localhost:8080/portal* aufgerufen werden. In Abbildung 2.13 sehen Sie, wie sich das Portal melden sollte, falls der Start fehlerfrei durchgeführt wurde.

Abbildung 2.13: Startseite von JBoss Portal

Deployment des eigenen Portlets

Nachdem der Portalserver erfolgreich gestartet wurde, kann das erste Portlet in den PortletContainer übertragen werden. Dazu muss aus der Entwicklungsumgebung heraus zunächst ein Web Archive (*war*-Datei) erstellt werden, das dann dem Portalserver übergeben werden kann. Ein Webarchiv kann in Eclipse direkt per Kontextmenü erstellt werden. Klicken Sie dazu mit der rechten Maustaste auf das Projekt und wählen Sie *Export*. Danach wählen Sie in der Gruppe *Web* die Option *War-Datei*. Sollten Sie eine andere IDE verwenden, existieren dort sicherlich ähnliche Funktionen.

Dieses Webarchiv kann dem JBoss-Server übergeben werden. Für diese Aufgabe gibt es kein gesondertes Installationsprogramm. Es genügt, wenn Sie die Datei in das Deploy-Verzeichnis in JBoss kopieren. Das Deploy-Verzeichnis befindet sich unter *JBOSS_Home\ server\default\deploy*.

Nach dem Kopiervorgang sehen Sie in der Konsole (falls der Server noch gestartet ist) eine entsprechende Meldung, dass die Anwendung gefunden und geladen wurde. Danach ist die Portlet-Anwendung dem Portal bekannt und kann verwendet werden.

Erstellen einer Portlet-Instanz

Nachdem die Portlet-Applikation erfolgreich deployt wurde, können die in der Applikation enthaltenen Portlets in das Portal – bzw. in eine Portalseite – integriert werden. In JBoss gibt es hierbei jedoch eine Besonderheit (das gilt auch für manche andere Portalserver, aber wie schon erwähnt, gibt es in diesem Bereich leider keine Standards): Bevor ein Portlet auf einer Portalseite platziert werden kann, muss zunächst eine konkrete Instanz davon erzeugt werden. Mit dem Konzept der Portlet-Instanzen kann erreicht werden, dass auf Basis desselben Portlets unterschiedliche Instanzen mit unterschiedlichen Parametern erzeugt werden und diese an verschiedenen Stellen im Portal eingebaut werden können.

Um nun eine Instanz eines Portlets zu erzeugen, muss diese im Administrationsbereich von JBoss Portal angelegt werden. Dazu müssen Sie sich zunächst im Portal als Administrator anmelden. In die Anmeldemaske gelangen Sie über den Link *Login* rechts oben im Portal. Die Standardanmeldung ist *admin* für den Benutzernamen und ebenfalls *admin* für das Passwort. Nach erfolgreicher Anmeldung landen Sie wieder auf der Portalstartseite, allerdings mit dem Unterschied, dass Sie dem Portal jetzt bekannt sind. Da Sie jetzt die Administratorrechte haben, können Sie auch in den Admin-Modus wechseln, indem Sie den entsprechenden Link rechts oben betätigen. Danach gelangen Sie in den Admin-Modus, der in Abbildung 2.14 zu sehen ist.

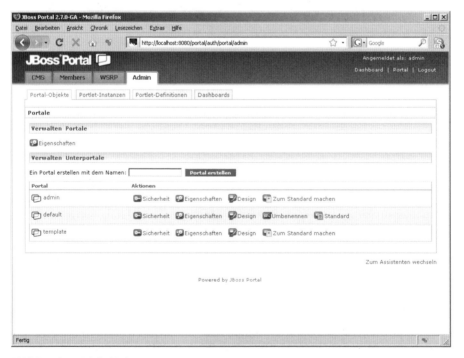

Abbildung 2.14: Admin-Modus

entwickler.press

Wechseln Sie dann in die Lasche *Portlet-Definitionen*. Falls das Deployment Ihrer Anwendung erfolgreich war, sollte das Portlet in der Liste auch zu finden sein. Wenn Sie es entdeckt haben, kann über den Link *Instanz erstellen* eine entsprechende Instanz dieses Portlets erschaffen werden. Vergeben Sie z. B. den Namen *HalloWeltV1Instance*. Diese Instanz werden wir im nächsten Schritt auf eine konkrete Seite legen.

Einbinden des Portlets in eine Seite

Nach dem Erstellen einer Instanz wechseln Sie zurück auf die Lasche *Portal-Objekte*. Dort sehen Sie zunächst eine Auswahl von Portalkonfigurationen. Das Portal kann in verschiedenen Konfigurationen betrieben werden. Wählen Sie hier das Default-Portal aus. In diesem werden wir entsprechende Änderungen vornehmen.

Da an dieser Stelle keine umfassende Einführung in das Erstellen von Portalseiten bzw. Portalobjekten erfolgt, werden wir das HalloWelt-Portlet einfach auf die Startseite plazieren. Wählen Sie dazu in der Folgemaske den Link *Seitenlayout* neben der *Default*-Seite aus. Im folgenden Fenster werden wir nun ein neues „Window" mit dem Namen *Hallo-Window* erstellen, in dem das Portlet *HalloWeltV1Instance* enthalten ist. Dieses wird auf der Portalseite später im zentralen Bereich positioniert werden. Die ausgefüllte Maske vor Betätigen des *Hinzufügen*-Buttons sehen Sie in Abbildung 2.15.

Abbildung 2.15: Anlegen eines neuen Portlets auf einer Portalseite

Das war es dann auch schon. Die Änderungen sind automatisch gespeichert. Wechseln Sie einfach zurück in den Portalmodus über den Link *Portal* rechts oben. Auf der Startseite sollte das HalloWelt-Portlet in der Mitte am unteren Rand erscheinen.

2.3.6 War das alles?

Sie haben gesehen, dass eine Portlet-Entwicklung nichts Weltbewegendes ist. Mit ein wenig Basiswissen kann man recht schnell eine erste Anwendung zum Laufen bringen. Natürlich war das noch nicht alles. In den folgenden Kapiteln werden schrittweise weitere Funktionen der Portlet-Spezifikation behandelt und an Beispielen erläutert.

2.4 Aufruf der Action-Phase

Das erste HalloWelt-Portlet sieht noch recht übersichtlich aus. Naja, die Funktionalität ist ja auch nicht gerade berauschend. Dies soll sich jetzt aber ändern. Das erste HalloWelt-Portlet soll so erweitert werden, dass beide Phasen (*render* und *processAction*) involviert sind. Konkret wird ein Button sowie eine Zählerausgabe auf der Seite mit eingebaut. Die Zählerausgabe zählt, wie oft der Button gedrückt wurde. Fragen Sie jetzt bitte nicht nach dem tieferen Sinn der Anwendung, es soll lediglich die Funktionsweise der *render*- und *processAction*-Phase demonstriert werden.

Achtung: Das folgende Beispiel verwendet eine Zählervariable, die Portlet-übergreifend verwendet wird. Dies bedeutet, dass diese „global" zur Verfügung steht und nicht benutzerspezifisch (Stichwort „Session") und auch nicht Portlet-spezifisch ist. Sie werden später andere Varianten kennenlernen, wie Sie Werte zwischen den beiden Phasen austauschen bzw. in beiden Phasen auf bestimmte Variablen zugreifen können. Das Portlet ist damit auch nicht thread-save und sollte in dieser Form natürlich nie produktiv eingesetzt werden. Als kleines Beispiel zur Verwendung der *action*-Methode genügt es jedoch vollkommen.

```java
public class HelloWorldActionPhase extends GenericPortlet {

    private static int counter;

    @Override
    protected void doView( RenderRequest request, RenderResponse response )
                throws PortletException, IOException {
        response.setContentType("text/html");
        PrintWriter writer = response.getWriter();
        writer.println( "Hallo neue Portlet Welt" );
        writer.println( "<br><br>" );
        writer.println( "Herzlichen Glückwunsch zum erweiterten Portlet !!!" );
        writer.println( "<br><br>" );
        writer.println( "Aktueller Zählerstand: " + counter );
        writer.println( "<br><br>" );

        PortletURL url = response.createActionURL();
```

Listing 2.5: Aufruf der processAction-Phase

```
    writer.println( "<a href=\""+ url.toString() + "\">Hier</a>" +
        " Counter erhöhen." );
  }
  @Override
  public void processAction( ActionRequest request, ActionResponse response )
            throws PortletException, PortletSecurityException, IOException {
    counter++;
  }
}
```

Listing 2.5: Aufruf der processAction-Phase (Forts.)

In Listing 2.5 wird zunächst die bereits bekannte *doView*-Methode implementiert. Um dann jedoch eine *processAction*-Phase aufzurufen, wird ein Link erzeugt. Das Portlet API stellt hierzu einen gesonderten Aufruf bereit, der einen speziellen URL erzeugt. *PortletURL url = response.createActionURL();*. MitHilfe dieses URL kann, wie im Beispiel gezeigt, ein Link gerendert werden. Dieser Link führt dazu, dass im Portlet die *processAction*-Phase aufgerufen wird. Die *processAction*-Phase selbst ist momentan noch recht unspektakulär. Es wird lediglich die globale Variable *counter* hochgezählt. Es sei hier nochmals erwähnt, dass der Counter benutzerübergreifend funktioniert. Wenn das Portlet durch mehrere Benutzer (Session) aufgerufen wird, kann jeder den Counter erhöhen. Es hat nicht jeder Benutzer einen eigenen Counter.

Ein Wort zu Thread-Safety

Im harten Projektleben findet man als Berater durchaus Anwendungen, bei denen der Zeitdruck während der Entwicklung wohl besonders hoch gewesen sein muss. Ich meine damit, dass manchmal wirklich furchteregende Dinge im Sourcecode zu finden sind, die im produktiven Betrieb eines Portals oftmals für sehr schwer erklärbare Phänomene sorgen. Eines dieser Fouls ist es, dass Portlets nicht thread-save sind. Doch was bedeutet dies überhaupt? Um das Problem zu verstehen, muss man zunächst wissen, dass ein Portal durchaus mehrere parallele Requests empfangen kann. Man spricht hier von „Concurrent Users" oder „Concurrent Requests". Jedes Portal (und natürlich jede Webanwendung allgemein) muss darauf ausgelegt sein, viele parallele Benutzeranfragen bearbeiten zu können. Ansonsten hätte man ein „Ein-Benutzer-Portal", das zwar im Testbetrieb einwandfrei funktioniert, im Produktivbetrieb nach wenigen Minuten schon aufgibt.

Der PortletContainer arbeitet für das Handling der vielen Requests wie folgt: Er erzeugt eine Instanz des Portlets (in Clusterumgebungen eine pro Virtual Machine) und führt die (parellelen) Anfragen jeweils in einem eigenen Thread aus. Wenn also mehrere Benutzeranfragen an das Portal gestellt werden, wird lediglich ein Objekt des Portlets erzeugt. Alle Anfragen werden somit in der gleichen Instanz des Portlets abgearbeitet, lediglich in unterschiedlichen Threads. Vorteil ist, dass nur ein Objekt benötigt wird und die Threads (und damit die Methoden) parallel abgearbeitet werden können.

Die Folge davon ist natürlich, dass eine Portlet-Klasse keine Instanzvariablen halten darf, da jeder Thread diese unterschiedlich belegen könnte. Die Folgen, wenn Programmlogik auf Werte von Instanzvariablen angewiesen wäre, wären katastrophal bzw. überhaupt nicht vorhersehbar.

Es ist somit immer darauf zu achten, dass Portlets thread-save sind, also ein paralleles Ausführen der Methoden zu keinen Fehlern führt. Als kleiner Hinweis: das ist auch der Grund, warum zwischen der Action- und der Render-Phase explizit die Render-Parameter übergeben werden müssen und nicht einfach eine Instanzvariable befüllt werden kann, doch dazu später mehr.

Die *processAction*-Methode muss nicht zwangsläufig mit diesem Namen die Methode der Superklasse überschreiben. Es ist seit JSR-286 auch möglich, eine beliebige Methode mit einer Annotation zu versehen. Mehr dazu in Kapitel 2.14.

Das Ergebnis unseres Counter-Portlets ist eine Anwendung, die die Anzahl der Klicks auf einen Link zählt. Damit haben wir jedoch erreicht, dass wir beide wichtigen Phasen eines Portlets verwendet haben: Die Render- und die Action-Phase. Für den Endbenutzer, der am Browser sitzt sieht es zwar so aus, als sei es nur eine Phase (bzw. ein Request), im PortletContainer sind es jedoch zwei getrennt Phasen (bzw. Requests), was in diesem kleinen Beispiel gut zu erkennen ist.

2.5   Request- und Render-Parameter

Ein Portlet ist durchaus vergleichbar mit einer normalen Webanwendung, wenn auch ein paar Besonderheiten berücksichtigt werden müssen. Gleich ist beiden zunächst, dass sowohl Portlets als auch Webanwendungen Request-Parameter empfangen können. Request-Parameter können durch das Absenden eines Formulars entstehen (die im Formular enthaltenen Felder werden als Request-Parameter mitgesendet), oder aber es werden einem URL weitere Parameter übergeben (URL-Parameter). Im Unterschied zu Servlets gilt ein Request-Parameter jedoch nicht während der gesamten Verarbeitung, sondern nur in einem Request (und in einem Portlet kann es pro Phase jeweils einen Request geben, also insgesamt zwei: *RenderRequest* und *ActionRequest*). Und genau dieses Verhalten kann einem Neueinsteiger zunächst etwas Kopfzerbrechen bereiten.

Um das Ganze am lebenden Objekt zu demonstrieren, wird ein Portlet erstellt, das Request-Parameter auswerten kann. Es wird ein Formular aufgebaut, in dem in einem Eingabefeld ein Wert eingetragen werden kann. Der Wert kann abgeschickt werden und soll in der folgenden Darstellung des Portlets einfach nochmals angezeigt werden. Als Servlet-Anwendung würde in der *service*-Methode der Request-Parameter des Eingabefelds ausgewertet und für das nächste Rendering einfach gesetzt werden. Im Portlet geht das nicht ganz so einfach.

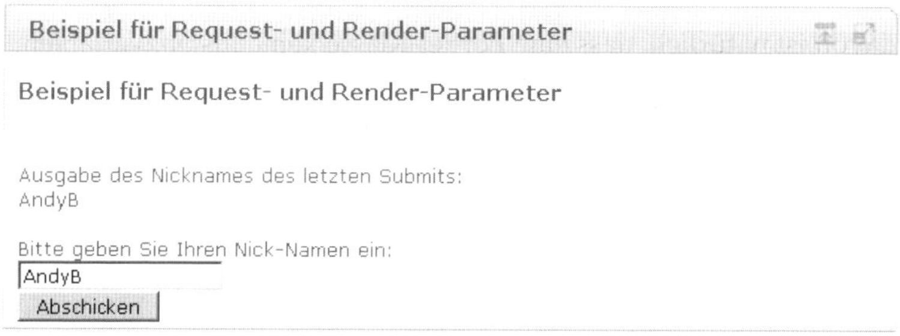

Beispiel für Request- und Render-Parameter

Beispiel für Request- und Render-Parameter

Ausgabe des Nicknames des letzten Submits:
AndyB

Bitte geben Sie Ihren Nick-Namen ein:

AndyB

Abschicken

Abbildung 2.16: Beispiel für Request- und Renderparameter

In Abbildung 2.16 ist das Portlet in Aktion zu sehen. Um dies zu realisieren, muss in der *doView*-Methode die Erzeugung des entsprechenden Markups erfolgen. Konkret muss ein Formular mit einem Eingabefeld und einem Submit-Button gerendert werden. Wichtig ist der Name des Eingabefeldes. Damit lässt sich nach Abschicken des Formulars in der *processAction*-Methode der eingegebene Wert aus den Request-Parametern auslesen.

```java
@Override
protected void doView(RenderRequest request, RenderResponse response)
     throws PortletException, IOException {

  response.setContentType("text/html");
  PrintWriter writer = response.getWriter();
  writer.println( "<h1>Beispiel für Request- und Render-Parameter</h1>" );

  String lastPost = request.getParameter( "nickname" );
  String lastPostDisplay =
          "".equals(lastPost) ? "- kein Parameter gesetzt -" : lastPost;

  String formUrl = response.createActionURL().toString();
  writer.println( "<br><br>" );
  writer.println( "Ausgabe des Nicknames des letzten Submits:<br>"
                    + lastPostDisplay );
  writer.println( "<br><br>" );
  writer.println( "<form method=\"POST\" action=\"" + formUrl + "\">" );
  writer.println( "Bitte geben Sie Ihren Nick-Namen ein: <br>" );
  writer.println( "<input type=\"text\" name=\"nickname\" value=\"\" <br>" );
  writer.println( "<input type=\"submit\" value=\"Abschicken\"> <br>");
  writer.println( "</form>");
}
```

Listing 2.6: Abfrage von Request-Parameter

In Listing 2.6 wird das Formular erzeugt. Zusätzlich wird ein Request-Parameter abgefragt, ob durch einen vorhergehenden Request ein Parameter mit dem Namen „nickname" enthalten ist. Wenn Sie jedoch dieses Portlet so deployen, wird die Variable *lastPost* niemals einen Wert annehmen. Und das, obwohl Sie ein Eingabefeld mit genau diesem Wert haben und somit ein Request-Parameter vorhanden sein müsste. Der Grund, warum die Anwendung so nicht funktioniert, ist, dass der Requestparameter nur im ActionRequest gesetzt ist. Wir können somit eine Methode *processAction* implementieren, in der der korrekte Wert ausgelesen werden kann.

```
@Override
public void processAction(ActionRequest request, ActionResponse response)
      throws PortletException, PortletSecurityException, IOException {

   String name = request.getParameter( "nickname" );
   System.out.println("Nickname lautet: " + name );
}
```
Listing 2.7: Auswertung der Request-Parameter

In Listing 2.7 sehen Sie, dass über den Aufruf *request.getParameter* der eingegebene Wert ausgelesen werden kann. Diesen Wert schreiben wir zunächst nur auf die Console, mehr passiert momentan noch nicht. Elementar wichtig für das Verständnis ist nun, dass der Request-Parameter nur in der Action-Phase vorhanden ist. Zwar kommt nach der Action sogleich ein Render, diese Methoden werden jedoch mit einem komplett neuen Objekt, einem RenderRequest, aufgerufen. Und darin sind keine der ursprünglichen Requestparameter mehr enthalten. Also heißt die Regel: **Request-Parameter gelten nur für einen Request in einer Phase.** Somit muss ein Mechanismus geschaffen werden, um Werte von der *processAction-* in die *render*-Phase überführen zu können. Die Spezifikation sieht hierfür so genannte Render-Parameter vor. Damit können in der *processAction*-Phase explizit Werte gesetzt werden, die in der folgenden *render*-Phase auch tatsächlich noch vorhanden sind. In Listing 2.8 ist das korrigierte Beispiel zu sehen.

Render-Parameter sind somit eine Möglichkeit, um Werte von der *processAction*-Phase in die *render*-Phase zu überführen. In folgenden Kapiteln werden Sie noch lernen, wie Sie Werte in der Portlet-Session ablegen können. Auch damit können Werte in mehreren Phasen ausgelesen werden.

```
@Override
public void processAction(ActionRequest request, ActionResponse response)
      throws PortletException, PortletSecurityException, IOException {

   String name = request.getParameter( "nickname" );
   response.setRenderParameter( "nickname", name );
}
```
Listing 2.8: Setzen von Render-Parametern

Um es nochmals zu rekapitulieren: Wir haben zunächst in der *doView*-Methode ein Einga-befeld gerendert, das eine Eingabe des Benutzers entgegennehmen kann. In der folgenden *processAction*-Methode konnten wir den Request-Parameter auch auslesen. Damit der Wert in der darauf wieder folgenden Render-Phase dargestellt werden kann, wurde der Wert als Renderparameter übergeben. Dass der Render-Parameter im Beispiel auch *nickname* lautet, ist nicht notwendig. Man könnte den Parameter auch *neuerName* nennen, müsste in der *doView*-Methode dann eben einen Parameter mit diesem Namen abfragen.

 Render-Parameter können lediglich vom Typ String oder String-Array sein. Andere Datentypen sind nicht erlaubt.

2.6 Public-Render-Parameter

Render-Parameter, wie Sie diese im letzten Abschnitt kennengelernt haben, besitzen eine Einschränkung: Sie gelten lediglich für ein Portlet. Es ist mit Render-Parametern nicht möglich, Parameter eines Portlets einem anderen verfügbar zu machen. Wird somit in einem Portlet ein Render-Parameter *currentCity* auf *Stuttgart* gesetzt, kann dasselbe Portlet in den folgenden Render-Phasen darauf zugreifen, anderen Portlets bleibt diese Informa-tion aber vorenthalten. Dies ist dann von Nachteil, wenn Informationen auch für andere Portlets interessant wären. Wählt z. B. ein Anwender in einem Wetter-Portlet eine andere Stadt aus, in der er das Wetter sehen möchte, wäre es ideal, wenn in einem Portlet für Restaurantempfehlungen auch die neue Stadt gleich hinterlegt wäre. Mit Render-Para-metern, wie Sie diese bislang kennengelernt haben, müsste die Angabe der Stadt in jedem Portlet separat vorgenommen werden. Der Benutzer gibt in jedem einzelnen Portlet die gewünschte Stadt ein, und daraufhin wird genau das eine Portlet entsprechend gerendert.

Der JSR-286 hat hier eine große Neuerung eingeführt: Public-Render-Parameter. Damit können sich mehrere Portlets verschiedene Render-Parameter „teilen". Teilen bedeutet, dass ein Portlet in seiner *processAction*-Phase Render-Parameter einstellen kann, und ver-schiedene Portlets (auch aus anderen Portlet-Applikationen) können in deren Render-Phase diese Parameter abfragen.

Damit dies funktioniert, müssen in der *portlet.xml* lediglich diejenigen Parameter dekla-riert werden, die öffentlich zugänglich sind. Dazu wird noch angegeben, welche einzel-nen Portlets auf diese Parameter zugreifen. Mehr ist nicht zu konfigurieren. Das Ganze schauen wir uns natürlich auch an einem konkreten Beispiel an:

Abbildung 2.17: Beispiel für Public-Render-Parameter

In Abbildung 2.17 sehen Sie, dass auf einer Portalseite zwei Portlets angeordnet sind. In dem einen Portlet können Sie einen Wert eintragen, der dann für das gleiche Portlet sowie für ein zweites, separates Portlet als Public-Render-Parameter verwendet wird. Sobald der Wert im ersten Portlet abgeschickt wurde, erscheint der Wert auch im zweiten Portlet.

Zur Vorgehensweise: Als Basis dienen zwei Portlets, damit auch demonstriert werden kann, dass beide Portlets den Public-Render-Parameter zu sehen bekommen. Im ersten Portlet (*PublicRenderParameterInputPortlet*) wird zunächst ein einfaches Formular aufgebaut, in dem der Benutzer einen Wert abschicken kann. In der folgenden *processAction*-Phase wird der Parameter als Public-Render-Parameter eingestellt.

```java
public class PublicRenderParameterInputPortlet extends GenericPortlet {

  @Override
  protected void doView( RenderRequest request, RenderResponse response )
          throws PortletException, IOException {

    response.setContentType( "text/html" );
    PrintWriter pw = response.getWriter();
    pw.write( "Beispiel für Public Render Parameter " );

    String publicRenderParameter = request.getParameter( "prpTest" );
    pw.write( "Public Render Parameter 'prpTest' : " + publicRenderParameter );

    PortletURL aUrl = response.createActionURL();
    pw.write( "<form method=\"post\" action=\"" + aUrl + "\">" );
    pw.write( "Neuer Public Render Parameter: " );
    pw.write( "<input type=\"text\" value=\"\" name=\"newprp\">" );
    pw.write( "<input type=\"submit\" value=\"Abschicken\">" );
    pw.write( "</form>" );
  }

  @Override
  public void processAction( ActionRequest request, ActionResponse response )
        throws PortletException, IOException {

    String requestPRP = request.getParameter( "newprp" );
    response.setRenderParameter( "prpTest", requestPRP );
  }
}
```

Listing 2.9: Setzen und Lesen eines Public-Render-Parameters

Das Setzen eines Public-Render-Parameters unterscheidet sich nicht vom Setzen eines „normalen" Render-Parameters. Über den Aufruf *response.setRenderParameter("prpTest", requestPRP);* in der *processAction*-Methode wird der entsprechende Wert als Render-Parameter abgelegt. Diese Zeilen lassen jetzt allerdings noch nicht erkennen, dass der Render-Parameter *prpTest* für alle anderen Portlets auch sichtbar sein soll. Der interessante Teil liegt daher in der *portlet.xml*:

```
<portlet>
    <description>Public Render Parameter Beispiel</description>
    <portlet-name>PublicRenderParameterInput</portlet-name>
    <portlet-class>
        de.jsfportlets.sample.portlet.PublicRenderParameterInputPortlet
    </portlet-class>
    <expiration-cache>0</expiration-cache>
    <supports>
        <mime-type>text/html</mime-type>
        <portlet-mode>VIEW</portlet-mode>
    </supports>
    <supported-locale>en</supported-locale>
    <supported-public-render-parameter>prpTest</supported-public-render-parameter>
    <portlet-info>
        <title>PublicRenderParameter Beispiel</title>
    </portlet-info>
</portlet>

...

<public-render-parameter>
    <identifier>prpTest</identifier>
    <qname xmlns:jp="http://www.jsf-portlets.net/render">jp:prpTest</qname>
</public-render-parameter>
```

Listing 2.10: Public-Render-Parameter in der portlet.xml

Es wird in der *portlet.xml* zunächst ein Public-Render-Parameter definiert. Dazu wird ein Identifier benötigt sowie ein so genannter QName. Dies ist ein eindeutiger Name innerhalb einer XML-Datei. Den definierten Parameter kann ein Portlet verwenden unter Angabe des Tags *<supported-public-render-parameter>*. Dieses Tag muss in jedem Portlet verwendet werden, das diese Parameter auswerten möchte.

MitHilfe dieser Angaben in der *portlet.xml* kann aus einem Render-Parameter ein Public-Render-Parameter gemacht werden. Mit Public-Render-Parametern wurde somit eine Möglichkeit geschaffen, wie unterschiedliche Portlets Informationen austauschen können. Das Auswerten von Public-Render-Parametern kann in jedem Portlet vorgenommen werden, es ist dazu lediglich die aufgezeigte Konfigurationseinstellung in der *portlet.xml* notwendig.

Allerdings gelten für Public-Render-Parameter die gleichen Limitierungen wie für normale Render-Parameter: Die Werte können nur Strings oder String-Arrays sein. Es gibt keine Möglichkeit, komplexe Objekte als Render-Parameter zu setzen (von einer Serialisierung der Objekte einmal abgesehen). Sollten Sie etwas in dieser Form benötigen, werfen Sie schon jetzt einmal einen Blick auf das Kapitel mit Portlet Events (siehe Portlet Events auf Seite 67).

2.7 Portlet-Session

Bislang waren unsere ersten Portlets noch recht einfach aufgebaut. Es wurden lediglich Ausgaben erzeugt und Daten aus der Action- in die Render-Phase übergeben. Es erfolgte jedoch noch keine dauerhafte Datenspeicherung. Um Daten eines Benutzers während einer Benutzersitzung (Session) zu speichern, ist aus der Servlet-Welt das Konzept von HttpSessions bekannt. In einer HttpSession können benutzerspezifische Daten abgelegt und ausgelesen werden. In der Portlet-Welt gibt es ein recht ähnliches Konstrukt: die Portlet-Session. Auch in der Portlet-Session können benutzerspezifische Informationen gespeichert werden. Allerdings gibt es im Portlet-Umfeld ein paar Besonderheiten:

Zunächst einmal erhält jede Portlet-Applikation ihre eigene Session. Wenn also mehrere Portlet-Applikationen im Portal aktiv sind, teilen sich diese Portlet-Applikationen keine gemeinsame Session, sondern jede hat ihre eigene Portlet-Session. An sich ist dieses Verhalten analog zu Webanwendungen, hat hier jede Anwendung doch auch ihre eigene Session. Doch oftmals ist dies gerade am Beginn einer Portlet-Entwicklung ein häufiger „Verständnis-Stolperstein".

Gerade für das Verständnis von Portlet-Sessions müssen wir an dieser Stelle die Begriffe **Portlet** und **Portlet-Applikation** nochmals genau definieren. Ein Portlet ist zunächst eine Klasse, die das Portlet-Interface implementiert. Ein Portlet wird in der *portlet.xml* konfiguriert und kann in einem PortletContainer ausgeführt werden. Portlets werden in der Regel als Web Archive (war) deployt. Jetzt können in einem Web Archive aber durchaus mehrere Portlets (Portlet-Klassen) enthalten sein. Auch in der *portlet.xml* können mehrere Portlets definiert werden. Alle Portlets eines Web Archives zusammen bilden eine Portlet-Applikation. Prinzipiell wäre es zunächst gleich, ob Sie jedes Portlet separat deployen oder mehrere Portlets in einem einzigen Web Archive dem PortletContainer übergeben. Im Bezug auf die Portlet-Session gibt es jedoch eine Besonderheit, auf die im nächsten Abschnitt näher eingegangen wird.

2.7.1 Application- und Portlet Scope

Eine für Webentwickler ungewohnte Eigenschaft der Portlet-Session ist es, dass sie zwei Bereiche hat. Man kann sich die Portlet-Session auch zweigeteilt vorstellen. Es gibt einen Bereich, in dem Portlet-spezifische Informationen abgelegt sind (das ist dann der **Portlet Scope**) sowie einen Bereich, der Portlet übergreifend ist (der **Application Scope**). Der Name darf jedoch nicht täuschen. Beide Scopes sind immer pro Benutzersitzung (Ses-

entwickler.press

sion). Im Portlet Scope hat lediglich jedes Portlet genau seinen eigenen Bereich, wohingegen sich alle Portlets einer Portlet-Applikation (das sind alle Portlets eines war-Artefakts) den Application-Scope teilen.

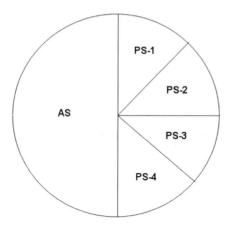

Abbildung 2.18: Portlet-Session mit Application und Portlet Scope

In Abbildung 2.18 sehen Sie zunächst die gesamte Portlet-Session einer Portlet-Applikation als großen Kreis. Jedes Portlet der Applikation hat nun seinen eigenen Bereich in der Session, in der kein anderes Portlet Zugriff hat (dargestellt als Bereich PS-1 bis PS-4). Den Application Scope der Portlet-Session (dargestellt als AS) teilen sich alle Portlets dieser Applikation. Ein Anwendungsentwickler muss also beim Lesen und Schreiben in eine Portlet-Session entscheiden, in welchem Bereich er die Aktion vornehmen möchte.

Um an die Session zu gelangen, kann ein Aufruf *getPortletSession()* auf dem PortletRequest erfolgen. Als Ergebnis erhält man ein Objekt vom Typ *PortletSession*. Über die Methoden *setAttribute* und *getAttribute* können Werte in die PortletSession geschrieben werden.

```
String personId = "4711";
PortletSession session = request.getPortletSession();
session.setAttribute( "personId", personId );
```

Listing 2.11: Ablegen eines Wertes in der Portlet-Session (Portlet Scope)

In Listing 2.11 wird ein Wert in die Session abgelegt. Über die entsprechende *getAttribute*-Methode kann der Wert wieder ausgelesen werden. Da der Wert in der Session abgelegt ist, ist er natürlich über mehrere Requests hin gültig. Er bleibt so lange in der Session, bis die Session invalidiert oder explizit ein *removeAttribut* aufgerufen wird.

Zusätzlich zu den beiden erwähnten *setter*- und *getter*-Methoden für Sessionwerte existieren noch zwei weitere gleichlautende Methoden, die jedoch ein weiteres *int*-Argument erwarten. Über dieses Attribut wird der Scope gesteuert, in dem Werte abgelegt werden. Der **Default Scope** ist der **Portlet Scope**. Somit sind die Werte in Listing 2.11 im Portlet Scope abgelegt. Wenn die Werte allerdings in den Application Scope abgelegt werden sollen, ist dies explizit anzugeben.

```
String personId = "4711";
PortletSession session = request.getPortletSession();
session.setAttribute( "personId", personId, PortletSession.APPLICATION_SCOPE );
```
Listing 2.12: Ablegen eines Wertes im Application Scope

Im Fall von Listing 2.12 teilen sich alle Portlets einer Portlet-Applikation den gleichen Wert für die Person-Id. Wenn ein Portlet den Wert ändert, steht dieser auch allen anderen Portlets zur Verfügung.

Die Portlet-Session bietet einige Methoden, um Werte zu setzen und abzufragen. Sie ermöglicht aber auch, weitere Informationen über die Session selbst zu beziehen. So kann über *getLastAccessedTime()* die Uhrzeit der letzten Aktion abgefragt werden. Damit lässt sich erkennen, wann der Benutzer zuletzt aktiv im Portal war. Über *getCreationTime()* erhält man den Erstellungszeitpunkt, was in der Regel mit dem ersten Request des Benutzers im Portal einhergeht. Damit lässt sich ermitteln, wie lange sich ein Benutzer schon im Portal aufhält.

Betrachten wir das Ganze auch wieder an einem Beispiel. Als Beispiel wird ein Portlet erstellt, das dem Benutzer verschiedene Fahnen zu einem ausgewählten Land anzeigt (oder kennen Sie die Flagge vom Luxemburg?).

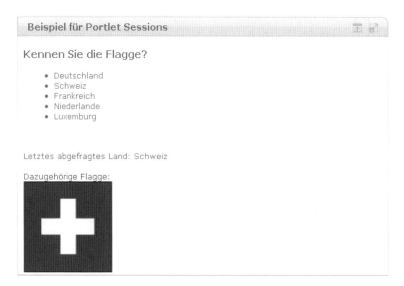

Abbildung 2.19: Arbeiten mit der Portlet-Session

In Abbildung 2.19 sehen Sie die Funktionsweise des Portlets. Der Benutzer kann auf einen entsprechenden Link klicken, danach wird ihm die zugehörige Flagge angezeigt. Diese Aufgabe könnte natürlich auch mithilfe von Render-Parametern gelöst werden (in der Action-Phase, nach dem Klicken auf einen Link, könnte ein Render-Parameter gesetzt werden, der in der *doView*-Methode ausgewertet wird). In diesem Fall soll die Übergabe der Daten über die Portlet-Session erfolgen. In der Action-Phase wird der Wert in die Session gespeichert und in der Render-Phase wieder ausgewertet.

```
public class UsingPortletSessions extends GenericPortlet {

    @Override
    protected void doView(RenderRequest request,
            RenderResponse response) throws PortletException, IOException
        response.setContentType("text/html");

        PrintWriter writer = response.getWriter();
        PortletURL actionUrl = response.createActionURL();
        writer.println( "<h3>Kennen Sie die Flagge?</h3>" );
        writer.println( "<ul>" );

        actionUrl.setParameter( "land", "Deutschland" );
        writer.println( "<li><a href=\""+ actionUrl + "\">Deutschland</a>" );

        actionUrl.setParameter( "land", "Schweiz" );
        writer.println( "<li><a href=\""+ actionUrl + "\">Schweiz</a>" );

        actionUrl.setParameter( "land", "Luxemburg" );
        writer.println( "<li><a href=\""+ actionUrl + "\">Luxemburg</a>" );
        writer.println( "</ul>" );

        PortletSession session = request.getPortletSession();
        Object oSelectedLand = session.getAttribute( "selectedLand",
                                PortletSession.PORTLET_SCOPE );
        String lastLand = oSelectedLand==null ? "" : oSelectedLand.toString();

        if ( !lastLand.equals("") ) {
            writer.println( "Letztes abgefragtes Land: " + lastLand );
            String pic = request.getContextPath() + "/"
                        + lastLand.toLowerCase() + ".gif";
            writer.println( "Dazugehörige Flagge:<br><img src=\"" + pic + "\">" );
        }
    }

    @Override
    public void processAction(ActionRequest request, ActionResponse response)
            throws PortletException, PortletSecurityException, IOException {

        String land = request.getParameter( "land" );
```

Listing 2.13: Beispiel einer Portlet-Session

```
    PortletSession session = request.getPortletSession();
    session.setAttribute( "selectedLand", land, PortletSession.PORTLET_SCOPE );
  }
}
```

Listing 2.13: Beispiel einer Portlet-Session (Forts.)

In Listing 2.13 wird zunächst für jedes Land einen ActionURL erzeugt. Für jede Flagge wird zusätzlich ein Parameter mitgegeben, damit in der Action-Phase erkannt werden kann, welches Land angeklickt wurde. Der Request-Parameter wird in der Action-Phase dann ausgelesen und in die Portlet-Session abgelegt. Wenn erneut die Render-Phase durchlaufen wird, kann der Wert aus der Portlet-Session wieder ausgelesen und die entsprechende Flagge angezeigt werden.

Werden jetzt zwei Portlets in einem war-Artefakt verwendet, die beide auf ein Attribut *selectedLand* zugreifen, führt das im gezeigten Beispiel nicht zu Überschneidungen, da das Portlet in den Portlet Scope schreibt der ja Portlet-spezifisch ist. Würde jedoch in den Application-Scope geschrieben werden, würden mehrere Portlets auf den gleichen Wert zugreifen. Das kann durchaus ein gewolltes Feature sein, wie Sie im nächsten Abschnitt lesen können.

2.7.2   Inter-Portlet-Kommunikation light

Da sich mehrere Portlets der gleichen Portlet-Applikation den Application Scope der Portlet-Session teilen, können hierüber Daten ausgetauscht werden. Dies war in JSR-168 Portlets der übliche Weg, um eine Inter-Portlet-Kommunikation (IPC – Inter Portlet Communication) zu ermöglichen. Da Eventmechanismen (wenn überhaupt vorhanden) lediglich proprietäre Lösungen waren, hat man oftmals Daten über den Application Scope ausgetauscht und damit eine Verbindung und Interaktion unterschiedlicher Portlets standardkonform realisieren können. Der Portlet-Standard 2.0 bietet hier bessere und ausgefeiltere Möglichkeiten der Kommunikation.

Abbildung 2.20: IPC über die Portlet-Session

entwickler.press

Als Beispiel ist in Abbildung 2.20 ein Telefonbuch realisiert. Wenn im oberen Portlet eine Person ausgewählt wird, erscheint im unteren Portlet die dazu passende Telefonnummer. Die Realisierung ist denkbar einfach. In der *processAction*-Phase des Master Portlets wird die ausgewählte Personen-ID im Application Scope der Portlet-Session abgelegt. Wenn sich das Detail-Portlet wieder darstellt, wird genau auf diesen Sessionbereich zugegriffen und der Wert ausgelesen.

Die Unterscheidung zwischem dem Portlet- und Application Scope der Portlet-Session ist manchmal durchaus etwas verwirrend. Um die Verwirrung noch etwas zu vergrößern, sei noch angemerkt, dass sowieso alle Werte (egal ob Portlet- oder Application Scope) in der Portlet-Session landen. Es erhalten lediglich die Werte des Portlet Scopes noch einen zusätzlichen Kenner, um diese Portlet-spezifisch abzulegen. Die Spezifikation besagt, dass Werte für den Portlet Scope im Application Scope mit folgendem Key abgelegt werden müssen: *javax.portlet.p.<ID>?<ATTRIBUTE_NAME>* ID ist ein eindeutiger Bezeichner für das konkrete Portlet Window. *ATTRIBUTE_NAME* ist dann der eigentliche Names des Wertes, der abgelegt werden soll. Dies zeigt aber auch, dass der Portlet Scope nicht wirklich gegenüber anderen Portlets geschützt ist. Theoretisch wäre es somit durchaus möglich, dass ein Portlet auf den Portlet Scope eines anderen Portlets zugreift (natürlich müssen beide Portlets dabei in der gleichen Portlet-Applikation liegen). Lediglich mit den Standardmethoden ist kein direkter Zugriff möglich. Da es auch möglich ist, Portlets mit Servlets oder JSPs zu kombinieren (siehe Kapitel 2.12), kann natürlich innerhalb eines Servlets auch auf die Werte der Session zugegriffen werden. Da Servlets die Details der Portlet-Session nicht kennen, stellt die Spezifikation eine Klasse *PortletSessionUtil* zur Verfügung. Damit lassen sich Werte aus dem Portlet Scope identifizieren und dekodieren.

Um es nochmals explizit zu formulieren: Mit der aktuellen Portlet-Spezifikation gibt es keine Notwendigkeit mehr, diesen Workaround für eine Inter-Portlet-Kommunikation zu verwenden. Vor Portlet 2.0 war dies jedoch der einzige standardbasierte Weg. Abgesehen von einer IPC wird der Application Scope durchaus auch in Portlet-2.0-Anwendungen genutzt, lediglich die Funktionaltät der Inter-Portlet-Kommunikation kann jetzt mit besseren Features abgebildet werden.

2.7.3   Portlet-Session und HttpSession

Die Portlet-Session basiert auf der HttpSession. Eine Portlet-Applikation entspricht zudem einer Webapplikation. Somit gelten die gleichen Regeln sowohl für die Portlet-Session wie auch für die HttpSession. Die Spezifikation besagt, dass alle Werte, die über das Portlet API in die Portlet-Session eingestellt werden, in der HttpSession ebenfalls sichtbar sind (gegebenenfalls mit einem speziellen Präfix). Andersherum kann auch über die HttpSession auf Werte der Portlet-Session zugegriffen werden. Zur Vereinfachung steht die bereits erwähnte Klasse *PortletSessionUtil* zur Verfügung.

Ebenfalls muss sich die Portlet-Session invalidieren, falls die zugrunde liegende Http-Session invalidiert wird. Methoden wie *getCreationTime*, *getId*, *getLastAccessTime*, *get-MaxInactiveIntervall* und ähnliche müssen sich in beiden Sessions analog verhalten. Aufgrund dieser Eigenschaft kann eine Kombination von Portlets, Servlets und JSPs auch ohne größere Probleme realisiert werden.

2.8 Portlet-URLs

Als Servlet-Entwickler ist man es gewohnt, für jedes der geschriebenen Servlets ein entsprechendes Mapping in der *web.xml* anzugeben. Damit kann das Servlet über den Browser aufgerufen werden. Auch für JavaServer Faces gibt es ein Servlet sowie ein dazugehöriges Mapping (vgl. Kapitel 3).

Portlets dagegen haben keinen explizit nach außen sichtbaren URL, über den sie direkt angesprochen werden können. Vielmehr sind Portlets in einem Portal in eine Portalseite eingebunden und werden nicht separat aufgerufen. Natürlich existiert durchaus einen entsprechenden URL, mit dem ein Portlet in den Gesamtkontext eingebunden ist. Dieser ist jedoch für den Benutzer nicht direkt zugreifbar und wird vom Portal auch versteckt gehalten. Somit ist es natürlich unmöglich, beispielsweise URL-Parameter einem Portlet in dem Browser-URL mitzugeben. Als Entwickler kennt man den späteren URL nicht, wie soll somit ein Link generiert werden, an dem ein zusätzlicher Parameter angehängt werden kann?

Die Antwort ist denkbar einfach: Man fragt einfach den Container, wie der aktuelle URL denn lautet, anstatt diesen irgendwo hart im Sourcecode zu verdrahten. Für URL-Interaktionen existiert ein eigenes Interface: *javax.portlet.BaseURL* mit den spezialisierten abgeleiteten Interfaces *javax.portlet.ResourceURL* und *javax.portlet.PortletURL*.

Mittels des Interfaces (und dessen Implementierung natürlich) ist es möglich, zur Laufzeit URLs zu erzeugen und zu manipulieren.

```
protected void doView(RenderRequest request, RenderResponse response)
        throws PortletException, IOException {
  ...
  PortletURL actionUrl = response.createActionURL();
  actionUrl.setParameter( "produktId", "4711" );
  ...
}
```

Listing 2.14: Arbeiten mit Portlet-URLs

Im Beispiel in Listing 2.14 ist zu sehen, wie ein URL erzeugt werden kann. Zunächst wird über *response.createActionURL* ein Objekt geholt, das das Interface *PortletURL* (und damit auch *BaseURL*) implementiert. Dieses kann ggf. mit Parametern ergänzt werden. Es wäre auch möglich, dem URL Angaben zum Window State oder Portlet Mode zu übergeben (Methoden *setWindowState* und *setPortletMode*). Über die *toString*-Methode wird ein URL erzeugt, der in das Markup des Portlets eingebunden werden kann und zum gewünschten Erfolg führt. Während bei JSR-168 Portlets die *toString()*-Methode auf einem Portlet-URL noch die einzige Möglichkeit war, eine String-Repräsentation auszugeben, gibt es seit JSR-286 eine eigene write-Methode. Es wird daher in der Spezifikation stark empfohlen, künftig nicht mehr die *toString*-Methode zu verwenden. Damit ist sichergestellt, dass ein eventuelles URL Rewriting berücksichtigt wird, das von einem Portalserver verwendet werden kann. Bei *toString* ist das nicht der Fall.

Im gezeigten Beispiel wird ein Link erzeugt, der eine Action-Phase ansteuert. Genauso wäre es natürlich möglich gewesen, ein Render Request zu erstellen. Anstatt über *response.createActionURL* hätte man den Aufruf *response.createRenderURL* verwenden können. Das Ergebnis wäre ein URL gewesen, der lediglich die Render-Phase aufgerufen hätte.

```java
public class PortletURLExamples extends GenericPortlet {

    @Override
    protected void doView(RenderRequest request, RenderResponse response)
            throws PortletException, IOException {

        response.setContentType("text/html");

        System.out.println( "Ausgabe in doView" );
        PrintWriter writer = response.getWriter();

        writer.println( "PortletURL Beispiele" );

        PortletURL actionUrl_1 = response.createActionURL();
        writer.println( "<a href=\"" );
        actionUrl_1.write( writer );
        writer.println( "\">Action Url</a>" );

        PortletURL renderUrl_1 = response.createRenderURL();
        writer.println( "<a href=\"" );
        renderUrl_1.write( writer );
        writer.println( "\">Render Url</a>" );

        PortletURL renderUrl_2 = response.createRenderURL();
        renderUrl_2.setWindowState( WindowState.MAXIMIZED );
        writer.println( "<a href=\"" );
        renderUrl_2.write( writer );
        writer.println( "\">Render Url mit WindowState=maxmized</a>" );

        PortletURL renderUrl_3 = response.createRenderURL();
        renderUrl_3.setPortletMode( PortletMode.EDIT );
        writer.println( "<a href=\"" );
        renderUrl_3.write( writer );
        writer.println( "\">Render Url mit Wechsel zu Edit-Mode</a>" );
    }
```

Listing 2.15: Verwendung von Portlet-URLs

```
@Override
protected void doEdit(RenderRequest request, RenderResponse response)
      throws PortletException, IOException {

   response.setContentType("text/html");
   System.out.println( "Ausgabe in doEdit" );

   PrintWriter writer = response.getWriter();
   writer.println "<br>Edit Mode<br>" );
}

@Override
public void processAction(ActionRequest request, ActionResponse response)
      throws PortletException, PortletSecurityException, IOException {
   System.out.println( "Ausgabe der processAction-Phase" );
}
}
```

Listing 2.15: Verwendung von Portlet-URLs (Forts.)

Das obige Listing zeigt ein Portlet, das verschiedene Links erzeugt. So wird ein Link erzeugt, der zunächst die Action-Phase aufruft, ein Link, der lediglich die Render Phase aktiviert, aber auch Links, die zusätzlich den Window State oder Portlet Mode beeinflussen.

Das Schreiben eines URLs erfolgt über den Aufruf *actionUrl_1.write(writer)*. Dieser Aufruf stellt sicher, dass ein korrekter URL im Browser angezeigt wird.

Somit hat man auch im Portal die Möglichkeit, URLs zu erzeugen. Wenn auch ein direkter Aufruf eines Portlets via Browser-Eingabe nicht möglich ist, kann zumindest innerhalb des Portlets mit URLs vieles realisiert werden.

2.9   Steuerung der Portlet Modes

Bei den Portlet Modes haben Sie in den vorangegangenen Beispielen schon die Modes VIEW, EDIT und HELP kennengelernt. Sie haben gesehen, dass diese Modes in der *portlet.xml* eingetragen und durch den Container gelesen werden. Dadurch können Sie mithilfe der Window Controls im Portlet Window den Mode entsprechend wechseln.

Auch haben Sie gesehen, dass Sie bei programmatisch erzeugten Portlet-URLs den Window State und Portlet Mode angeben können. So ist es damit möglich, beim Klicken auf bestimmte Links oder Buttons z. B. vom View- in den Edit-Modus zu wechseln. Prinzipiell ist über die Window-Controls jederzeit ein Wechsel von einem in den anderen Mode möglich.

Manchmal ist es jedoch wünschenswert, nicht immer den Wechsel der Modes zuzulassen. So kann auch die Situation auftreten, dass zunächst nur ein Mode erlaubt ist und im Laufe des Programmablaufs weitere Modes freigeschaltet werden. Ein typisches Szenario wäre, wenn ein Portlet zunächst durch den Anwender konfiguriert werden soll, bevor es in Aktion tritt. Ein Wetter-Portlet sollte somit erst mit der aktuellen Postleitzahl versehen werden. Danach kann im View-Modus der entsprechende Wetterbericht angezeigt werden.

Dies ist mit Funktionen des JSR-286 möglich geworden. Das Zauberwort hierfür lautet *setNextPossiblePortletModes*. Damit kann programmatisch gesteuert werden, welche Modes für den nächsten Request erlaubt sind. Die Spezifikation besagt, dass das explizite Setzen der Modes Vorrang hat vor den Angaben in der portlet.xml. Ist *setNextPossiblePortletModes* nicht gesetzt, wird automatisch auf die Angaben in der *portlet.xml* zurückgegriffen. Damit kann erreicht werden, dass zu bestimmten Zeiten nur bestimmte Modes verfügbar sind.

```
if ( conditionFulfilled ) {
    List<PortletMode> lModes = new ArrayList<PortletMode>();
    lModes.add( PortletMode.VIEW );
    response.setNextPossiblePortletModes( lModes );
}
```

Listing 2.16: Angabe von setNextPossiblePortletModes

In Listing 2.16 sehen Sie, dass bei Eintreffen einer Bedingung nur noch der View-Modus möglich ist. Eine Verzweigung in andere Modi (z. B. Edit oder Help) ist dann nicht mehr möglich, selbst wenn diese Modi in der *portlet.xml* angegeben sind. Ein Setzen der folgenden Modi ist nur auf einer RenderResponse möglich.

2.10 Portlet Events

Portlet Events sind eine der großen Neuerungen des JSR-286. Sie haben bereits mit Public-Render-Parametern eine Möglichkeit kennen gelernt, wie mehrere Portlets auf gemeinsame Render-Parameter zugreifen können. Mit Events gibt es ein noch mächtigeres Konzept, um gezielt bestimmte Informationen versenden und empfangen zu können.

Eventing-Modelle waren in der Vergangenheit teilweise schon in vielen Portallösungen eingebaut. Jedoch waren alle proprietäre Lösungen, die nur auf dem jeweiligen Portalserver lauffähig waren. Mit dem nun vorhandenen Standard werden sicherlich bald alle Hersteller auf diesen Weg umschwenken.

Mit Portlet Events können durch das Portal und auch durch Portlets so genannte Portlet Events erzeugt werden (dies kann beispielsweise in einer *processAction*-Phase erfolgen). Andere Portlets (natürlich auch das auslösende Portlet) können auf dieses Event hören. Dazu wird ähnlich zu Resource Serving der Lifecycle erweitert und im Portlet-Interface eine bestimmte Methode bereitgestellt. Betrachten wir das Ganze auch einmal am lebenden Objekt:

```
public void processAction( ActionRequest request, ActionResponse response )
       throws PortletException, IOException {

   String news = request.getParameter( "news" );
   if ( news!=null && !"".equals(news) ) {
      response.setEvent(
         new QName("http://www.jsf-portlets.net/portlet", "news"), news );
   }
}
```

Listing 2.17: Erzeugen eines Portlet Events

Dem Listing 2.17 geht voraus, dass in einer *doView*-Methode ein Formular erzeugt wurde, das in einem Eingabefeld einen Wert *news* als Request-Parameter übermittelt. In der abgebildeten *processAction*-Methode wird ein Event erzeugt und der ActionResponse übergeben (mittels *response.setEvent*). Das Event selbst hat zwei Parameter: Einen QName sowie den Wert. Der QName dient dazu, einen eindeutigen Namen zu haben (QName = Qualified Name). Es könnte unter Umständen in größeren Portalen vorkommen, dass zwei Portlets z. B. einen Event mit dem Namen *id* verwenden, obwohl beide nichts miteinander zu tun haben. Durch den QName wird das Ganze eindeutig. Nachdem der ActionResponse der Event übergeben wurde, ist die Arbeit für das sendende Portlet getan.

Etwas irreführend ist die Methode *setEvent*. Es ist nämlich durchaus möglich, mehrere Events zu setzen und die Methode mehrfach nacheinander aufzurufen. Es wird dann kein vorheriger Event „überschrieben", sondern eine Liste von Events aufgebaut.

Damit ein anderes Portlet ein Event empfangen kann, ist eine bestimmte Methode bereitzustellen.

```
public void processEvent( EventRequest request, EventResponse response )
       throws PortletException, IOException {

   String news = "Empfangene News:" + request.getEvent().getValue();
   response.setRenderParameter( "newsParam", news);
}
```

Listing 2.18: Empfangen eines Events

Aus einem EventRequest kann ein Event ausgelesen werten. Aus dem Event wiederum kommt man an die eigentliche „Nutzlast", den Wert, heran. Im konkreten Beispiel wird direkt ein String daraus gemacht. Eventuell muss hier in den entsprechenden Datentyp gecastet werden.

Damit ein Portlet überhaupt Events empfangen kann, muss das Interface *javax.portlet.EventPortlet* implementiert werden. Mit diesem Interface wird eine Methode *processEvent* definiert, die durch den Container aufgerufen wird, wenn ein Event zum Portlet gesendet werden soll. Ist das Portlet von GenericPortlet abgeleitet, genügt das Überschreiben der Methode. Das Interface ist bereits in der Basisklasse implementiert.

Programmatisch war dies schon alles, was für das Senden und Empfangen von Portlet Events notwendig ist. Jetzt muss deklarativ noch etwas Hand angelegt werden. Damit Events versendet und wieder empfangen werden können, muss in der Portlet-Konfigurationsdatei Folgendes eingetragen werden.

```
<portlet>
    <description>Beispiel Events (senden)</description>
    <portlet-name>EventSender</portlet-name>
    <portlet-class>
        de.jsfportlets.sample.portlet.EventSenderPortlet
    </portlet-class>

    ...

    <supported-publishing-event>
        <qname xmlns:jp="http://www.jsf-portlets.net/portlet">jp:news</qname>
    </supported-publishing-event>
</portlet>


<portlet>
    <description>Beispiel Events (empfangen)</description>
    <portlet-name>EventReceiver</portlet-name>
    <portlet-class>
        de.jsfportlets.sample.portlet.EventReceiverPortlet
    </portlet-class>

    ...

    <supported-processing-event>
        <qname xmlns:jp="http://www.jsf-portlets.net/portlet">jp:news</qname>
    </supported-processing-event>
</portlet>

<event-definition>
    <qname xmlns:jp="http://www.jsf-portlets.net/portlet">jp:news</qname>
    <value-type>java.lang.String</value-type>
</event-definition>
```

Listing 2.19: Portlet-Event-Definition in der portlet.xml

In Listing 2.19 sehen Sie, dass Events zunächst einer Portlet-Applikation bekannt gemacht werden müssen (innerhalb des Tags *<event-definition>*). Dabei wird ein eindeutiger QName vergeben und der Datentyp des Objekts bekanntgemacht, das versendet werden soll. Anschließend muss jedes Portlet angeben, dass es mit diesem Event arbeitet. Hier gibt es eine Unterscheidung zwischen Portlets. Portlets können nämlich Events senden (Tag *<supported-publishing-event>*) und empfangen (Tag *<supported-processing-event>*). Natürlich kann das Ganze auch so konfiguriert werden, dass ein Portlet sowohl Events versenden wie auch empfangen kann. Es sind dann eben beide Tags notwendig.

Portlet Events und Objekte

Im ersten Beispiel wurde über ein Portlet Event lediglich ein einfacher String versendet. Die Portlet-Spezifikation sieht jedoch auch vor, dass komplexe Objekte versendet werden können. Im nächsten Beispiel soll ein Adress-Objekt in einem Portlet Event versendet werden. Damit dies möglich ist, muß die zugrunde liegende Klasse ein gültiges JAXB-Binding aufweisen sowie das Serializable-Interface implementieren. Ansonsten würde beim Versuch, ein Objekt in ein Portlet Event zu verpacken, eine *java.lang. IllegalArgumentException* geworfen.

```java
@XmlRootElement
public class AddressBean implements Serializable {

    private String firstname;
    private String lastname;
    private String street;
    private String zip;
    private String city;

    public String getFirstname() {
        return firstname;
    }

    public void setFirstname(String firstname) {
        this.firstname = firstname;
    }
...
```

Listing 2.20: Klasse mit gültigem JAXB-Binding

In Listing 2.20 sehen Sie die *AddressBean*-Klasse, die mit *@XmlRootElement* annotiert ist. Zudem wird das Interface *java.io.Serializable* implementiert. Somit kann ein Objekt dieser Klasse einem Portlet Event übergeben werden.

```java
AddressBean ab = new AddressBean();
ab.setFirstname( "Donald" );
ab.setLastname( "Duck" );
response.setEvent(
    new QName("http://www.jsf-portlets.net/portlet", "address"), ab );
```

Listing 2.21: Setzen eines Portlet Events

Das Empfangen eines Portlet Events mit einem AddressBean erfolgt analog zur Vorgehensweise mit primitiven Datentypen.

```
public void processEvent(EventRequest request, EventResponse response)
    throws PortletException, IOException {


        AddressBean ab = (AddressBean)request.getEvent().getValue();
...
```

Listing 2.22: Empfangen eines Portlet Events

Das gezeigte Beispiel hat jedoch einen Schönheitsfehler. Es wird davon ausgegangen,
dass jedes ankommende Event immer ein AddressBean an Bord hat. Das mag für dieses
eine Beispiel vielleicht korrekt sein, in der Praxis kommt jedoch eher ein anderes Verhalten vor: an einem Portlet können verschiedene Events ankommen, auf die unterschiedlich reagiert werden soll. Daher ist es ratsam, bei Eintreffen eines Events zunächst den
Namen oder QName abzufragen, bevor weitergearbeitet wird.

```
eventRequest.getEvent().getName()
eventRequest.getEvent().getQName()
```

Je nach Name oder QName kann dann unterschieden werden, wie mit dem eingetroffe-
nen Event weiterverfahren wird.

Default Namespace

Die bisherigen Beispiele haben immer einen QName zur Identifikation eines Events verwendet. Werden mehrere Portlets in einer Portlet-Applikation verwendet, kann auch
einmal ein so genannter Default Namespace deklariert werden, sodass der QName nicht
in jedem Portlet Event neu ergänzt werden muss. Dies erhöht durchaus die Übersichtlichkeit in der *portlet.xml*.

```
<default-namespace>http://www.jsf-portlets.net/portlet</default-namespace>
<event-definition>
    <name>city</name>
    <value-type>java.lang.String</value-type>
</event-definition>
...
<portlet>
    ...
    <supported-processing-event>
        <name>city</name>
    </supported-processing-event>
    ...
</portlet>
```

Listing 2.23: Definition eines Default Namespaces

2.11 Portlet-Konfigurationen

Eine Portalanwendung benötigt mitunter verschiedene Konfigurationen, um ordnungsgemäß arbeiten zu können. Als erfahrener Entwickler weiß man natürlich, dass Konfigurationseinstellung nicht hart im Sourcecode hinterlegt, sondern am besten in einen Deployment-Deskriptor ausgelagert werden sollten. Die Portlet-Spezifikation stellt hierfür unterschiedliche Möglichkeiten bereit. Aus der Servlet-Welt kennen Sie wahrscheinlich die Variante, dass in der *web.xml* Kontextparameter angegeben werden können. Diese können dann zur Laufzeit vom Programm ausgewertet werden. Etwas Ähnliches hat die Portlet-Welt auch zu bieten. Auch hier können – in diesem Fall pro Portlet – Initialisierungsparameter angegeben werden. Doch in der Portlet-Welt gibt es noch mehr. Eine wichtige Eigenschaft von Portalen ist die Möglichkeit der Personalisierung. Jeder Benutzer des Portals bekommt seine Sicht auf die Gesamtanwendung. Mehr noch, er kann sogar einzelne Portlets seinen Bedürfnissen anpassen. So kann er z. B. in einem Wetter-Portlet seine Stadt als Ausgangspunkt für die Wettervorhersage eintragen, wohingegen ein anderer Benutzer eine ganz andere Stadt hinterlegen kann. Diese Portlet-spezifischen Einstellungen eines jeden Benutzers werden Portlet-Präferenzen (**Portlet Preferences**) genannt.

Portlet Preferences können initial durch den Entwickler im Deployment-Deskriptor gesetzt werden. Des Weiteren hat ein Administrator noch die Möglichkeit, beim Deployment (oftmals über eine Admin-Konsole) die Werte zu verändern. Der Benutzer hat wiederum ebenfalls die Möglichkeit, die Standardeinstellungen für sich zu ändern (wenn es im Programm vorgesehen ist) und die Änderungen auch dauerhaft zu speichern. Somit sind die Änderungen über mehrere Sitzungen hinweg persistent.

Es gibt jedoch Einstellungen, die nicht benutzerspezifisch sind und unter Umständen auch nicht geändert werden dürfen. Dies können (wieder bezogen auf das Beispiel des Wetter-Portlets) z. B. die Zugangsdaten zum Wetterdienst sein, sodass das Portlet überhaupt Wettervorhersagen liefern kann. Solche Einstellungen werden in der Regel als Initialisierungsparameter abgelegt und sind durch den Benutzer nicht änderbar.

In den folgenden Kapiteln wird auf die unterschiedlichen Arten der Konfiguration eingegangen und dies auch an konkreten Beispielen verdeutlicht.

 An dieser Stelle nochmals der Hinweis zum Aufbau der Beispiele dieses Buches. Ziel ist es, ein Portal mit vielen unterschiedlichen Portlets aufzubauen. Daher gibt es auch in diesem Kapitel kein großes zusammenhängendes Beispiel, sondern viele kleine eigenständige Anwendungen. Alle Portlets können dann parallel im Portal laufen und zeigen themenspezifisch ihre Eigenschaften.

2.11.1 Portlet Preferences

Portlet Preferences dienen dazu, Portlet- oder auch benutzerspezifische Konfigurationseinstellungen zu speichern. Es ist ein sehr komfortables Konstrukt, das es einem Entwickler ermöglicht, Werte zu speichern, ohne sich Gedanken um Persistierung, Transaktionen oder Ähnliches machen zu müssen. Nehmen wir als Beispiel nochmals das

Wetter-Portlet. Das Wetter-Portlet zeigt eine Wettervorhersage für eine vorgegebene Stadt. Ein Benutzer möchte natürlich das Portlet so konfigurieren, dass **seine** Stadt entsprechend hinterlegt ist. Wenn diese Information gespeichert werden soll, ist bei normalen Webanwendungen oftmals ein ausgefeiltes Persistenzkonzept notwendig. Man kann dazu Daten direkt in eine Datenbank speichern, in Textfiles ablegen oder anderweitige Speicherkonzepte umsetzen. Alle genannten Möglichkeiten sind jedoch mit nicht zu unterschätzendem Aufwand versehen. Im Portalumfeld gibt es mit den Portlet Preferences eine einfache Möglichkeit, Daten zu speichern und abzurufen. Portlet Preferences können benutzerspezifisch verwaltet und auch zur Laufzeit durch den Benutzer selbst angepasst werden. Ebenso werden Portlet Preferences persistent gehalten, also auch über Benutzersitzungen hinweg. Das Schöne daran ist, dass sich der Entwickler nicht um die Persistierung kümmern muss, sondern der PortletContainer diese Funktionalität bereitstellen muss. Portlet Preferences können initial in der *portlet.xml* definiert werden. Sie können jedoch programmatisch verändert und auch gelöscht werden.

```
<portlet>
    <description>Beispiel fuer Portlet Preferences</description>
    <portlet-name>Beispiel fuer Portlet Preferences</portlet-name>
    <portlet-class>
        de.jsfportlets.sample.portlet.UsingPortletPreferences
    </portlet-class>

    ...

    <portlet-preferences>
        <preference>
            <name>bookmarkOfDay</name>
            <value>http://www.jsf-portlets.net</value>
        </preference>
        <preference>
            <name>bookmarksRecommended</name>
            <value>http://www.google.de</value>
            <value>http://www.jsf-central.com</value>
            <value>http://www.jsf-forum.de</value>
            <value>http://www.jboss.org</value>
            <read-only>true</read-only>
        </preference>
    </portlet-preferences>
</portlet>
```

Listing 2.24: Angabe von Portlet Preferences

In Listing 2.24 sehen Sie einige Angaben für Portlet Preferences. Dies soll die Basis für ein Portlet sein, das Bookmark-Empfehlungen anzeigt. Es gibt ein Bookmark des Tages sowie eine Liste von weiteren Empfehlungen. Nur diese beiden Möglichkeiten bietet der

Standard. Sie können einen Einzelwert (*bookmarkOfDay*) oder eine Liste von Werten (*bookmarksRecommended*) in den Preferences abspeichern.

Die Liste der empfohlenen Bookmarks hat ein Tag *<read-only>*. Damit wird gekennzeichnet, dass dieser Wert nicht veränderbar ist. Sollte programmatisch versucht werden, den Wert zu ändern, würde eine entsprechende Exception geworfen werden.

Alle Werte sind per Definition immer Strings, eine Unterscheidung in Datentypen sieht die Spezifikation nicht vor. Somit liefern die entsprechenden Getter-Methoden immer String-Werte zurück, die dann ggf. in den richtigen Datentyp konvertiert werden müssen. Sind für einen Key mehrere Werte hinterlegt (im Beispiel bei den bookmarks-Recommended), so wird ein String-Array zurückgeliefert.

Wichtig ist zudem, dass bei den Getter-Methoden immer ein Default-Wert mitangegeben werden muss. Sollte somit in den Preferences für den angefragten Key kein Wert hinterlegt sein, wird der übergebene Standardwert zurückgeliefert. In Listing 2.25 würde – *nichts konfiguriert* – geliefert werden, falls in den Preferences nichts hinterlegt wäre.

```
PortletPreferences preferences = request.getPreferences();
String sValue = preferences.getValue( "bookmarkOfDay", "- nichts konfiguriert -" );
```
Listing 2.25: Zugriff auf Preferences

Die gesamte View-Methode des Portlets, das alle Bookmarks ausliest und in einer Seite darstellt, ist in Listing 2.27 abgebildet.

```
protected void doView(RenderRequest request, RenderResponse response)
      throws PortletException, IOException {

  response.setContentType("text/html");
  PrintWriter writer = response.getWriter();

  writer.println( "<h3>Bookmark-Empfehlungen</h3>" );

  PortletPreferences preferences = request.getPreferences();
  String sValue = preferences.getValue( "bookmarkOfDay",
                  "- nichts konfiguriert -" );
  writer.println( "Empfehlung des Tages: " + sValue );
  writer.println( "<br><br>" );

  writer.println( "Weitere empfehlenswerte Adressen: " );
  String[] ayValues = preferences.getValues( "bookmarksRecommended", null );
  writer.println( "<ul>" );
  if ( ayValues!=null ) {
    for ( String singleValue : ayValues ) {
```
Listing 2.26: Ausgabe von Preferences

```
        writer.println( "<li>" + singleValue );
    }
  }
  writer.println( "</ul>" );
}
```

Listing 2.26: Ausgabe von Preferences (Forts.)

Das Ergebnis des fertigen Portlets sehen Sie in Abbildung 2.21.

Abbildung 2.21: Portlet Preferences

Da das Bookmark des Tages nicht als read-only gekennzeichnet ist, kann es theoretisch von jedem Anwender bzw. auch programmatisch verändert werden. Daher schauen wir uns jetzt endlich an, wie hier eine Veränderung vorgenommen werden kann. Um solche Konfigurationen durch den Anwender durchführen zu lassen, wird in der Praxis oftmals ein anderer Portlet Mode verwendet. Der Anwender kann für Anpassungen in den Edit-Modus wechseln, seine Änderungen vornehmen und dann wieder in den View-Modus zurückschalten. Im Edit-Modus kann für die zu ändernden Werte eine Oberfläche erzeugt werden. In einer *processAction*-Phase können die eingetragenen Werte anschließend programmatisch in die Portlet Preferences übertragen werden. Für den programmatischen Zugriff auf die Preferences existiert in der Spezifikation ein Interface *javax.portlet.PortletPreferences*. Ein Objekt davon bekommt man über den PortletRequest.

Die Spezifikation erwähnt jedoch ausdrücklich, dass das Verändern von Werten nur in den Phasen *processAction*, *processEvent* und *serveResource* erlaubt ist. Über die *setValue*- bzw. *setValues*-Methode können neue Werte für die Preferences gesetzt werden. Ist jedoch ein Wert als *readonly* gekennzeichnet, wird eine *ReadOnlyException* geworfen. Nach dem Setzen von Werten über die Setter-Methoden sind die Werte allerdings noch nicht persistent gemacht. Meldet sich der Benutzer danach ab und wieder an, sind die ursprünglichen Werte wieder gesetzt. Um die Werte dauerhaft zu speichern, muss die Methode *store* aufgerufen werden. Diese Veränderung der Daten darf jedoch nicht in der render-Phase erfolgen. Passiert dies dennoch, wird eine *IllegalStateException* geworfen.

Der Container ist zudem dafür verantwortlich, dass bei Aufruf von `store` alle Änderungen an den Preferences in einer Transaktion vorgenommen werden. Gegebenenfalls müssen im Vorfeld noch Prüfungen der Werte (siehe Preferences Validator) durchgeführt werden.

Sollen die Änderungen an den Preferences verworfen werden, kann eine *reset*-Methode aufgerufen werden. Damit werden die Werte auf den Ursprungswert zurückgesetzt.

```
protected void doEdit(RenderRequest request, RenderResponse response)
    throws PortletException, PortletSecurityException, IOException {
  response.setContentType("text/html");

  PortletPreferences preferences = request.getPreferences();
  String currentValue = preferences.getValue( "bookmarkOfDay" , "" );

  PrintWriter writer = response.getWriter();
  writer.println( "<h3>Neue Bookmark des Tages</h3>" );

  String actionUrl = response.createActionURL().toString();
  writer.println( "<form method='post' action='" + actionUrl + "'>" );
  writer.println( "<input type='text' name='newbookmark'
                       value='" + currentValue + "'><br>" );
  writer.println ("<input type='submit' value='Speichern'>" );
  writer.println( "</form>" );
  writer.println( "<br><br>" );
}


@Override
public void processAction(ActionRequest request, ActionResponse response)
    throws PortletException, PortletSecurityException, IOException {

  PortletPreferences preferences = request.getPreferences();
  String newvalue = request.getParameter( "newbookmark" );

  preferences.setValue( "bookmarkOfDay", newvalue );
  preferences.store();

  response.setPortletMode( PortletMode.VIEW );
}
```

Listing 2.27: Verändern von Portlet Preferences

In Listing 2.27 wird die *doEdit*-Methode verwendet, um dem Benutzer eine Maske zur Veränderung des Bookmark des Tages zu präsentieren. Über den Aufruf *response. createActionURL()* wird ein URL erzeugt, mit dem das Formular abgeschickt werden kann und die processAction-Methode aufgerufen wird. Darin wird über *preferences. setValue* der neue Wert gesetzt, der über die Request-Parameter mitgesendet wurde.

Der Aufruf *store* speichert alle Änderungen an den Portlet Preferences persistent ab. Damit anschließend wieder in den View-Modus gewechselt wird, kann über *setPortlet-Mode(PortletMode.VIEW)* der folgende Modus festgelegt werden.

 Als Entwickler ist man nicht auf die in der *portlet.xml* angegebenen Preferences beschränkt. Das API erlaubt es, jederzeit neue Werte in den Preferences zu hinterlegen und damit zu arbeiten. Dies ist jedoch nicht unbedingt zu empfehlen. Man hat bei einer programmatischen Anlage von neuen Werten keinen Überblick mehr über alle Preferences. Oftmals sind dann die Werte im gesamten Sourcecode verstreut. Es ist daher empfehlenswert, alle benötigen Preferences in der *portlet.xml* mit einem Default-Wert zu definieren und dann programmatisch lesend oder ändernd darauf zuzugreifen.

2.11.2   Validierung der Preferences

Das letzte Beispiel (Listing 2.26 und Listing 2.27) hat einen kleinen Schönheitsfehler. Es kann zwar das Bookmark des Tages verändert werden, jedoch kann im Edit-Modus im entsprechenden Eingabefeld jeglicher Blödsinn eingegeben werden. Es wird nirgends überprüft, ob der eingegebene Wert auch tatsächlich ein gültiger URL ist.

An dieser Stelle bietet die Portlet-Spezifikation die Möglichkeit, mit Validatoren zu arbeiten. Natürlich wäre auch eine einfache Prüfroutine in der processAction-Methode möglich gewesen, mit dem Validator-Konzept steht jedoch eine Möglichkeit zur Verfügung, standardkonform eine wiederverwendbare Prüfklasse zu schreiben.

Dazu ist das Interface *javax.portlet.PreferencesValidator* zu implementieren. Dies schreibt lediglich die Präsenz einer Methode *validate* vor. Sollte die Prüfung fehlschlagen, wird eine *ValidatorException* geworfen.

```
<preferences-validator>
    de.jsfportlets.sample.validate.BookmarkValidator
</preferences-validator>
```
Listing 2.28: Verwendung von Portlet Preferences

Portlet-Preference-Validierungen werden auf Ebene der gesamten Preferences definiert. Dies bedeutet, dass in einer Validate-Methode alle Preferences geprüft werden. Es kann im konkreten Beispiel somit nicht ein separater Validator für die Adresse des Tages und einen getrennten Validator für die empfohlenen Adressen geschrieben werden, sondern nur einen für alle Einstellungen.

Dies muss somit in der Validierungsmethode berücksichtigt werden. Alle relevanten Werte müssen abgerufen und ausgewertet werden (oder eben bewusst ignoriert).

```
public void validate(PortletPreferences value) throws ValidatorException {
    String bookmarkValue = value.getValue("bookmarkOfDay", "-");
```
Listing 2.29: Verwendung von Validatoren für Preferences

```
if ( !bookmarkValue.startsWith( "http://" ) ) {
    Collection<String> c = new ArrayList<String>();
    c.add( "bookmarkOfDay");
    throw new ValidatorException( "Fehler in Webadresse", c );
}
}
```

Listing 2.29: Verwendung von Validatoren für Preferences (Forts.)

Natürlich ist die Prüfung in Listing 2.29 nicht gerade vorbildhaft implementiert. Es ist eine simple Prüfung, ob die Adresse mit *http://* beginnt. Für eine Demonstration der Syntax sollte dieses Beispiel jedoch genügen.

Die Validate-Methode wird bei jedem Versuch, die Preferences zu speichern, aufgerufen. Wird eine Exception geworfen, werden die Preferences nicht gespeichert. Der Anwendungsentwickler kann diesen Fehler abfangen und dementsprechend darauf reagieren.

```
try {
    preferences.store();
} catch ( ValidatorException exc ) {
    // Fehlerbehandlung
}
```

Listing 2.30: Fangen einer ValidatorException

Bei Auftreten einer *ValidatorException* könnte beispielsweise eine Meldung in der doView-Methode ausgegeben werden oder ein sonstiger Hinweis an den Benutzer erfolgen.

Grenzen der Validierung

Das Validierungskonzept in der Portlet-Spezifikation funktioniert durchaus, allerdings ist seine Praxistauglichkeit fraglich. So können nur Eingaben validiert werden, die als Preferences abgespeichert werden. Ein allgemeines Konzept zur Validierung sonstiger Eingabedaten gibt es nicht. Auch existiert kein Standardvorgehen, wie im Fall von Exceptions diese an der Oberfläche angezeigt werden. Natürlich kann man die Exception fangen und einen eigenen Text in der Render-Phase erzeugen. Aber dies ist dann eine rein projektspezifische Lösung.

Ein weiteres Manko ist, dass der fehlerhafte Text verworfen wird. Es wird nicht das Eingabefeld mit dem falschen Wert nochmals angezeigt, sondern vielmehr die ursprüngliche Eingabe wiederhergestellt. Dieses Verhalten könnte man zwar mit viel Aufwand realisieren, aber ein grundlegendes Konzept für alle Masken gibt es leider nicht.

Ich erwähne die Grenzen des Portlet-Standards deshalb so intensiv, damit Sie später die Vorteile bei der Integration von JavaServer Faces besser erkennen können. JSF bietet genau in diesem Bereich (Konvertierung, Validierung, Handling von Fehlermeldungen etc.) hervorragende Lösungen.

entwickler.press

2.11.3 Applikationsweite Init-Parameter

Mit den Portlet Preferences aus dem letzten Abschnitt haben Sie eine Möglichkeit kennengelernt, wie Konfigurationen durch den Benutzer verändert werden können. Dennoch gibt es durchaus Situationen, bei denen Konfigurationseinstellungen bereits zur Deployment Zeit gesetzt werden müssen und anwendungsweit (also ggf. für mehrere Portlets) gelten sollen und auch nicht veränderbar sind. Wird eine Portlet-Anwendung in einem PortletContainer deployt, wird bereits die init-Phase durchlaufen. Oftmals werden hierbei bereits Konfigurationswerte benötigt. Hier kann auf die aus der Servlet-Welt bekannten Kontext Parameter zugegriffen werden. In der *web.xml* können Parameter gesetzt werden, die im Portlet ausgelesen werden können.

```
<context-param>
   <param-name>contextParamName</param-name>
   <param-value>contextParamValue</param-value>
</context-param>
```

Listing 2.31: Verwendung von Kontext-Parametern

Listing 2.31 zeigt, wie in der *web.xml* ein Parameter hinterlegt wird. Die Abfrage der Parameter kann im Portlet wie folgt passieren: *String contextParam = getPortletContext(). getInitParameter("contextParamName");* Der Aufruf *getPortletContext()* kann in der render- oder auch in der *processAction*-Phase aufgerufen werden. Es versteht sich von selbst, dass Kontextparameter im Portlet lediglich gelesen werden können und nicht veränderbar sind.

2.11.4 Portlet-spezifische Init-Parameter

Neben den anwendungsweiten Kontextparametern gibt es speziell für Portlets auch Portlet-spezifische Parameter. Hiermit können pro Portlet verschiedene Parameter übergeben werden. Oftmals können diese Parameter auch komfortabel über die Portaladministration verwaltet und verändert werden. Diese Parameter sind im Gegensatz zu Portlet Preferences nicht durch den Benutzer oder programmatisch veränderbar.

```
<portlet>
   <description>KonfigurationsBeispiel</description>
   <portlet-name>ConfigurationPortlet</portlet-name>
   <portlet-class>
      de.jsfportlets.sample.portlet.ConfigurationPortlet
   </portlet-class>
   <init-param>
      <name>initParam</name>
      <value>valueInitParam</value>
   </init-param>
...
```

Listing 2.32: Verwendung von Init-Parametern

Init-Parameter sind nur für ein einzelnes Portlet relevant. Die Abfrage erfolgt über *String initParam = getPortletConfig().getInitParameter("initParam")*; Mit den drei gezeigten Möglichkeiten (Portlet Preferences, Parameter in der *web.xml* und in der *portlet.xml*) sollten alle denkbaren und undenkbaren Konfigurationsanforderungen abbildbar sein. Die Portalserver unterstützen diese Möglichkeiten meist noch mit entsprechenden Admin-Oberflächen, sodass eine Verwaltung der Werte einigermaßen problemlos möglich ist.

2.12 Portlets mit Servlets und JSPs

Bislang sind alle Portlet-Beispiele direkt mit dem Portlet API realisiert. Sämtliche Erzeugung des Markups fand in der Portlet-Klasse statt. Sun hat jedoch schon einige Jahre vor der Portlet-Spezifikation die JSP-Technologie herausgebracht. Mit JSPs kann eine Seite wesentlich einfacher erstellt werden als mit dem Portlet- oder dem Servlet API. Da liegt es nahe, dass JSPs mit in Portlets integriert werden. Gerade für die Erzeugung des Markups sind JSP-Seiten besser geeignet als eine reine Portlet-API-Programmierung.

Einen kompletten Verzicht auf Portlet-Klassen wird es aber auch mit JSPs nicht geben. Der PortletContainer fordert zunächst eine Klasse, die das Portlet-Interface implementiert. Somit müssen wir auch weiterhin eine (rudimentäre) Portlet-Klasse bereitstellen. Allerdings kann diese für die Erzeugung des Markups an eine JSP-Seite delegieren. Für die Delegation aus dem Portlet an eine JSP-Seite existiert der **PortletRequestDispatcher**. In den folgenden Beispielen werden Sie auch sehen, wie Sie eine Wertübergabe aus der Portlet-Klasse an eine JSP-Seite realisieren können, nämlich mit Request-Attributen. In den JSP-Seiten steht zudem eine eigene Portlet Tag Library zur Verfügung, sodass Sie auch innerhalb von JSPs Portlet-spezifische Aufrufe durchführen können.

Aber nicht nur JSP-Seiten können mit Portlets kombiniert, auch Servlets können aus einer Portlet-Klasse aufgerufen werden. Beides wird in den nächsten Abschnitten genauer vorgestellt.

2.12.1 PortletRequestDispatcher

Der PortletRequestDispatcher kann, wie der Name bereits vermuten lässt, ein Dispatching auf ein anderes Codestück vornehmen. So kann ein Dispatching auf eine JSP-Seite erfolgen oder auf ein übliches Servlet. Für die Einbindung von Servlets gibt es dabei zwei Möglichkeiten: Es kann ein Servlet über das Servlet Mapping adressiert werden oder über dessen Namen. Beide Varianten werden im Folgenden demonstriert.

Portlets und JSP

Über das Portlet-API kann mittels *getPortletContext().getRequestDispatcher()* auf einen Dispatcher zugegriffen werden. Damit kann sehr einfach ein JSP-Include zur Erzeugung des Markups verwendet werden.

```
protected void doView( RenderRequest request, RenderResponse response )
        throws PortletException, IOException {

    response.setContentType("text/html");
    response.getWriter().println("<h3>JSP Portlet</h3>");

    PortletContext context = getPortletContext();
    PortletRequestDispatcher dispatcher
            = context.getRequestDispatcher( "/simple.jsp" );

    dispatcher.include( request, response );
}
```

Listing 2.33: Einbinden einer JSP-Seite

In Listing 2.33 wird in der Portlet-Klasse ein JSP-Fragment inkludiert. Es ist durchaus möglich, dass sowohl in der Portlet-Klasse wie auch im JSP-Include Markup erzeugt wird. Üblicherweise wird in einer modernen Model-View-Controller-Architektur jedoch Markup ausschließlich in der JSP-Seite angelegt. Die Portlet-Klasse dient dann als (View-) Controller. Im gezeigten Beispiel wird mithilfe des *PortletRequestDispatchers* an eine Seite *simple.jsp* verwiesen. Diese liegt im gezeigten Beispiel direkt im Content Root der Webanwendung. Mittels *include* wird die Steuerung weitergeben, sodass die JSP-Seite ausgeführt, also gerendert wird.

```
<p>
    Das ist ein JSP-Include
</p>
```

Listing 2.34: JSP-Include

Im JSP-Include aus Listing 2.34 fällt auf, dass kein *<html>*, *<head>* oder *<body>*-Tag verwendet wurde. Es wird direkt mit dem Fragment begonnen, das in den Gesamtkontext eingebettet werden soll. Dies ist genau das gleiche Konzept wie bei der Erzeugung des Markups direkt in der Portlet-Klasse. Es wird immer nur das Fragment erzeugt, die Aggregation übernimmt das Portal.

Portlets und Servlets

Anstelle des Dispatchings auf ein JSP-Fragment kann auch der Name eines Servlets angegeben werden.

```
PortletRequestDispatcher dispatcher
    = context.getRequestDispatcher( "/ExampleServletMapping" );
```

In obigem Beispiel wurde der Aufruf über ein Mapping vorgenommen. Somit muss für */ExampleServletMapping* in der *web.xml* ein entsprechendes Servlet Mapping hinterlegt sein. Listing 2.35 zeigt den relevanten Ausschnitt.

```
<servlet>
   <servlet-name>ExampleServlet</servlet-name>
   <servlet-class>
      de.jsfportlets.sample.servlet.ExampleServlet
   </servlet-class>
</servlet>

<servlet-mapping>
   <servlet-name>ExampleServlet</servlet-name>
   <url-pattern>/ExampleServletMapping</url-pattern>
</servlet-mapping>
```

Listing 2.35: Servlet-Angaben in der web.xml

Im Servlet selbst kann analog zu einem Portlet das Markup erzeugt werden. Allerdings ist zu beachten, dass in einem Servlet natürlich kein Zugriff auf die Objekte des Portlet-Contexts besteht.

Anstelle des Einbindens über das ServletMapping kann mit *getNamedDispatcher* direkt über den Servlet-Namen ein Dispatching erfolgen.

```
PortletRequestDispatcher dispatcher
   = context.getNamedDispatcher( "ExampleServlet" );
```

Wichtig ist hier die Angabe des Servlet-Namens, so wie er in der *web.xml* hinterlegt ist. Es bestehen somit für das Einbinden von Servlets zwei Möglichkeiten: Einmal über das Mapping, einmal über den Servlet-Namen. Beiden Aufrufen wird als Argument ein String mitgegeben, der die aufrufende Ressource identifiziert. Bei *getRequestDispatcher* muss jedoch der String eine Pfadangabe sein, die mit einem / beginnt, bei *getNamedDispatcher* ist das Argument der Name eines Servlets selbst.

Include vs. Forward

In den obigen Beispielen wurde beim Dispatching ausschließlich ein *include* verwendet. Anstelle des *include* kann auch ein *forward* verwendet werden. Der grundlegende Unterschied zwischen beiden Varianten ist, dass bei einem *include* zunächst die Kontrolle an das inkludierte Servlet oder JSP-Fragment übergeben, und nach dessen Abarbeitung in das aufrufende Portlet zurückgekehrt wird. Bei einem *forward* wird die komplette Kontrolle an das aufrufende Fragment weitergereicht und danach nicht mehr zurückgegeben. Zudem wird bei einem *forward* der *ResponseBuffer* gelöscht. Eine Weiterleitung an ein anderes Servlet oder ein JSP-Fragment kann allerdings nur erfolgreich sein, wenn der ResponseBuffer noch nicht geflushed wurde. Dieses Verhalten kann z. B. im Fall eines Fehlers nützlich sein, wenn beim Erstellen des Markups ein Fehler auftritt und auf eine Fehlerseite weitergeleitet werden soll. In diesem Fall soll das bereits erzeugte Markup natürlich nicht mehr in den Stream geschrieben werden, sondern das Markup der Errorseite zur Anzeige gebracht werden.

```
protected void doView(RenderRequest request, RenderResponse response)
    throws PortletException, IOException {

  response.setContentType("text/html");
  response.getWriter().println("<h3>Forward auf ein JSP-Fragment</h3>");

  PortletContext context = getPortletContext();
  PortletRequestDispatcher dispatcher
    = context.getRequestDispatcher( "/simple.jsp" );

  dispatcher.forward( request, response );
}
```

Listing 2.36: Verwendung des Includes

Listing 2.36 zeigt, wie innerhalb einer doView-Methode ein Forward auf ein JSP-Fragment erfolgt. Die Ausgabe von *<h3>Forward...* erscheint nicht im Markup, da beim Forward der ResponseBuffer geleert wird. Bei einem *include* würde die Überschrift ausgegeben werden.

Redirect

Im Zusammenhang mit *include* oder *forward* taucht häufig die Frage auf, wie sich das Ganze mit der *redirect*-Funktion verhält. Das Portlet API sieht für *ActionResponse* eine Methode *sendRedirect* vor. Bei einem Redirect erfolgt die Weiterleitung nicht wie bei *forward* oder *include* auf Server-, sondern auf Clientseite. Der URL wird dem Client (also dem Browser) mitgeteilt, der eine entsprechende neue Anfrage stellen kann. Bei einem Redirect wird zudem der Sprung aus dem Portlet heraus vorgenommen. Es kann somit beispielsweise ein Redirect auf die Startseite von Google vorgenommen werden.

```
public void processAction(ActionRequest request, ActionResponse response)
    throws PortletException, PortletSecurityException, IOException {
  response.sendRedirect( "http://www.google.de" );
}
```

Listing 2.37: Redirect in processAction

In Listing 2.37 sehen Sie eine processAction-Methode, die nichts anderes macht als lediglich einen Redirect auf die Google-Startseite zu senden. Da der Redirect dem Browser direkt mitgeteilt wird, sieht man auch in der Adresszeile den neuen URL. Gehen Sie allerdings mit der Redirect-Methode sorgsam um, denn das Resultat betrifft die komplette Portalseite, nicht nur ein spezielles Portlet. Wenn somit ein Benutzer eine Aktion auslöst, die einen Redirect bewirkt, geht er komplett aus dem Portal heraus. Ob das immer gewollt ist, sollte gut überlegt sein.

2.12.2 Request-Attribute

Es ist mit Sicherheit eine große Vereinfachung, wenn Portlets mithilfe der JSP-Technologie erstellt werden. Eine direkte Programmierung mithilfe des Plain API ist nicht gerade zu empfehlen. Doch weiterhin bleibt die Controller-Logik im Portlet. Somit können beispielsweise in der processAction-Methode gesendete Werte ausgewertet werden und entsprechende Folgeaktionen eingeleitet werden. Auch können Werte in der *processAction*-Methode ermittelt (z. B. kann hier ein Datenbankaufruf erfolgen) und die Werte zur Darstellung in der nächsten View-Phase vorbereitet werden. Doch wie können Werte aus der Portlet-Klasse (dem Controller) an eine JSP-Seite weitergereicht werden? Genau diese Aufgabe können **Request-Attribute** übernehmen.

Request-Attribute können explizit gesetzt, gelesen und gelöscht werden. Sie sind nur während der Abarbeitung eines Requests gültig. Somit können auch keine Daten zwischen der Action- und der Render-Phase über Request-Attribute ausgetauscht werden, dies übernehmen bekanntlich die Request-Parameter. Im Gegensatz zu Request-Parametern kann es bei den Attributen nur eine eindeutige Zuordnung zwischen einem Namen und einem Wert geben. Eine Liste von Werten für einen Schlüssel ist nicht möglich.

```java
@Override
protected void doView( RenderRequest request, RenderResponse response )
        throws PortletException, IOException {

    response.setContentType("text/html");

    response.getWriter().println("<h3>JSP Portlet mit Request-Attributen</h3>");

    request.setAttribute( "welcomeName", "Andy Bosch" );

    PortletContext context = getPortletContext();
    PortletRequestDispatcher dispatcher
        = context.getRequestDispatcher( "/extended.jsp" );

    dispatcher.include( request, response );
}
```

Listing 2.38: Verwendung von Request-Attributen

Wie in Listing 2.38 zu erkennen ist, wird in der doView-Methode ein Request-Attribut mit dem Namen *welcomeName* gesetzt. Anschließend wird über den *PortletRequestDispatcher* an eine JSP-Seite weitergeleitet.

```jsp
Hallo, <%=request.getAttribute("welcomeName") %>
Das ist ein JSP-Include.
<p>
```

Listing 2.39: Lesen eines Request-Attributs

In der JSP-Seite kann über *request.getAttribute* das zuvor gesetzte Attribut ausgelesen werden. Somit steht eine einfach Möglichkeit zur Verfügung, Daten zwischen der Portlet-Klasse und der JSP-Seite auszutauschen. Doch es gibt noch eine weitere vereinfachte Möglichkeit, auf Request-Attribute zuzugreifen:

```
Hallo, ${welcomeName}.
```

Über die *$*-Notation kann ebenfalls auf das Attribut *welcomeName* zugegriffen werden. Hierbei wird Gebrauch von der Unified Expression Language gemacht.

Um es nochmals klar abzugrenzen: Request-Attribute können durch den Entwickler für einen Request gesetzt und natürlich auch verändert werden. Da die Werte für die Dauer eines Requests vorhanden bleiben, eignen sie sich hervorragend zum Austausch von Portlet-Klasse und JSP-Seite. Es kann jedoch auch ein Request-Attribut einfach als „temporärer Zwischenspeicher" verwendet werden, wenn einfach „mal kurz" Daten abgelegt werden müssen. Im Gegensatz dazu sind Request-Parameter nicht veränderbar. Sie werden von außen gesetzt und können lediglich abgefragt bzw. in einer ActionResponse für die folgende Render-Phase gesetzt werden (Render-Parameter).

2.12.3 Action-Scoped Request-Attribute

Das folgende Kapitel wird Sie eventuell ein wenig verwirren. Aber ich hoffe, dass nach dem Durcharbeiten des Kapitels wieder Klarheit aufkommt.

Im letzten Kapitel zum Thema der Request-Attribute haben Sie gesehen, dass diese direkt mit dem Request gekoppelt sind und keine Lebenszyklus-Phase überstehen. Die strikte Trennung der Render- und der Action-Phase in der Portlet-Welt ist ein wesentliches Merkmal der gesamten Portlet-Entwicklung. Request-Attribute, die in der Action-Phase gesetzt werden, sind in der folgenden Render-Phase nicht mehr im Request enthalten.

Oftmals ist es jedoch notwendig, dass Informationen, die in der Action-Phase generiert wurden, in den folgenden Render-Phasen reflektiert und im generierten Markup wiedergegeben werden. Render-Parameter wären eventuell eine Lösung, jedoch ist die Einschränkung auf Strings und String-Arrays oftmals das KO-Kriterium. Daher bleibt in der Regel nur die Portlet-Session. Alle Informationen (Objekte), die aus der Action-Phase in die Render-Phase gerettet werden müssen, werden zunächst in die Session gelegt, um eventuell später wieder aus der Session gelöscht zu werden. Dies ist jedoch alles manuell zu tun. Es gibt keine Unterstützung des Containers. Da gerade auch im Portalumfeld die Sessiongröße ein sehr heikles Thema ist, ist die Lösung mit der Session auch nicht unbedingt als optimal zu bewerten.

```
public class PreserveAttributes extends GenericPortlet {

    @Override
    protected void doView(RenderRequest request,
                RenderResponse response) throws PortletException, IOException {
```

Listing 2.40: Setzen und Lesen von Request-Attributen

```
    response.setContentType("text/html");
    response.getWriter().println("<h3>Speichern von Request Attributen</h3>");

    String requestAttribut = ""+request.getAttribute("myAttribute");
    response.getWriter().println("Request Attribut: " + requestAttribut );

    PortletURL url = response.createActionURL();
    response.getWriter().println("<a href='"
                    + url.toString() + "'>Trigger Action</a>" );
    }

    @Override
    public void processAction(ActionRequest request,
            ActionResponse response) throws PortletException, IOException {

    String requestAttribut = "TestAttributeNotStored";
    request.setAttribute("myAttribute", requestAttribut );
    }
}
```

Listing 2.40: Setzen und Lesen von Request-Attributen (Forts.)

Im Beispiel in Listing 2.40 sehen Sie ein recht einfaches Portlet, das zunächst in der doView-Methode einen Attributwert ausgibt sowie einen Link erzeugt, der eine Action bewirkt. Der Attributname wird in der processAction-Methode gesetzt. Wird dieses Portlet getestet, ist das Ergebnis der Ausgabe des Attributs zunächst *null*, d. h. das Request-Attribut wurde (korrekterweise) nicht gefunden. Das ist auch nachvollziehbar, da Attribute den Request nicht überleben.

Im JSR-286 ist jetzt eine Möglichkeit vorgesehen, Attribute auch über die Action-Phase hinaus retten zu können. Es kann eine Container-Runtime-Option gesetzt werden, die eine Speicherung der Attribute auch über die Action-Phase hinaus bewirkt.

```
<portlet>
   <portlet-name>PreserveAttributes</portlet-name>
   ...
   <container-runtime-option>
      <name>javax.portlet.actionScopedRequestAttributes</name>
      <value>true</value>
   </container-runtime-option>
</portlet>
```

Listing 2.41: Setzen des Attributs javax.portlet.actionScopedRequestAttributes

Statt die Runtime-Option auf Portlet-Ebene zu setzen, kann die Einstellung auch auf Portlet-Applikations-Ebene erfolgen.

```
<portlet-app>
   <portlet>
   ...
   </portlet>

   <container-runtime-option>
      <name>javax.portlet.actionScopedRequestAttributes</name>
      <value>true</value>
   </container-runtime-option>
</portlet-app>
```

Listing 2.42: Setzen der Container-Option auf Portlet-Applikations-Ebene

Mit der gesetzten Container-Option sind die Attribute auch über die Action-Phase hinaus in der folgenden Render-Phase sichtbar.

Abbildung 2.22: Request-Attribut in die Render-Phase gerettet

In Abbildung 2.22 wird das Attribut, das in der *processAction*-Methode gesetzt wurde, erfolgreich in der Render-Phase angezeigt. Damit werden für genau diese Render-Phase die Attribute gespeichert. Die Portlet-Spezifikation geht jedoch noch einen Schritt weiter: Da es im Browser durchaus möglich ist, dass ein Forward oder Backward erfolgen kann, wird ggf. auf vorhergehende Render-Phasen navigiert. Für diese früheren Darstellungen können ebenfalls die Request-Attribute gespeichert werden. Die Anzahl dieser so genannten Scopes wird über einen zusätzlichen Parameter *numberOfCachedScopes* geregelt.

```
<container-runtime-option>
   <name>javax.portlet.actionScopedRequestAttributes</name>
   <value>true</value>
   <value>numberOfCachedScopes</value>
   <value>10</value>
</container-runtime-option>
```

Listing 2.43: Verwendung von numberOfCachedScopes

Die Spezifikation sieht genau die gezeigte Reihenfolge aus Listing 2.43 vor. Es wird zunächst der Wert für den Parameter *actionScopedRequestAttributes* gesetzt (*true* oder *false*), danach folgt die Konstante *numberOfCachedScopes*, und als letztes *value*-Element die Anzahl, die eine positive Zahl darstellen muss.

Somit können Sie das „originäre" Portlet-Verhalten aushebeln, indem Sie mit diesen Parametern arbeiten. In einer Kombination von Portlets mit anderen Frameworks sind solche Konfigurationen oftmals notwendig. Es sollte jedoch nicht zum Regelverhalten werden. Speziell im Zusammenspiel mit JSF gibt es hier eine andere Lösung.

2.12.4 Portlet Tag Library

Mithilfe des RequestDispatchers ist es problemlos möglich, JSP-Seiten in das Portlet einzubinden. Damit können Sie die gesamte Markup-Erzeugung komfortabel mittels JSPs vornehmen. Die einfachen Beispiele waren daher auch recht schnell realisiert. Doch nach der ersten Euphorie merkt man schnell, dass gewisse Funktionen in der JSP-Seite vermeintlich nicht vorhanden sind. Soll z. B. ein Formular in der JSP-Seite erstellt werden, ist das *action*-Attribut im *form*-Tag entsprechend zu befüllen. Doch womit? Den Ziel-URL kennt man ja nicht, er wird durch den PortletContainer erzeugt. Keine Sorge, die Euphorie kann bleiben, denn:

Für genau diese Anforderungen gibt es eine eigene Tag-Library, die durch die Spezifikation bereits definiert ist. Damit besteht innerhalb einer JSP-Seite die Möglichkeit des Zugriffs auf Portlet-spezifische Elemente und Funktionen.

Genau genommen existieren sogar zwei Tag Libraries, eine für den älteren Standard JSR-168 sowie eine neuere, die den JSR-168 und JSR-286 abdeckt. Für Portlets, die lediglich gemäß dem JSR-168 erstellt werden, wird die Taglib üblicherweise wie folgt in eine JSP-Seite eingebunden:

<%@ taglib uri="http://java.sun.com/portlet" prefix="portlet" %> Für neuere Portlets, die auch bereits JSR-286 unterstützen, sieht die Einbindung wie folgt aus: *<%@ taglib uri="http://java.sun.com/portlet_2_0" prefix="portlet" %>* Die wichtigsten Tags der Portlet Tag Library werden im Folgenden erwähnt und exemplarisch aufgezeigt:

defineObjects-Tag

Das *defineObjects*-Tag erweitert die innerhalb einer JSP-Seite impliziten Variablen. Während durch die JSP-Spezifikation Variablen wie *request*, *response*, *out*, *session*, *application*, *config*, *pageContext* und *page* bereits gesetzt werden, erweitert das *defineObjects*-Tag den Umfang um folgende zusätzlichen Variablen:

- renderRequest
- resourceRequest
- actionRequest
- eventRequest
- renderResponse

entwickler.press

- resourceResponse

- actionResponse

- eventResponse

- portletConfig

- portletSession

- portletSessionScope

- portletPreferences

- portletPreferencesValues

Die aufgelisteten Variablen können beispielsweise in Ausdrücken der EL (Expression Language) verwendet werden. In Listing 2.44 sehen Sie ein Beispiel, wie auf einen Wert der PortletPreferences zugegriffen wird.

```
<portlet:defineObjects/>
Zugriff auf Preferences mit der Taglib:
<%=portletPreferences.getValue( "samplePreference", "-" ) %>
```

Listing 2.44: Zugriff auf Portlet Preferences in einer JSP

actionURL-Tag

Mit dem actionURL-Tag können Sie einen ActionURL erzeugen, der z. B. beim Abschicken eines Formulars oder bei Betätigen eines Links eine entsprechende Aktion in einem Portlet anstößt. Sie benötigen dieses Tag immer dann, wenn Sie in ihrer JSP-Seite eine Aktion auslösen möchten. Da innerhalb eines Portlets der URL „nach außen" nicht bekannt ist, sondern lediglich dem PortletContainer, muss der URL über dieses Tag generiert werden.

```
<portlet:actionURL var="submitUrl" />
<form method="POST" action="${submitUrl}">
   Ihr Name: <input type="text" name="name" value="${name}" />
   <input type="submit" />
</form>
```

Listing 2.45: Vewendung des Tags actionURL

In Listing 2.45 wird zunächst ein ActionURL erzeugt. Dieser wird einer Variablen *submitUrl* zugewiesen. Diese Variable wiederum kann im *action*-Attribut des *form*-Tags verwendet werden. Alternativ wäre es auch möglich, das *actionURL*-Tag direkt im Attribut zu verwenden.

```
<form method="POST" action="<portlet:actionURL />">
```

Es ist natürlich ebenfalls möglich, dem URL weitere Parameter mitzugeben. So kann als Attribut der Window State gesetzt werden oder auch der Portlet Mode.

Neu mit Portlet 2.0 (JSR-286) ist die Möglichkeit, den Namen einer Action als Name-Attribut mitzugeben. Damit kann eine processAction-Phase angestoßen werden, die einen Namen per Annotation gesetzt hat. Mehr dazu lernen Sie in Kapitel 2.14.

renderURL-Tag

Analog zum *actionURL*-Tag erzeugt das *renderURL*-Tag einen URL, der in die Render-Phase verzweigt. Auch hier können wieder die Attribute für den Portlet Mode und den WindowState gesetzt werden.

resourceURL-Tag

Mit dem ResourceURL-Tag kann ein spezieller URL erzeugt werden, der bei Aktivierung einen Resourcenrequest auslöst. Damit können Resourcen allgemeiner Art (z. B. PDF-Dokumente oder dynamisch generierte Bilder) über ein Portlet ausgeliefert werden. Dem Thema Resource Serving ist ein eigenes Kapitel in diesem Buch gewidmet.

namespace-Tag

Das namespace-Tag ist ein sehr wichtiges Tag innerhalb der Portlet-Entwicklung. Die Bedeutung wird von Entwicklern häufig nicht erkannt, was teilweise folgenreiche Fehler von Portlets in Produktivumgebungen nach sich zieht.

Doch was bewirkt dieses Tag? Es erzeugt zunächst als Ausgabe eine eindeutige ID, genauer gesagt, einen eindeutigen Namensraum für das aktuelle Portlet (Portlet Window). Damit können z. B. JavaScript-Funktionen so gebaut werden, dass auch mehrere gleiche Portlets auf einer Seite sich **nicht** gegenseitig beeinflussen. Betrachten wir dies einmal an einem Beispiel:

```
<script>
    function sayHello() {
        alert("Hallo");
    }
</script>
<input type="button" onclick="sayHello();" value="Hello"/>
```

Listing 2.46: (Falsche) Verwendung von JavaScript in einem Portlet

Obiges Beispiel würde an sich in einem PortletContainer funktionieren. Allerdings nur, wenn kein anderes Portlet auf der Seite eine Funktion *sayHello* enthalten würde. Dann wäre der Konflikt vorprogrammiert und die Fehlersuche ist oftmals mühsam. Auch könnte das gleiche Portlet nicht zweimal auf der Seite sein, denn auch dann würde es zu Konflikten kommen. Welche JavaScript-Funktion soll bei einem Button jetzt aufgerufen werden? Die erste oder die zweite? Um genau dieses Problem zu umgehen, wurde das namespace-Tag bereitgestellt. Durch Verwendung des namespace-Tags wird für die Funktion ein eindeutiger Namensraum erzeugt, sodass es zu keinen Konfliken mit anderen Portlets kommen kann.

```
<script>
   function <portlet:namespace/>sayHello() {
      alert("Hallo");
   }
</script>
<input type="button" onclick="<portlet:namespace/>sayHello();" value="Hello"/>
```

Listing 2.47: (Korrekte) Verwendung von JavaScript in einem Portlet

Wenn das obige Portlet deployt wird, wird im resultierenden Markup eine eindeutige Id vor den JavaScript-Funktionsnamen sowie in den Aufruf bei *onclick* eingetragen. Da diese ID eindeutig ist, kommt es auch nicht zu Konflikten, wenn das gleiche Portlet mehrfach auf einer Seite vorhanden ist.

2.13 Resource Serving

Resource Serving ist ebenfalls eine der großen Neuerungen im JSR-286. Damit wurde eine Möglichkeit geschaffen, auch innerhalb des Portlet-Lebenszyklus Ressourcen ausliefern zu können. Damit kann z. B. ein dynamisch generiertes PDF durch ein Portlet angezeigt werden. Dies war bislang (also mit dem JSR-168) nur etwas umständlich und mit Einschränkungen behaftet mithilfe von Servlets möglich. Mit der Erweiterung im aktuellen Portlet-Standard kann jedoch innerhalb der Portlet-Welt auch Inhalt geliefert werden, der eben nicht z. B. als HTML-Fragment in eine Seite eingebunden wird, sondern als Bild-Datei oder sonstige Ressource geliefert wird.

Wie bereits erwähnt, konnte man vor JSR-286 durchaus Ressourcen aus einer Portlet-Applikation ausliefern (nämlich z. B. über Servlets). Es war jedoch nicht sichergestellt, dass diese auch über den PortletContainer ausgeliefert werden und somit eventuell der PortletContext nicht zur Verfügung stand. Auch Fragen wie Security waren hier nicht vollständig geklärt.

Mit dem JSR-286 existieren ganz neue Möglichkeiten. Um eine Ressource über ein Portlet ausliefern zu können, wurde der Lebenszyklus um eine Methode erweitert: *serve-Resource*. Neben der render- und processAction-Phase lernen wir damit eine weitere Phase des Portlet Lifecycles kennen.

```
public class XmlResourceServing extends GenericPortlet {

   @Override
   protected void doView( RenderRequest request, RenderResponse response )
           throws PortletException, IOException {

      response.setContentType("text/html");
      PrintWriter pw = response.getWriter();
```

Listing 2.48: Anwendung der serveResource-Methode

```
    pw.write("Hallo Resource!");
    pw.write("Hier erhalten Sie eine dynamisch generierte Xml-Datei.");

    ResourceURL aResUrl = response.createResourceURL();
    pw.write("<a target=\"_blank\" href=\"" + aResUrl + "\">XML</a>");
}


@Override
public void serveResource( ResourceRequest request, ResourceResponse response )
        throws PortletException, IOException

    response.setContentType("text/xml");
    PrintWriter pw = response.getWriter();


    String timeMillis = String.valueOf( System.currentTimeMillis() );
    pw.write("<xml><timeMilis>" + timeMillis + "</timeMilis></xml>");
    }
}
}
```

Listing 2.48: Anwendung der serveResource-Methode (Forts.)

In Listing 2.48 sehen Sie, wie ein XML-Dokument generiert und zur Anzeige gebracht wird. Im XML-Dokument wird lediglich ein aktueller Timestamp (die Uhrzeit in Milisekunden, um genau zu sein) angezeigt. Es ist jedoch gut daran zu erkennen, dass eben bei Betätigen eines Links keine processAction-Methode aufgerufen wird, sondern über die serveResource-Methode eine Ressource zum Client gesendet wird. Je nach Browser ist die Reaktion darauf unterschiedlich. Manche Browser bieten einen Dialog an, der eine Speicherung der Datei vorschlägt. Der von mir verwendete Firefox öffnet die XML-Datei in einem separaten Fenster.

Um einen Aufruf der neuen serveResource-Methode zu erreichen, wird in der *doView*-Methode ein Link gerendet, dessen Ziel über den Aufruf *ResourceURL aResUrl = response.createResourceURL();* festgelegt wurde. Damit wird nach Betätigen des Links direkt in die serveResource-Methode verwiesen. In dieser haben Sie weitgehend freie Hand. Sie können, wie im Beispiel gezeigt, ein dynamisch generiertes XML-Dokument liefern, PDF-Dokumente zum Client schicken oder auch jede sonstige Ressource liefern. Es ist festgelegt, dass bei einem Aufruf von *serveResource* keinerlei anderer Inhalt mehr durch den Container in den Stream geschrieben wird. Es ist somit dem Anwendungsentwickler komplett überlassen, die Kontrolle über den Output zu übernehmen.

Unterschiedliche Ressourcen liefern

Folgende mathematische Gleichung könnte man nach dem ersten Ressource-Beispiel vermuten: Ein Portlet entspricht einer serveResource-Methode entspricht einer zu liefernden Resource. Dies ist jedoch nicht korrekt. Es wäre oftmals nicht ausreichend, da durch ein Portlet durchaus unterschiedliche Ressourcen geliefert werden müssen. Daher wurde in der Spezifikation auch explizit eine Möglichkeit vorgesehen, die Ressource genauer zu definieren, die geliefert werden soll. Konkret kann einer ResourceUrl eine ID mitgegeben werden, die in der *serveResource*-Methode ausgewertet werden kann.

```
pw.write("Hier bekommen Sie ein Bild mit gelben Kästen angezeigt.  ");
ResourceURL aResUrl = response.createResourceURL();
aResUrl.setResourceID( "img1" );
pw.write("<a target=\"_blank\" href=\"" + aResUrl + "\">Hier</a>");

aResUrl.setResourceID( "img2" );
pw.write("Hier bekommen Sie ein Bild mit roten Kästen angezeigt.  ");
pw.write("<a target=\"_blank\" href=\"" + aResUrl + "\">Hier</a>");
```

Listing 2.49: Verwendung der ResourceID

In obigem Beispiel sehen Sie, wie zwei Links erzeugt werden. Jedem Link wird eine andere ResourceID mitgegeben. Dieser Wert kann in der *serveResource*-Methode ausgewertet werden.

```
public void serveResource(ResourceRequest request, ResourceResponse response)
        throws PortletException, IOException {

    response.setContentType("image/jpeg");
    OutputStream out = response.getPortletOutputStream();
    BufferedImage bi = new BufferedImage(120, 120, BufferedImage.TYPE_INT_RGB);

    // Image erzeugen
    Graphics g = bi.getGraphics();

    // Unterscheidung auf ResourceId
    if ( request.getResourceID().equals("img1") ) {
       g.setColor( Color.YELLOW );
    } else {
       g.setColor( Color.RED );
    } // else
    g.fillRect( 10, 10, 50, 50 );
    g.fillRect( 60, 60, 50, 50 );

    response.setContentType("image/jpeg");
    // Image in Stream schreibem
    ImageIO.write( bi, "JPEG", out );
}
```

Listing 2.50: Dynamisches Erzeugen von Bildern

In Listing 2.50 werden dynamisch Bilder generiert. Abhängig von der ResourceID wird entweder ein Bild mit roten oder mit gelben Kästen erzeugt. Das fertige Bild wird direkt in den OutputStream geschrieben und in einem neuen Browserfenster angezeigt.

Somit können über die serveResource-Methode dynamische Inhalte geliefert werden, während man sich komplett innerhalb des Portlet-Lebenszyklus befindet und Zugriff auf den gesamten PortletContext hat.

2.14 Annotationen

Die Portlet-Spezifikation JSR-286 wurde für J2EE 1.4 und JDK 1.5 entwickelt. Allerdings soll auch ein Betrieb in einer JDK-1.4-Umgebung möglich sein. Es kann somit eine Implementierung des Portlet-Standards für ein JDK 1.4 und ein JDK 5 geben. Sämtliche Kernfunktionalität ist für beide JDK-Versionen vorgeschrieben.

In einer JDK-1.5-Umgebung unterstützt die Portlet-Spezifikation allerdings Annotationen, die mit dieser Java-Version im Sprachumfang eingeführt wurden. Die Annotationen, die im JSR-286 definiert wurden, sind jedoch lediglich als „Convenience" zu verstehen. Dies bedeutet, dass man dadurch bereits vorhandene Funkionalität etwas einfacher und komfortabler verwenden kann. Es werden aber durch Annotationen keine neuen Funktionen eingeführt. Damit ist sichergestellt, dass die Portlet-Spezifikation auch in einer JDK1.4-Umgebung funktioneren kann.

Konkret können Sie mit den Annotationen der Portlet-Spezifikation z. B. Action- oder Event-Methoden markieren und müssen somit nicht mehr bestimmte Methoden des GenericPortlets überschreiben.

```
@RenderMode(name="view")
public void darstellen( RenderRequest request, RenderResponse response )
        throws PortletException, IOException {
  response.setContentType( "text/html" );

  PrintWriter pw = response.getWriter();
  pw.write( "Hallo Annotations" );

  PortletURL aActionUrl = response.createActionURL();
  aActionUrl.setParameter( ActionRequest.ACTION_NAME, "meineEigeneKennzeichnung" );
  pw.write( "<a href=\"" + aActionUrl + "\">Call Process Action</a>" );
}
@ProcessAction(name="meineEigeneKennzeichnung")
public void processMyAction( ActionRequest request, ActionResponse response )
        throws PortletException, IOException {
  System.out.println("In meiner Aktionsmethode !!!!");
}
```

Listing 2.51: Verwendung von Annotationen

In Listing 2.51 sehen Sie die Verwendung von Annotationen. Anstelle der bekannten *doView*-Methode ist es auch möglich, einen beliebigen Methodennamen zu wählen und die Methode entsprechend zu annotieren. Wichtig ist, bei der Methode die Signatur

```
void <methodname> (RenderRequest, RenderResponse)
    throws PortletException, java.io.IOException;
```

einzuhalten. Der Methodenname selbst kann frei gewählt werden. In der Annotation ist dann anzugeben, für welchen Mode (View, Edit usw.) die Methode zuständig ist.

Vom Ablauf wird zunächst versucht, eine für den aktuellen RenderRequest und aktuellen Mode passend annotierte Methode zu finden. Ist keine vorhanden, wird an die bekannten Methoden *doView, doEdit* usw. delegiert. Sind auch diese nicht vorhanden, kommt es zu einem Fehler.

Gleiches gilt auch für die processAction-Methoden (ebenfalls in Listing 2.51 zu erkennen). Zunächst wird in der doView-Methode ein ActionURL erzeugt. Diesem wird ein Parameter ActionRequest.*ACTION_NAME* übergeben, der eine Kennung der Action-Methode beinhaltet. Genau diese Kennung muss dann in der annotierten Methode verwendet werden. Auch hier ist natürlich die Signatur wichtig.

```
void <methodname> (ActionRequest, ActionResponse)
    throws PortletException, java.io.IOException;
```

Somit besteht auch die Möglichkeit, für unterschiedliche Aktionen innerhalb eines Portlets verschiedene processAction-Methoden bereitzustellen.

2.15 Portlet-Filter

Vereinfacht ausgedrückt sind Portlet-Filter das Pendant zu Servlet-Filtern. Etwas umfassender formuliert bieten sie die Möglichkeit, einen Wrapper um einen PortletRequest zu legen, um damit vor und nach der Request-Verarbeitung lesend oder modifizierend eingreifen zu können. Damit lassen sich viele Anforderungen z. B. seitens einiger ergänzender Frameworks auch in einer Portlet-Umgebung realisieren. Vor Portlet-Version 2.0 hat man sich mit Servlet-Filtern beholfen, was allerdings nicht immer funktionierte und teilweise auch sehr seltsame Ergebnisse liefert. Mit Portlet-Filtern existiert die Möglichkeit, innerhalb des Portlet-Lebenszyklus entsprechend einzugreifen.

Da es unterschiedliche PortletRequests gibt (RenderRequest, ActionRequest, Event-Request, ResourceRequest), existieren auch unterschiedliche Filter: ActionFilter, Render-Filter, ResourceFilter, EventFilter.

```
public class ExampleRenderFilter implements RenderFilter {

    public void init(FilterConfig arg0) throws PortletException {
        System.out.println("In init ...");
```

Listing 2.52: RenderFilter in Aktion

```
    }

    public void doFilter(RenderRequest request, RenderResponse response,
            FilterChain chain) throws IOException, PortletException {

        System.out.println("Vor doFilter ...");
        chain.doFilter( request, response );
        System.out.println("Nach doFilter ...");
    }

    public void destroy() {
        System.out.println("In destroy ...");
    }
}
```

Listing 2.52: RenderFilter in Aktion (Forts.)

Listing 2.52 zeigt einen Filter, der um einen RenderRequest gelegt werden kann. Der Filter ist natürlich nicht gerade spannend, gibt er doch lediglich ein paar *System.out*-Zeilen aus. Dies zeigt jedoch, wie ein RenderRequest durch den Filter umgeben wird und ein Eingriff hier möglich wäre. Damit der Filter aktiviert wird, muss in der *portlet.xml* ein entsprechender Eintrag vorgenommen werden.

```
<filter>
    <filter-name>ExampleRenderFilter</filter-name>
    <filter-class>de.jsfportlets.sample.filter.ExampleRenderFilter</filter-class>
    <lifecycle>RENDER_PHASE</lifecycle>
</filter>

<filter-mapping>
    <filter-name>ExampleRenderFilter</filter-name>
    <portlet-name>HalloWelt</portlet-name>
</filter-mapping>
```

Listing 2.53: Portlet-Filter in der portlet.xml

In der *portlet.xml* wird zunächst der Filter mit einem Namen und einer Filterklasse deklariert. Ebenso ist anzugeben, in welcher Lifecycle-Phase er ausgeführt werden soll. Im Beispiel in Listing 2.53 ist die Render-Phase hinterlegt. Da der Filter nicht generell aktiv wird, sondern nur für bestimmte Portlets, ist ebenso noch ein Mapping anzugeben. Ein Filter muss nicht nur auf eine spezielle Lifecycle-Phase getrimmt sein. Es ist auch möglich, in der Filterklasse verschiedene Filter-Interfaces zu implementieren und dies in der *portlet.xml* entsprechend zu konfigurieren.

2.16 Caching

Portale und Portlets werden nicht selten in großen Projekten eingesetzt. Häufig ist bei großen Portalauftritten die Benutzer- bzw. Besucheranzahl ebenfalls sehr hoch. Daher ist das Thema Caching auch ein entsprechend wichtiges Thema. Soll etwa bei jedem Klick des Benutzers ein Datenbankzugriff erfolgen, ein Backend-Zugriff stattfinden und ein kompliziertes Markup erzeugt werden? Dies kann bei mehreren tausend Benutzern zur gleichen Zeit schon einmal ein Problem werden. Abhilfe schaffen hier Caching-Funktionen. Caching kann jedoch auf unterschiedlichster Ebene stattfinden. Es können z. B. Caches für Datenbankabfragen verwendet werden oder auch Caches für Backend-Zugriffe, um Key-Tabellen zu laden. Oder es kann direkt auf Portlet-Ebene das Markup gecacht werden, falls sich dieses Markup innerhalb kurzer Zeit nicht verändert.

2.16.1 Caching mit dem JSR-168

Im JSR-168 waren nur sehr rudimentäre Caching-Möglichkeiten vorgesehen. Genau genommen, konnte lediglich das Markup eines Benutzers gecacht werden. In der *portlet. xml* ist es möglich, die Zeit in Sekunden zu definieren, die ein Markup für einen Benutzer gültig ist. Daraufhin wird die Ausgabe der render-Methode nur alle x Sekunden aufgerufen.

Caching-Wert	Bedeutung
0	Es wird kein Caching für dieses Portlet verwendet (Standard).
-1	Der Cache hat eine unbegrenzte Gültigkeit. Ist der Inhalt einmal erzeugt, veraltet er nie.
1-n	Der Inhalt hat eine Gültigkeit von n Sekunden.

Tabelle 2.1: Cache-Einstellungen im JSR-168

Hat man in der *portlet.xml* eine Zahl > 0 für ein Portlet angegeben, konnte das Portal den Inhalt für die angegebene Zeit cachen. Die Portlet-Spezifikation besagt jedoch, dass nach maximal n Sekunden die render-Methode erneut aufgerufen werden muss. Es kann jedoch auch passieren, dass vorher die Methode durchlaufen wird, wenn das Portal dies für nötig erachtet. Das Caching findet hierbei somit auf Portlet- und Benutzerebene statt.

```
<portlet>
    <description>Caching Beispiel</description>
    <portlet-name>ContentCachingPortlet</portlet-name>
    <portlet-class>
        de.jsfportlets.sample.portlet.ContentCachingPortlet
    </portlet-class>
    <expiration-cache>5</expiration-cache>
    ...
</portlet>
```

Listing 2.54: Setzen des Expiration-Caches

Neben dem Setzen des Caches in der *portlet.xml*, konnte man dieses Verhalten auch programmatisch beeinflussen. Allerdings ist es nicht möglich, den Inhalt des Caches für alle Benutzer zu verwenden. Es muss somit für jeden Benutzer mindestens einmal das Markup erzeugt werden.

Wird bei einem Portlet, das ein Caching aktiviert hat, eine Aktion aufgerufen (also die processAction-Phase angestoßen), wird die Caching-Angabe ignoriert und nach Durchlaufen der processAction-Methode das Markup neu erzeugt.

2.16.2 Caching mit dem JSR-286

Mit dem JSR-286 wurden die Caching-Möglichkeiten stark erweitert. So kann jetzt nicht nur Markup gecacht werden, sondern auch Resourcen, die über die serveResource-Methode erzeugt wurden. Auch kann der Inhalt des Caches benutzerübergreifend verwendet werden, falls im Markup keine benutzerspezifischen Ausgaben enthalten sind. Zudem gibt es neben dem **Expiration Cache** zusätzlich noch einen **Validation Cache**.

Für den Expiration Cache kann mit dem Parameter Cache-Scope geregelt werden, ob Cache-Inhalte benutzerspezifisch oder allgemein verwendet werden können.

```
<portlet>
  ...
  <expiration-cache>300</expiration-cache>
  <cache-scope>private</cache-scope>
  ...
</portlet>
```
Listing 2.55: Cache Scope

Mit dem Cache Scope auf *private* wird das Caching nur pro Benutzer verwendet (Standard). Alternativ kann der Cache-Scope auf *public* gesetzt werden. Dies bewirkt, dass der Inhalt auch für andere Benutzer verwendet werden kann.

Die Spezifikation lässt die Implementierung der gesamten Caching-Funktionalität als optional stehen. Dies bedeutet, dass Portale ein Caching nicht implementieren müssen. Die gezeigten Beispiele sind somit abhängig vom PortletContainer, der verwendet wird.

Neben dem reinen **Expiration Cache** kann mit dem JSR-286 auch ein **Validation Cache** realisiert werden. Dabei wird bei Ablauf des (Expiration) Caches ein so genanntes Validation Token (wird auch **ETag** genannt) an die render- bzw. serveResource-Methode übergeben. Das Portlet kann daraufhin selbst überprüfen, ob der Cacheinhalt tatsächlich ausgelaufen oder immer noch gültig ist. Muss kein Markup bzw. keine neue Resource erzeugt werden, genügt es, eine Eigenschaft *USE_CACHE_CONTENT* zu setzen und eine neue Expiration-Angabe vorzunehmen. Es muss nicht erneut das Markup aufgebaut werden (bzw. die Ressource).

```
protected void doView (RenderRequest request, RenderResponse response)
    throws PortletException, java.io.IOException {
  ...
  // Pruefung auf Validation Token
  if ( request.getETag() != null ) {
    if ( checkMarkupStillValid( request.getETag() ) ) {
      // Markup ist immer noch gueltig
      response.getCacheControl().setExpirationTime(30);
      response.getCacheControl().setUseCachedContent(true);
      return;
    }
  }


  // Cache ausgelaufen bzw. Kein ETag gesetzt --> Markup erzeugen
  response.getCacheControl().setETag( etagId );
  response.getCacheControl().setExpirationTime( 30 );

  PrintWriter writer = response.getWriter();
  writer.println( "Hallo Caching" );
  ...
}
```

Listing 2.56: Verwendung des Validation Caches

In Listing 2.56 erfolgt zunächst über *request.getETag()* die Prüfung, ob ein Validation Token gesetzt ist. Ein Validation Token ist zunächst nichts anders als ein String, anhand dessen festgestellt werden kann, ob der Cache noch gültig ist oder nicht mehr. Daher ist die Methode *checkMarkupStillValid()* entsprechend zu implementieren. Die Methode kann beliebig benannt werden. Wie die Implementierung im Detail aussieht, ist natürlich projektspezifisch. So könnte innerhalb der Methode z. B. eine Anfrage an eine Datenbank erfolgen, ob neue Informationen vorliegen und demzufolge das komplette Markup neu aufgebaut werden müsste. Es wäre natürlich genauso denkbar, dass ein Flag in der Session abgefragt wird, das auf eine neue Erzeugung des Markups hinweist. Ist der Cache noch in Ordnung, wird eine neue Expiration-Angabe vorgenommen sowie mittels *setUseCachedContent(true)* die nochmalige Verwendung des Caches angestoßen. Das Markup muss dann nicht erneut erzeugt werden.

Insgesamt lässt sich somit feststellen, dass mit den erweiterten Caching-Funktionalitäten des JSR-286 ein Portal sehr stark optimiert werden kann, um auch eine große Zahl von gleichzeitigen Benutzern (und somit großer Last) verarbeiten zu können.

2.17 Portlet-Container-Runtime-Optionen

In den letzten Kapiteln haben Sie bereits schon viele Konfigurationseinstellungen für Portlet Anwendungen kennengelernt. Mit den Portlet-Container-Runtime-Optionen können Sie zusätzliche Laufzeiteinstellungen für den gesamten PortletContainer vornehmen. Allerdings ist die Wahrscheinlichkeit, dass Sie diese Einstellungen ändern müssen, eher sehr gering. In Sonderfällen kann es jedoch durchaus notwendig sein, hier eingreifen zu können.

Die Einstellungen können sich dabei auf Ebene der Portlet-Applikation oder direkt auf der Ebene eines Portlets befinden.

Eine Feinheit ist jedoch zu beachten. Mit Ausnahme der Option *javax.portlet.actionScoped-RequestAttributes* muss ein PortletContainer keine der im Folgenden genannten Optionen unterstützen. Die Spezifikation beschreibt lediglich die Optionen und deren genaue Funktionsweise. Ob diese in einem konkreten PortletContainer unterstützt werden, wird nicht garantiert.

Um herauszufinden, welche Runtime-Optionen unterstützt werden, sieht die Spezifikation eine Methode *getContainerRuntimeOptions()* auf dem PortletContext vor. Als Rückgabe wird eine Enumeration von Strings geliefert, die alle unterstützten Runtime-Optionen enthält.

```
writer.println( "<ul>" );
Enumeration<String> options = getPortletContext().getContainerRuntimeOptions();
while ( options.hasMoreElements() ) {
    String current = options.nextElement();
    writer.println( "<li>" + current + "</li>" );
}
writer.println( "</ul>" );
```

Listing 2.57: Ermittlung der Container-Runtime-Optionen

Damit kann ausgewertet werden, welche Möglichkeiten der Container überhaupt bietet. Wenn man zudem wissen möchte, welche der Optionen auf das aktuelle Portlet gesetzt sind, kann eine Methode *getContainerRuntimeOptions()* von PortletConfig abgefragt werden. Das Ergebnis hiervon ist, welche Optionen für das Portlet oder die Portlet-Applikation gesetzt sind. Sollte eine gesetzte Option nicht vom Container unterstützt sein, wird sie auch nicht zurückgeliefert.

```
Map<String, String[]> m = getPortletConfig().getContainerRuntimeOptions();
writer.println( "<ul>" );
for (String s : m.keySet()) {
    writer.println "<li>" + s + "</li>" );
}
```

Listing 2.58: Abfrage der Optionen für ein Portlet

Im Falle von JBoss Portal liefert die Ermittlung aus Listing 2.57 und Listing 2.58 folgende Ergebnisse:

Abbildung 2.23: Portlet-Container-Runtime-Optionen in JBoss

Im Folgenden werden alle Container-Runtime-Optionen, die in der Spezifikation vorgesehen sind, kurz erläutert.

Runtime-Option javax.portlet.escapeXml

Diese Einstellung kommt aus der Portlet-1.0-Welt. Darin war keinerlei Aussage getroffen, ob ein XML-Escaping für URLs, die durch die Tag Library erzeugt wurden, stattzufinden hat oder nicht. Daher haben sich eventuell Portlet-Anwendungen darauf verlassen, dass kein Escaping stattfindet. Aus Kompatibiltätsgründen kann in einer 2.0-Welt genau dieses Verhalten wieder eingestellt werden. Standardmäßig werden ab Portlet 2.0 nämlich URLs einem Escaping unterzogen.

```
<portlet>
    ...
    <container-runtime-option>
        <name>javax.portlet.escapeXml</name>
        <value>false</value>
    </container-runtime-option>
</portlet>
```

In obigem Beispiel wird das Escaping deaktiviert.

Runtime-Option javax.portlet.servletDefaultSessionScope

Diese Einstellung ist relevant im Zusammenspiel von Portlets mit Servlets oder JSPs. Die PortletSession ist bekanntermaßen „zweigeteilt", es existiert der ApplicationScope sowie der PortletScope. Bei Einbindung von Servlets oder JSPs kann darin natürlich ebenfalls auf eine Session zugegriffen werden. Doch auf welchen Teil davon? Standardmäßig wird der ApplicationScope verwendet. Bei Bedarf kann hiermit auf den PortletScope geswitcht werden.

```
<portlet>
  ...
  <container-runtime-option>
    <name>javax.portlet.servletDefaultSessionScope</name>
    <value>PORTLET_SCOPE</value>
  </container-runtime-option>
</portlet>
```

Runtime-Option javax.portlet.actionScopedRequestAttributes

Dieser Parameter steuert, ob Request-Attribute, die in der *processAction*-Phase gesetzt werden, in der Render-Phase weiterhin Bestand haben. Üblicherweise sind sämtliche Attribute, die in einem Request gesetzt werden, in einem anderen Request nicht mehr vorhanden. Dies ist quasi die Basis für sämtlichen Portlet-Grundlagen.

Da dieser Parameter interessante Phänomene nach sich zieht, ist ihm ein eigenes Kapitel gewidmet. Mehr dazu finden Sie Kapitel 2.12.3.

Runtime-Option javax.portlet.renderHeaders

Einige Portale rendern eine Gesamtseite nach einem Streaming-Verfahren. Dies bedeutet, dass nicht durch das Portal zunächst sämtlicher Output der Portlets gepuffert wird und die aggregierte Gesamtseite zum Client gesendet wird, sondern der Output sofort nach dessen Erzeugung in den Outputstream geschrieben wird. Damit erzielt man zwar leichte Vorteile im Seitenaufbau, allerdings hat dieses Verfahren auch einen Nachteil. Wenn im Portlet Informationen für den Seitenkopf gesetzt werden sollen (Header-Informationen oder der Titel), funktioniert dies nicht mehr. Der Seiten-Header wurde bereits zum Client gesendet, und somit kann beim Rendern des Portlets kein Zugriff mehr darauf genommen werden.

Ein weiteres Problem ist der Aufruf von *setNextPossiblePortletModes*. Wenn die Seite sofort zum Client geschickt wird, kann eine Angabe der nächsten möglichen Portlet Modes nicht mehr funktionieren (das Portal muss die Window Controls entsprechend setzen).

Um all dies zu umgehen, kann eine Option *javax.portlet.renderHeaders* gesetzt werden. Damit wird ein Rendering in zwei Schritten bewirkt. Es wird konkret die Render-Methode zweimal durchlaufen. Das erste Mal, um die notwendigen Angaben für die Header-Angaben oder nächsten möglichen Portlet Modes zu erhalten, das zweite Mal für das konkrete Rendering.

Dem muss in der render-Methode natürlich Rechnung getragen werden. Es sollte eine entsprechende Unterscheidung stattfinden. Durch den Container wird dazu ein Request-Attribut *javax.portlet.render_part* gesetzt. Dies kann den Wert *RENDER_HEADERS* oder *RENDER_MARKUP* annehmen. Anhand dieser Unterscheidung kann das Rendering dann erfolgen.

Das GenericPortlet sieht diese Unterscheidung bereits vor. Im Falle von *RENDER_HEADERS* werden die Methoden *doHeaders*, *getNextPossiblePortletModes* und *getTitle* aufgerufen. Diese können in der eigenen Portlet-Klasse somit bei Bedarf überschrieben werden. Bei *RENDER_MARKUP* erfolgt ein übliches Dispatching auf die *doView*-, *doEdit*- oder *doHelp*-Methode.

2.18 Cookies

Es ist durchaus eine valide Anforderung, auch aus einem Portlet heraus Cookies abzufragen oder sogar ein Cookie zu setzen. In der Portlet-Spezifikation ist es auch vorgesehen, genau dieses über das Portlet API realisieren zu können.

```
@Override
public void processAction(ActionRequest request, ActionResponse response)
        throws PortletException, IOException {
  String sVal = "meinWertFuerDasCookie";
  Cookie c = new Cookie("meinCookie", sVal );
  c.setMaxAge(-1);
  response.addProperty( c );
}
```

Listing 2.59: Setzen eines Cookies in processAction

In Listing 2.59 sehen Sie, wie in der processAction-Methode ein Cookie mit dem Namen *meinCookie* gesetzt wird. Ist in Ihrem Browser bei den Sicherheitseinstellungen eine Rückfrage beim Setzen von Cookies eingeschaltet, können Sie sehr schön beobachten, wie bei einer bestimmten Benutzeraktion ein Cookie gesetzt wird. In obigem Listing wird dabei bei jeder Aktion das Cookie mit einem aktuellen Wert gesetzt. Damit man dies auch deutlich sehen kann, wird einfach die aktuelle Zeit in Millisekunden ausgegeben.

```
@Override
protected void doView(RenderRequest request, RenderResponse response)
    throws PortletException, IOException {
  ...
  Cookie[] cookies = request.getCookies();
  for ( Cookie c : cookies ) {
    writer.println( "Cookie Name: " + c.getName() + "<br>" );
    writer.println( "Cookie Wert: " + c.getValue() + "<br><br>" );
  }
  ...
}
```

Listing 2.60: Auslesen von Cookies

In Listing 2.60 sehen Sie, wie Cookies im Portlet ausgelesen werden können. Über den Aufruf *request.getCookies()* erhalten Sie ein Array von Coookie-Objekten zurück, über das Sie dann entsprechend iterieren können.

2.19 Zusammenfassung

In diesem Kapitel haben Sie die Grundlagen der Portlet-Entwicklung kennen gelernt. Sie haben verschiedene Portlets realisiert und dabei die wichtigsten Konzepte der Portlet-Spezifikation selbst angewandt. Sie haben sowohl die Konzepte des JSR-168 wie auch des JSR-286 kennen gelernt. Falls Sie JBoss Portal als Portalserver verwenden, können Sie auf Basis der Sourcen, die Sie heruntergeladen haben, direkt ein war-Artefakt deployen. Durch die ebenfalls enthaltenen JBoss-spezifischen Deployment-Deskriptoren werden automatisch neue Portalseiten angelegt und Portlets darin eingebaut.

Der Portlet-Standard ist mittlerweile sehr mächtig geworden. Der JSR-286 war ein wichtiger Meilenstein, da mit ihm viele notwendige Funktionen standardisiert wurden, die bislang nur proprietär von den Herstellern bereitgestellt wurden.

Neben den vielen Vorteilen, die eine Portlet-Entwicklung bietet, haben Sie jedoch auch die Grenzen dieses Standards kennen gelernt. Sie haben gesehen, dass z. B. im Bereich der Konvertierung und Validierung von Eingabewerten so gut wie keine Konzepte vorhanden sind. Auch die Entwicklung von Oberflächen direkt mit dem Portlet API oder reiner JSP-Programmierung ist nicht wirklich prickelnd.

Genau an diesem Punkt setzt JavaServer Faces an. JSF hat als reines UI-Framework seine Stärken in der Entwicklung eines User Interfaces. In der Kombination mit der Portlet-Technologie können damit mächtige Anwendungen entstehen.

Also, bleiben Sie gespannt. Es wird im nächsten Kapitel zunächst eine Einführung in JSF gegeben, bevor im Anschluss dann die Kombination beider Technologien angegangen wird.

entwickler.press

3 JavaServer Faces

3.1 Die Geschichte von JavaServer Faces

3.1.1 Was ist JavaServer Faces – und was ist es nicht?

Portlets und JavaServer Faces – so lautet der Titel dieses Buches. Beide Technologien zusammen sollen das neue Dream Team der Webentwicklung sein. Doch was ist eigentlich JavaServer Faces? Und vor allem auch: Was ist es nicht? Während in den folgenden Kapiteln eine Einführung in JSF gegeben wird, wird zunächst erläutert, was der Hauptzweck bzw. das Haupteinsatzgebiet für JSF ist.

Wenn man bis an die Anfänge von JSF zurückgeht (die ersten Anfänge waren bereits 2001), so ist das Ziel des JSR (Java Specification Requests, wird im folgenden Kapitel näher erläutert) für JSF wie folgt definiert:

> *This specification defines an architecture and APIs which simplify the creation and maintenance of Java Server application GUIs.*

Es sollte demnach mit JSF ein Framework, eine Architektur und ein API geschaffen werden, das eine Vereinfachung und auch Standardisierung für die Erstellung von Weboberflächen bietet. Wichtig ist dabei der Fokus auf das User Interface. JSF ist somit kein allgemeines Webframework, das alle nur erdenklichen Anforderungen an Anwendungen aller Art bedient, sondern zielt ausschließlich auf die Oberfläche. Es werden mit JSF keinerlei Konzepte definiert, wie beispielsweise eine Datenbank angebunden werden kann oder wie die Prozessschicht abgebildet werden soll. Hierfür gibt es andere Frameworks und Lösungsansätze.

Ein weiterer wichtiger Punkt in obigem Zitat ist, dass JSF eine Architektur definiert. Es werden mit JSF somit Konzepte und Lösungsmuster vorgeschlagen, nach denen ein Web-User-Interface strukturiert und konzipiert werden kann. Die Konzepte sollen vor allem dazu dienen, dass die Entwicklung einfacher und damit auch schneller passieren kann. Die Konzepte, die dabei innerhalb von JSF enthalten sind, sind nicht ausschließlich revolutionär neue Erkenntnisse. Es sind vielmehr Best Practices, die sich in den letzten Jahren der Webentwicklung als besonders empfehlenswert herausgestellt haben.

Beide Hauptaussagen (JSF ist ein UI-Framework und JSF liefert eine Architektur) sind vor allem auch dann relevant, wenn es um die Kombination mit Portlets geht. Denn auch Portlets sind auf das User Interface spezialisiert, allerdings nicht in Konkurrenz zu JSF, sondern vielmehr in ergänzender Weise. Wir werden später sehen, wie man eine einheitliche Gesamtarchitektur aufbauen kann, in der sowohl die Konzepte von JSF als auch der Portlet-Welt sinnvoll miteinander kombiniert werden können. Dies ist ja auch das Hauptanliegen dieses Buches.

3.1.2 Entstehungsgeschichte

Die Anfänge von JSF reichen bis in das Jahr 2001 zurück. Zu diesem Zeitpunkt gab es im Java-Umfeld kein standardisiertes UI-Framework. Die Open-Source-Welt dagegen hatte bereits sehr viel zu bieten. Apache Struts war dabei sicherlich einer der bekanntesten Vertreter. Doch auch Cocoon, Tapestry oder WebWorks waren damals sehr beliebt und gefragt. Das Problem war nur, dass eine Anfrage in Google mit dem Stichwort „Webframework" schon damals ein Ergebnis von mehreren hundert Treffern lieferte. Jedes dieser Frameworks hatte sicherlich auch seine Stärken und Vorzüge. Und jedes Framework hatte irgendwie auch seine Berechtigung im Markt. Aber einen übergreifenden Standard gab es damals noch nicht. Dies sollte sich ändern, als Sun ein neues UI-Framework erschaffen wollte, standardisiert über den Java Community Process (JCP).

Der Java Community Process ist ein sehr wichtiges Standardisierungsgremium in der Java-Welt. Genau genommen ist der JCP weniger ein Gremium als ein Verfahren, wie neue Standards in der Java-Welt entstehen. Im JCP arbeiten verschiedene Firmen mit. Natürlich ist Sun dabei, aber auch IBM, Apple, HP, Borland und sogar die Apache Software Foundation (und viele weitere namhafte Vertreter aus der Softwareindustrie).

Soll nun ein neuer Standard über den JCP entstehen, wird der Vorschlag bzw. der Wunsch nach einem Standard zunächst in einer Art Kurzbeschreibung eingereicht. Dies wird als JSR, Java Specification Request, bezeichnet. Alle JSRs können auf der Webseite des JCP unter *http://www.jcp.org* abgerufen werden. Im Fall von JavaServer Faces war es die Nummer 127. Nach Einreichung eines JSR muss ein so genanntes Executive Committee (EC) darüber entscheiden, ob der JSR angenommen wird oder ob er eventuell mit anderen JSRs kollidiert. Das Executive Committee ist ein Gremium mit Mitgliedern des JCP.

Wird der Vorschlag für gut befunden und damit angenommen, wird im Folgenden eine so genannte Expertengruppe (Expert Group) gebildet. Diese Expertengruppe ist dann dafür verantwortlich, den Standard auszuarbeiten. In der Expertengruppe sind meist Vertreter von Softwarefirmen vertreten, aber auch Einzelpersonen, die sich mit besonderem Wissen oder Engagement in den Prozess einbringen können.

Die Leitung dieser Expertengruppe wird einem Specification Lead übertragen. Das können eine Person oder auch mehrere sein. Beim JSR-127 waren es Ed Burns und Craig McClanahan von Sun. Gerade letzterer Name dürfte Vielen ein Begriff sein, ist Craig doch der „Erfinder" und Hauptentwickler von Apache Struts.

Nach der Gründung arbeitet die Expertengruppe den Standard aus. Ein Standard ist zunächst (vereinfacht formuliert) nur ein Stück Papier (genauer genommen mehrere hundert Seiten Papier im Fall von JSF). Da Papier im Allgemeinen sehr geduldig ist und Fehler in der Spezifikation nur schwer zu finden sind, wird meist auch eine so genannte Referenzimplementierung mit entwickelt. Im Rahmen der Referenzimplementierung wird quasi der Nachweis erbracht, dass auf Basis der Spezifikation auch tatsächlich ein in sich funktionierendes Gesamtpaket entwickelt werden kann. Die Praxistauglichkeit der Referenzimplementierungen wird häufig diskutiert. Manche sind der Ansicht, dass eine Referenzimplementierung nur Prototypcharakter hat und nicht in Produktivumgebungen eingesetzt werden soll. Diese Aussage stimmt so sicherlich nicht. Gerade auch im Umfeld von JSF kann die Referenzimplementierung ohne Bedenken auch in großen

Projekten eingesetzt werden. Sie läuft stabil und performant. Dem wurde auch in sofern Rechnung getragen, dass die Referenzimplementierung seit einiger Zeit einen eigenen Codenamen erhalten hat: **Mojarra**.

Wenn es Referenzimplementierungen gibt, kann es natürlich auch weitere Implementierungen geben. **Apache MyFaces** ist dabei ein bekannter Vertreter. MyFaces ist auch eine Implementierung des JSF-Standards, allerdings komplett in der Regie der Open-Source-Gemeinde entwickelt. Da jeder Implementierung die gleiche Spezifikation zugrunde liegt, sind sie gegeneinander austauschbar. Natürlich steht es jeder Implementierung frei, zusätzliche Funktionalitäten anzubieten, die über den Standard hinausgehen. So haben sowohl die Referenzimplementierung von Sun (Mojarra) als auch MyFaces zusätzliche Funktionen, die quasi proprietär, also nicht im Standard enthalten sind. Wenn man sich jedoch auf die Funktionen des Standards beschränkt, sind die verschiedenen Implementierungen im Verhalten absolut gleich. Lediglich in Aspekten des Speicherverbrauchs oder der Performance können Unterschiede auftreten.

Die Arbeiten am JSR-127 wurden im April 2004 fertiggestellt und JSF in der Version 1.0 (Standard und Referenzimplementierung) waren verfügbar. Aufgrund von ein paar unschönen kleineren Bugs kam kurze Zeit später die Version 1.1 heraus, die jedoch außer Fehlerbereinigungen keine Neuerungen beinhaltete.

Im Mai 2006 erschien die Version 1.2, in der hauptsächlich die Kompatibilität zu JSP (JavaServer Pages) geregelt wurde. JSF 1.2 wurde über den JSR-252 standardisiert. In Abstimmung zu JavaServer Pages (Achtung, P statt F) wurde aus der JSF EL (Expression Language) und der JSP EL eine gemeinsame EL erarbeitet: die **Unified Expression Language**.

Für 2009 ist ein weiterer großer Wurf geplant, wenn JSF 2.0 erscheinen soll. Mit JSF 2.0 werden viele größere Anforderungen in JSF neu mit aufgenommen. So wird es ein Templating innerhalb des Standards geben, das Thema Resource Handling wird speziell adressiert werden, und auch auf eine Ajax-Integration wird eingegangen. Insgesamt wird JSF 2.0 viele wichtige und spannende Neuerungen bringen.

3.1.3   JSF und Open Source

Eine häufige Frage ist, wie sich JavaServer Faces zu Open Source verhält. Ist JSF etwa auch Open Source? Um diese Frage zu beantworten, muss zunächst ein kleiner Exkurs vorgenommen werden. JSF wurde über den JCP (Java Community Process) entwickelt bzw. standardisiert (siehe vorheriges Kapitel). Hauptaufgabe des JCP ist es, Standards zu definieren und in Spezifikationen festzuhalten. Auch für JSF gibt es eine Spezifikation. Spezifikationen sind zunächst nichts Weiteres als die Beschreibung eines Standards. Die Spezifikation ist allen zugänglich und kann von jedem eingesehen werden. Somit ist sie quasi „Open Source". Um sicherzustellen, dass die Spezifikation in sich schlüssig ist und keine Widersprüche enthält, wird fast immer parallel dazu eine so genannte Referenzimplementierung entwickelt. Die nächste entscheidende Frage ist daher, ob diese Referenzimplementierung im Fall von JSF auch Open Source ist. Im klassischen Sinne ist die Implementierung nicht Open Source, da sie nicht über die Community erstellt wurde. Allerdings besteht mittlerweile die Möglichkeit, sich den Sourcecode zur Referenzimplementierung herunterzuladen. Für die Juristen unter uns: JSF ist unter der CDDL sowie GPL-Lizenz erhältlich. Auf eine genaue Beschreibung verzichte ich an dieser Stelle, da die rechtlichen Belange nicht Schwerpunkt dieses Buches sind. Für Sie als Entwickler ist lediglich entscheidend, dass Sie den Sourcecode von JSF beziehen und JSF lizenzkostenfrei auch im kommerziellen Umfeld nutzen können.

Da eine offene Spezifikation aber auch durch andere Gruppen und Initiativen umgesetzt werden kann, ist es durchaus üblich, dass es verschiedene Implementierungen eines Standards gibt. Im Umfeld von JSF ist das Projekt MyFaces mittlerweile recht bekannt. MyFaces, ein Projekt innerhalb der Apache-Gemeinde, ist eine Open-Source-Implementierung des JSF-Standards und somit ein „klassisches" Open-Source-Projekt.

3.1.4 JSF und Java EE

Interessant und auch sehr wichtig für den Erfolg von JSF ist das Zusammenspiel mit der Java Enterprise Edition. JSF in der Version 1.0 war zunächst als separates Paket zu beziehen. Anwendungen, die auf JSF 1.0 oder 1.1 aufsetzten, mussten die JSF-Bibliotheken in den Klassenpfad der Anwendung mit aufnehmen. Seit JSF 1.2 ist es Bestandteil der Java Enterprise Edition 5. Dies bedeutet, dass jeder Java-EE-5-kompatible Application Server automatisch mit JSF ausgestattet ist. Webanwendungen können somit direkt die JSF-Funktionalität ansprechen, ohne speziell die JSF-Bibliotheken im eigenen Klassenpfad aufnehmen zu müssen.

Welche Version von JSF im Application Server vorliegt, hängt vom jeweiligen Hersteller ab. JBoss beispielsweise hatte bis zur Version 4.0.5 des Application Servers die MyFaces-Implementierung mit an Bord, danach wurde Mojarra mit ausgeliefert. Auch der Sun-Server setzt auf Mojarra. Meist bieten jedoch die Server die Möglichkeit, auch auf eine andere Implementierung zu wechseln.

Diese Aufnahme von JSF in den EE-Standard war ein weiterer Schritt im Hinblick auf einen breit akzeptierten Standard für ein UI-Framework. Durch weitere Standardisierungsbemühungen auch hinsichtlich der Portlet-Standards wird sich JSF sicherlich auch weiterhin als **das** UI-Framework behaupten können.

3.2 Hallo JSF-Welt

Zwei Hallo-Welt-Anwendungen in einem Buch? Ja, so ist es in der Tat! Sie lernen in diesem Buch immerhin auch zwei (um genau zu sein, eigentlich sogar drei) Technologien. Daher darf ein zweites „Hallo Welt" natürlich nicht fehlen. Diesmal sagen wir das „Hallo" in Richtung der JSF-Welt. Eine detaillierte Erklärung der Deployment-Deskriptoren, Java-Quelldateien und der Projektstruktur werden wir in den anschließenden Kapiteln vornehmen. Das im Folgenden abgebildete Beispiel soll Ihnen lediglich einen ersten Eindruck geben, wie eine JSF-Anwendung funktioniert.

```
<%@ taglib uri="http://java.sun.com/jsf/html" prefix="h" %>
<%@ taglib uri="http://java.sun.com/jsf/core" prefix="f" %>
```

Listing 3.1: Ein erstes HalloWelt mit JSF

entwickler.press

```
<html>
<f:view>

  <h2>Hallo JSF-Welt</h2>

  <br>
  <h:outputText value="Herzlich Willkommen" />
  <br>
  <h:outputText value="in der neuen JSF-Welt" />

</f:view>
</html>
```

Listing 3.1: Ein erstes HalloWelt mit JSF (Forts.)

In Listing 3.1 sehen Sie eine erste JSF-Seite. Die Seite erinnert stark an eine JSP-Seite. Das liegt auch daran, dass in diesem Beispiel die JSF-Seite tatsächlich auch eine JSP-Seite ist, zuzüglich zweier JSF-Tag-Bibliotheken.

JSF und JSP

JSF ist nicht zwangsläufig an JSP-Seiten gebunden. Es ist durchaus möglich, auch eine andere View-Technologie zu wählen. So unterstützt das Projekt Facelets (*https://facelets.dev.java.net/*) die Erstellung von XHtml-Seiten. Allerdings ist JSP sicherlich die verbreitetste View-Technologie und wird auch in den Beispielen dieses Buchs verwendet.

Zunächst fällt in obigem Listing auf, dass mittels

```
<%@ taglib uri="http://java.sun.com/jsf/html" prefix="h" %>
<%@ taglib uri="http://java.sun.com/jsf/core" prefix="f" %>
```

zwei JSF-Bibliotheken eingebunden werden. Diese beiden Tag-Bibliotheken gehören zum Standardumfang von JSF. Damit können Tags in der Seite verwendet werden, die ebenfalls im JSF-Standard beschrieben sind. So liefert das Tag *<h:outputText>* eine einfache Ausgabe eines Textes, der im *value*-Attribut angegeben ist. Die komplette Seite wird in JSF üblicherweise mittels JSF-Tags beschrieben. Es ist jedoch durchaus erlaubt, auch HTML-Kommandos mit JSF-Tags zu vermischen.

Dieses erste Beispiel ist natürlich noch sehr rudimentär. Es fehlt der Bezug auf Objekte, deren Werte ausgegeben werden sollen. Auch werden noch keine Methoden aufgerufen oder etwas anspruchsvollere Ausgaben erzeugt. Dies wird in den folgenden Kapiteln schrittweise erläutert. Zunächst wird jedoch der Aufbau einer Anwendung in einer Entwicklungsumgebung beschrieben und das Deployment in einen Application Server erläutert, sodass Sie selbst die Beispiele austesten und nachvollziehen können.

HTML und JSF

Es ist in JSF eine mögliche Vorgehensweisen, die Seiten mit JSF- und gleichzeitig mit HTML-Tags zu beschreiben. Rein akademisch betrachtet sollte eine Seite jedoch ausschließlich JSF-Tags beinhalten. Hintergrund ist der, dass in JSF durch so genannte Render-Kits eine andere Ausgabe für ein anderes Ausgabeformat (WML, XSL etc.) erzeugt werden kann. Somit könnte die gleiche Seite mit JSF-Tags einmal in einer HTML-Ausgabe, einmal in einer WML-Ausgabe dargestellt werden. Sind dann jedoch statische HTML-Kommandos in der Seite enthalten, können diese natürlich nicht mehr durch ein Render-Kit in ein anderes Ausgabeformat gewandelt werden.

In der Praxis ist dies meist nicht relevant, da für unterschiedliche Ausgabemedien häufig komplett andere Seiten gebaut werden (so hat ein Handy weit weniger Platz als ein Browser auf einem 21-Zoll-Monitor). Zudem bietet der JSF-Standard überhaupt nicht die Möglichkeit, sämtliche Tags aus HTML mit JSF zu beschreiben.

Damit diese Seite erfolgreich zum Laufen gebracht werden kann, muss die JSP-Seite in ein Webprojekt eingebunden werden und eine JSF-spezifische Konfigurationsdatei vorhanden sein. Eine funktionsfähige Umgebung ist in der mitgelieferten Beispielanwendung vorhanden. Im nächsten Abschnitt wird auf die Installation der Beispielanwendung eingegangen. Danach können Sie das obige Hallo-Welt-Beispiel live und in Farbe betrachten.

3.3   Installation der Beispielanwendungen

Alle in diesem Kapitel gezeigten Beispiele sind natürlich ebenfalls wieder über den erwähnten Download zu beziehen. Sie können die Sources z. B. in Eclipse einbinden (siehe nächstes Kapitel) oder ein fertiges *war*-Artefakt in einem Application Server deployen. Alle Beispiele wurden mit dem JBoss Application Server Version 4.2 getestet. Jedoch sollten die Beispiele auch mit allen anderen Application Servern funktionieren, die JSF in der Version 1.2 oder höher unterstützen.

Das war-Artefakt, das Sie direkt deployen können, enthält zusätzlich noch eine Index-Datei. Damit genügt es, wenn Sie lediglich den Context-URL aufrufen (also die Startadresse der Webanwendung), dort erscheint dann eine Übersichtsseite. Wenn Sie das war-Artefakt unverändert deployen, lautet die Startadresse: *http://localhost:8080/ DemoJSF/* Von der erscheinenden Startseite können Sie dann bequem per Hyperlinks in die jeweiligen Einzelbeispiele springen.

In der Übersichtsseite sind die einzelnen Links so aufgebaut, dass diese auf kleine Demoseiten verweisen, in denen das angesprochene Thema aufgezeigt wird. Wenn Sie beispielsweise hier im Buch etwas über die JSF-Validierung lesen, existieren in der Regel ein oder mehrere Beispiele, die in der Übersichtsseite verlinkt sind. Über eine IDE können Sie die Sources betrachten und nachvollziehen, wie die Beispiele im Detail funktionieren.

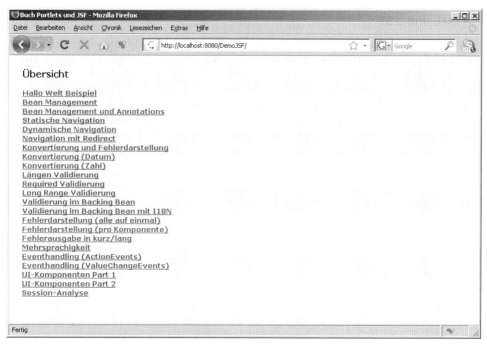

Abbildung 3.1: Indexseite mit allen JSF-Beispielen

3.4 Grundlagen und Konzepte

In den folgenden Abschnitten werden Sie alle wichtigen Grundlagen und Konzepte kennenlernen, die für eine Arbeit mit JSF notwendig sind. Es wird an vielen konkreten Listings erläutert, wie Sie beispielsweise eine Navigation in JSF aufbauen oder eine Validierung durchführen. Alle Beispiele sind so realisiert, dass jedes für sich alleine unabhängig von den anderen getestet werden kann. Es gibt somit keine große zusammenhängende Anwendung. Dies hat auch einen Grund: Unser großes Ziel ist es, ein Portal mit JSF-Anwendungen aufzubauen. Damit wir genügend Portlets haben, die später alle gesammelt im Portal deployt werden können, sind alle Beispiele als eigenständige kleine Anwendungen realisiert. In Kapitel 6 werden wir diese einzelnen Bausteine dann in ein Portal integrieren. Somit könnte man auch sagen, dass das Portal die zusammenhängende Beispielanwendung ist.

3.4.1 Installation und Aufbau einer JSF-Anwendung

Die Installation von JSF ist denkbar einfach, da JSF mit einem Application Server bereits mitgeliefert wird. Während JSF in der Version 1.0 und 1.1 noch als eigenständiges Paket installiert werden musste, ist JSF 1.2 Bestandteil der Java-EE-5-Welt und somit in jedem Java-EE-5-kompatiblen Server bereits enthalten. Es müssen keine speziellen Bibliotheken in das Projekt eingebunden werden, man kann sofort mit der Programmentwicklung beginnen. Voraussetzung ist natürlich, dass ein Java-EE-5-kompatibler Server verwendet wird. Da die Beispiele in diesem Buch auf JBoss 4.2 durchgeführt werden, sind die notwendigen Voraussetzungen dafür gegeben.

Falls Sie jedoch nicht mit einem EE-5-Server arbeiten, sondern mit einem reinen Servlet-Container (beispielsweise mit Apache Tomcat), müssen die notwendigen Bibliotheken in das Projekt mit aufgenommen werden.

Die Verzeichnisstruktur, die Sie für ein JSF-Projekt benötigten, entspricht der eines üblichen Webprojekts. Falls Sie Eclipse verwenden, können Sie mit dem Projekt-Wizard ein *Dynamic Web Project* (dynamisches Webprojekt) als Ausgangsbasis für ein JSF-Projekt erstellen (mit den zahlreichen Plug-ins für Eclipse können Sie sogar schon ein komplettes JSF-Projekt generieren lassen. Aber um die Zusammenhänge zu erläutern, gehe ich nicht näher auf diese Plug-ins ein, sondern erläutere das Vorgehen Schritt für Schritt) Nach dem Anlegen eines neuen Projekts sieht ihr Workspace zunächst so aus wie in Abbildung 3.2.

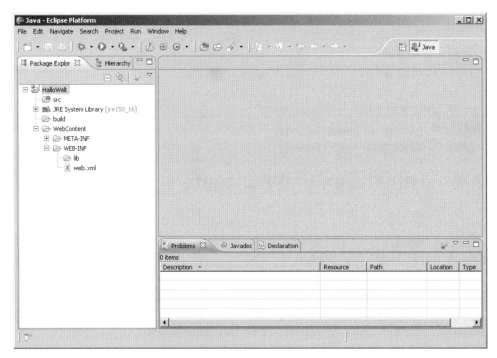

Abbildung 3.2: Workspace für ein erstes JSF-Projekt

Ein JSF-Projekt hat als Basis die übliche Verzeichnisstruktur eines Webprojekts. Es gibt einen Ordner *WEB-INF*, in dem der Deployment-Deskriptor *web.xml* enthalten ist. Einzelnen Seiten werden im Ordner *WebContent* abgelegt (oder in darin angelegten Unterverzeichnissen). Der Anknüpfungspunkt von JSF in einem Webprojekt befindet sich im Deployment-Deskriptor *web.xml*:

```xml
<?xml version="1.0" encoding="UTF-8"?>
<web-app xmlns:xsi=http://www.w3.org/2001/XMLSchema-instance
   xmlns=http://java.sun.com/xml/ns/javaee
   xmlns:web=http://java.sun.com/xml/ns/javaee/web-app_2_5.xsd
   xsi:schemaLocation=http://java.sun.com/xml/ns/javaee
   http://java.sun.com/xml/ns/javaee/web-app_2_5.xsd
   id="WebApp_ID" version="2.5">

  <display-name>DemoJSF</display-name>
  <servlet>
    <servlet-name>Faces Servlet</servlet-name>
    <servlet-class>javax.faces.webapp.FacesServlet</servlet-class>
    <load-on-startup>1</load-on-startup>
  </servlet>

  <servlet-mapping>
    <servlet-name>Faces Servlet</servlet-name>
    <url-pattern>*.jsf</url-pattern>
  </servlet-mapping>
</web-app>
```

Listing 3.2: Deployment-Deskriptor web.xml.

In Listing 3.2 sehen Sie eine *web.xml* mit den notwendigen Ergänzungen für JSF. Hierin ist das zentrale FacesServlet und ein Servlet Mapping hinterlegt. Mit diesen Eintragungen „installieren" Sie JSF für Ihre Webanwendung. Mit dem zentralen Servlet wird definiert, dass jeder Request über das Faces Servlet geleitet wird. Von dort aus wird auf die konkrete JSF-Seite weitergeleitet. Vom Design-Pattern-Ansatz entspricht dies dem FrontController-Pattern: Alle Anfragen gehen über eine zentrale Instanz, von der aus weiter delegiert wird. Sie sehen auch, dass wir die JSF-Seiten mit der Endung *jsf* ansprechen müssen, damit das Servlet-Mapping auch greift. Dies bedeutet allerdings **nicht**, dass unsere Datei physikalisch so heißen muss. Die Dateiendung bleibt weiterhin *jsp*, nur das Ansprechen der Seite über JSF-Funktionalität geschieht mittels *jsf*. Es ist durchaus auch möglich, andere Mappings zu verwenden. So ist **.faces* auch ein häufig anzutreffendes Muster.

Im Zusammenspiel mit Portlets wird es später interessant werden, das Servlet Mapping auch im Portalumfeld abzubilden, doch zunächst widmen wir uns der reinen JSF-Welt. Das Servlet Mapping steuert, wie Sie die Seiten später über den Browser ansprechen können. Mittels des Mappings aus Listing 3.2 würden Sie eine Seite im Browser mit *http://localhost:8080/DemoJSF/testSeite.jsf* ansprechen. Doch schauen wir uns weitere notwendige Konfigurationsdateien für JSF an. Nachdem die *web.xml* um die notwendigen Angaben ergänzt wurde, kann eine leere *faces-config.xml*-Datei bereitgestellt werden. JSF benötigt eine eigene Konfigurationsdatei, in der Angaben rund um die JSF-Anwendung aufgenommen werden können.

```
<?xml version="1.0" encoding="UTF-8"?>
<faces-config
   xmlns=http://java.sun.com/xml/ns/javaee
   xmlns:xsi=http://www.w3.org/2001/XMLSchema-instance
   xsi:schemaLocation=http://java.sun.com/xml/ns/javaee
   http://java.sun.com/xml/ns/javaee/web-facesconfig_1_2.xsd
   version="1.2">


</faces-config>
```

Listing 3.3: Eine leere Faces-Konfigurationsdatei

In Listing 3.3 ist der Rumpf einer *faces-config.xml*-Datei zu sehen. Diese JSF-spezifische Konfigurationsdatei wird beim Start der Anwendung eingelesen. Liegt die Datei im Verzeichnis *WEB-INF* wird diese auch automatisch gefunden. Alternativ kann in der *web.xml* ein Parameter angegeben werden, an welcher Stelle JSF die Konfigurationsdatei mit welchem Namen finden kann.

```
<context-param>
   <param-name>javax.faces.application.CONFIG_FILES</param-name>
   <param-value>
      /WEB-INF/faces-config-beans.xml,
      /WEB-INF/faces-config-navigation.xml
   </param-value>
</context-param>
```

Listing 3.4: Angabe des faces-configs in der web.xml

In Listing 3.4 sehen Sie ein Beispiel, wie Sie auch andere Namen für die Faces-Konfigurationsdatei angeben können. Es ist ebenfalls möglich, die Faces-Datei in mehrere Dateien aufzusplitten.

Im Normalfall spricht jedoch nichts dagegen, die Datei direkt im *WEB-INF*-Verzeichnis mit dem Namen *faces-config.xml* abzulegen, sodass die obige Angabe nicht unbedingt notwendig ist. Dies waren dann auch schon die Vorarbeiten, die man für ein neues JSF-Projekt durchführen muss. Ich hoffe, Sie sind jetzt positiv überrascht, wie einfach das Aufsetzen eines neuen JSF-Projektes ist. In den nächsten Schritten können dann weitere JSF-Seiten mit verschiedensten JSF-Tags aufgebaut, Java-Klassen entwickelt und weitere JSF-Spezialitäten implementiert werden.

Bislang sind die JSF-Bibliotheken (also die *jar*-Dateien) noch nicht in das Projekt eingebunden. Wir wissen zwar, dass eine Einbindung in das *WEB-INF/lib*-Verzeichnis nicht notwendig ist, da der Application Server bereits die JSF-Bibliotheken „im Bauch" hat. Dennoch muss gegen diese Klassen später kompiliert werden. In Eclipse können Sie dazu den Java Build Path setzen. Dieser steuert, welche Bibliotheken beim Kompilieren mit angezogen werden. Im Java Build Path müssen somit die JSF-relevanten Bibliotheken mit aufgenom-

entwickler.press

men werden. In JBoss sind dies die Dateien im Verzeichnis *JBOSS_HOME/server/default/ deploy/jboss-web.deployer/jsf-libs* zu finden. Den Build Path setzen Sie in Eclipse über die PROJECT PROPERTIES | JAVA BUILD PATH | LIBRARIES (vgl. Abbildung 3.3).

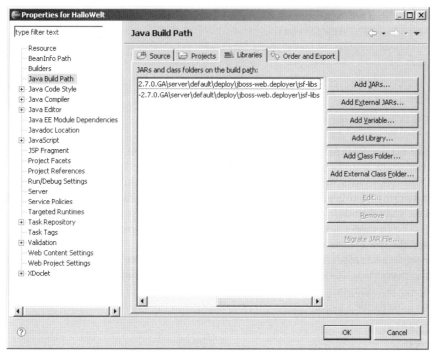

Abbildung 3.3: Setzen des Build Path in Eclipse

Die Bibliotheken für die Expression Language (in JBoss heißt diese *el-api.jar*) ist zwar nicht direkt Bestandteil von JSF, wird aber für JSF-Anwendungen benötigt. Ggf. ist diese auch in den Build Path mit einzubinden. Die Expression Language wird in den folgenden Kapiteln näher erläutert.

Das war es dann aber wirklich mit den Vorarbeiten. Jetzt kann die Entwicklung mit JSF begonnen werden.

3.4.2   Bean Management

Das Bean Management ist eines der zentralen und auch wichtigsten Konzepte in JSF. Hinsichtlich eines Model-View-Controller Patterns (MVC) wird mit dem Bean Management das „M", also das Modell, bedient. Beans dienen in JSF-Anwendungen der Datenspeicherung während eines Request oder auch während einer Benutzersitzung (Session). Anhand der Daten des Modells werden in der Oberfläche die entsprechenden Werte angezeigt oder auch neue Werte aus Eingabekomponenten im Modell abgespeichert.

Doch warum spricht man in JSF von einem Management von Beans? Der Grund ist folgender: JSF übernimmt die Verwaltung und Steuerung der Beans. Dies bedeutet, dass sich JSF um die Instanziierung und Bereitstellung von Beans zur rechten Zeit kümmert. Der Anwendungsentwickler muss keine „Null-Abfrage" mehr durchführen, da JSF immer dafür sorgt, dass Beans bereitstehen, wenn diese benötigt werden. Doch genug der Theorie, widmen wir uns der Praxis.

```
<managed-bean>
    <managed-bean-name>PersonBean</managed-bean-name>
    <managed-bean-class>de.jsfportlets.sample.jsf.bean.Person</managed-bean-class>
    <managed-bean-scope>session</managed-bean-scope>
</managed-bean>
```

Listing 3.5: Bean Management in der faces-config.xml

In Listing 3.5 ist ein Ausschnitt aus der *faces-config.xml* zu sehen. Im abgebildeten Beispiel wird eine Managed Bean mit dem Namen *PersonBean* deklariert. Diese Bean basiert auf der Klasse *de.jsfportlets.sample.jsf.bean.Person*. Die dritte Angabe (*<managed-bean-scope>*-Tag) besagt, dass ein Objekt im Session Scope abgelegt werden soll. Der Session Scope entspricht der HttpSession und bewirkt somit, dass jeder Benutzer der Anwendung sein eigenes Objekt erhält. Mit dieser Angabe in der Faces-Konfigurationsdatei wird JSF die Steuerung über die in der Anwendung verwendeten Beans übergeben. Daher auch die Bezeichnung Bean Management. Damit JSF die deklarierten Beans auch automatisch bereitstellen kann, müssen diese JavaBean-konform sein.

JavaBeans

Die JavaBean-Spezifikation besagt, dass sich jede Klasse JavaBean-konform bezeichnen darf, die folgende Eigenschaften erfüllt:

- Es muss einen parameterlosen Konstruktor geben

- Die Klasse hat (private) Member-Variablen

- Öffentliche Getter- und Setter-Methoden zum Abfragen und Setzen der Werte.

Häufig hört man in diesem Zusammenhang auch den Begriff POJO (Plain Old Java Object). Es soll damit ausgedrückt werden, dass eine Klasse bzw. ein Objekt ein ganz normales Objekt ist, das von keiner speziellen Klasse abgeleitet ist und auch keine speziellen Interfaces implementieren muss. Der Vorteil an Managed Beans in JSF ist, dass sie ganz gewöhnliche Objekte sein können und nicht von einer JSF-Basisklasse ableiten müssen.

Nachdem in der Faces-Konfigurationsdatei eine Managed Bean deklariert wurde, schauen wir uns die zugrunde liegende Klasse selbst einmal an:

```java
package de.jsfportlets.sample.jsf.bean;

public class Person {

  private String firstname;
  private String lastname;

  public Person() {
    firstname = "Donald";
    lastname = "Duck";
  }

  public String getFirstname() {
    return firstname;
  }

  public void setFirstname(String firstname) {
    this.firstname = firstname;
  }

  public String getLastname() {
    return lastname;
  }

  public void setLastname(String lastname) {
    this.lastname = lastname;
  }
}
```

Listing 3.6: Eine einfache Managed-Bean-Klasse

In Listing 3.6 können Sie sehen, dass eine Managed Bean keine komplizierte Angelegenheit ist. Es wird lediglich eine Java-Klasse geschrieben, die über die Faces-Konfigurationsdatei verwaltet wird. Etwas untypisch ist, dass in Listing 3.6 im Konstruktor bereits Werte für den Vor- und Nachnamen gesetzt werden. Warum dies so gemacht wurde, zeigt sich im Folgenden an der JSF-Seite, die diese Managed Bean verwendet.

```
<%@ taglib uri="http://java.sun.com/jsf/html" prefix="h" %>
<%@ taglib uri="http://java.sun.com/jsf/core" prefix="f" %>

<html>
<f:view>
```

Listing 3.7: Managed Beans in Aktion

```
<h2>Beispiel Bean Management:</h2>
<h:form>
   Guten Tag, <h:outputText value="#{PersonBean.firstname} " />
      <h:outputText value="#{PersonBean.lastname}" />

   Bitte geben Sie neue Werte ein:

   Vorname: <h:inputText value="#{PersonBean.firstname}" />
   Nachname: <h:inputText value="#{PersonBean.lastname}" />

   <br><br>
   <h:commandButton action="success" value="Submit" />
</h:form>
</f:view>
</html>
```

Listing 3.7: Managed Beans in Aktion (Forts.)

Das obige Beispiel ist fast schon eine kleine Anwendung. Es wird zunächst der Wert einer Managed Bean ausgegeben. Anstelle eines konstanten Texts im *outputText*-Tag wird jetzt ein Ausdruck #{*PersonBean.firstname*} verwendet. Dies ist ein erstes Beispiel für die **Expression Language**, mit der Managed Beans angesprochen werden können. Der erste Teil (*PersonBean*) ist genau der Bezeichner, der in der Faces-Konfigurationsdatei hinterlegt ist. Der hintere Teil (*firstname*) ist der Name der Member-Variablen. JSF unterstellt dabei, dass es eine Methode *getFirstname* gibt (also beginnend mit einem großen „F"). Wird diese Seite aufgerufen, werden direkt die Werte für *firstname* und *lastname* ausgegeben. Dies ist auch der Grund, warum im Konstruktor schon Zuweisungen vorgenommen wurden. Ansonsten wäre die erste Ausgabe leer und man würde zunächst an einen Fehler glauben. Da mit der Anweisung ein Wert an eine Komponente gebunden wird, wird dieser Ausdruck auch **ValueExpression** genannt. Später werden Sie noch eine Möglichkeit kennenlernen, wie Sie direkte Methodenaufrufe als Ergebnis einer Aktion ansprechen können. An dieser Stelle kommen dann **Method Expressions** zum Einsatz.

Expression Language

In JSF 1.0 und 1.1 gab es noch eine eigene, JSF-spezifische Expression Language: Die JSF-EL. Hierbei gab es jedoch das Problem, dass diese mit der damals bereits vorhandenen JSP-EL nicht harmonierte. Zur kurzen Auffrischung: In reiner JSP-Technologie kann man über die Syntax ${*Bean.property*} analog zu JSF auf Werte zugreifen. Zudem gibt es in der JSP-Welt eine Standard-Tag-Bibliothek – die JSTL – die unter anderem auch Logik-Tags wie *if*-Bedingungen oder Schleifen ermöglicht. Allerdings funktionierte das Zusammenspiel von JSF-EL und JSP-EL in den früheren Versionen nicht. Seit JSF 1.2 und JSP 2.1 wurde eine gemeinsame EL erschaffen: die Unified Expression Language. Diese bedient künftig sowohl JSP als auch JSF und sorgt für eine problemlose Integration von JSF und JSP.

entwickler.press

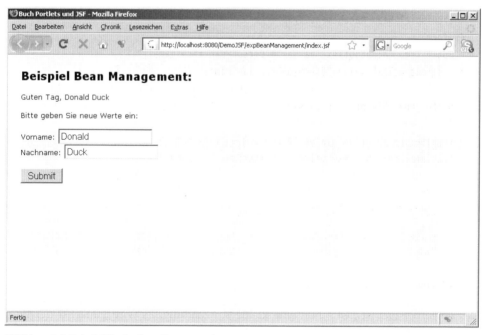

Abbildung 3.4: Beispiel für das Bean Management

In Abbildung 3.4 sehen Sie die Ausgabe der Anwendung nach dem ersten Aufruf. Doch die Anwendung ist noch etwas umfangreicher. Im unteren Teil besteht die Möglichkeit, neue Werte für die Variablen einzugeben. Hierbei kommt erstmals das Tag *<h:inputText>* zum Einsatz. Es funktioniert wie das Ausgabe-Tag, allerdings wird durch den JSF-Renderer ein Eingabefeld erzeugt, sodass der Benutzer neue Werte eintragen kann. Nach dem Abschicken des Formulars werden die Werte der Eingabefelder in das Modell übernommen (also in die Instanz des PersonBean-Objekts in der Session) und bei dem erneuten Anzeigen der Seite auch im oberen Bereich dargestellt.

Natürlich müssen nicht alle Beans automatisch in der Session abgelegt werden. JSF unterstützt im Standard folgende Gültigkeitsbereiche:

- *Application*: Objekte im Application Scope werden nur einmalig pro VM (Virtual Machine) angelegt und verwaltet. Dies bedeutet, dass alle Benutzer sich ein Objekt teilen. Oftmals wird dieser Scope verwendet, wenn allgemeine Konfigurationseinstellungen in einer Bean zusammengefasst werden sollen und von verschiedenen Stellen vorwiegend lesend darauf zugegriffen wird.

- *Session*: Bei einem Session Scope wird jede Managed Bean genau einmal pro Http-Session zur Verfügung gestellt. Eine Session entspricht dabei einer Benutzersitzung. Je nach verwendetem Browser können auch zwei geöffnete Browser auf einer Http-Session arbeiten. Dies kann oftmals zu Problemen und Fehlern in der Anwendung führen.

- *Request*: Objekte im Request Scope leben nur während der Verarbeitung eines Requests. Für den nächsten Request wird dann wieder ein neues Objekt erzeugt. Wenn möglich, sollten Objekte eher im Request Scope abgelegt werden anstatt in der Session. Gelangen nämlich zu viele Objekte in die Session, wird diese zu groß und macht vor allem bei Anwendungen mit vielen parallelen Benutzersitzungen Probleme im Betrieb. Oftmals ist es auch nicht notwendig, dass Objekte während der gesamten Benutzersitzung erhalten bleiben. An diesen Stellen kann eventuell der Request Scope ausreichend sein.

- *None*: Dies ist im engeren Sinne kein Scope. Beans mit dieser Angabe werden nur für einen kurzen Aufruf instanziiert und danach wieder entfernt. Sie haben somit keine allzu große Lebensdauer. Würde im Beispiel mit der oben verwendeten *PersonData* der Scope *none* verwendet werden, würde für jeden Aufruf von *getFirstname* oder *getLastname* das Objekt erzeugt und danach wieder der Garbage Collection überlassen. In der Praxis verwendet man diesen Scope sehr selten. Ein typisches Einsatzgebiet wären Aktionsmethoden, für die der jeweils zugrunde liegende Controller nur für den Aufruf der Methode benötigt wird und nicht dauerhaft verfügbar sein muss.

Eine wichtige Eigenschaft von JSF ist es, dass sämtliche Managed Beans *lazy* instanziiert werden. Dies bedeutet, dass nicht alle in der Faces-Konfigurationsdatei hinterlegten Managed Beans beim Start der Anwendung bereitgestellt werden, sondern erst beim ersten Zugriff auf ein Bean dieses gegebenenfalls instanziiert wird. Daher ist ein oftmals zu beobachtendes Phänomen, dass viele Anwendungen starken Gebrauch der Session machen und somit während der Arbeit in einer Anwendung die Sessiongröße kontinuierlich ansteigt.

Managed Beans versus Backing Beans

Oftmals werden Sie neben dem Begriff Managed Bean auch den Ausdruck Backing Bean finden. Viele Anwender meinen damit das Gleiche. Genau genommen gibt es jedoch einen feinen Unterschied zwischen beiden Begriffen. Managed Beans sind zunächst alle Beans, die in der Faces-Konfigurationsdatei hinterlegt sind. Diese werden über das Managed-Bean-Konzept von JSF bereitgestellt und verwaltet. Manche dieser Managed Beans können dann an Eingabe- oder Ausgabekomponenten gebunden werden. In dem Beispiel dieses Kapitels wurden Member-Variablen der Person-Bean-Klasse an Eingabefelder und Ausgabefelder angehängt. Somit darf sich die Managed Bean auch als Backing Bean bezeichnen. Backing Beans sind damit immer automatisch Managed Beans, wohingegen nicht alle Managed Beans auch als Backing Beans verwendet werden müssen.

3.4.3 Managed Bean Lifecycle Annotations

Nicht nur in Enterprise-Java-Bean-(EJB-)Komponenten, auch in JSF kann mit Annotations gearbeitet werden. Speziell im Zusammenhang mit dem Bean Management existieren zwei Annotations, die an ein Bean angeheftet werden können und nach Erzeugung der Bean sowie vor deren Löschen aktiv werden. Mittels *@PostConstruct* kann eine Methode annotiert werden, die kurz nach Instanziierung der Bean aktiviert wird, mit *@PreDestroy* wird eine Methode markiert, die kurz vor dem Entfernen des Objekts aus dem Kontext aufgerufen wird. Annotations können in allen Beans verwendet werden, die entweder im Request-, Session- oder Application Scope sind. Die Methoden, die mit den genannten Annotations ausgestattet sind, müssen folgende Kriterien erfüllen:

■ Die Methode darf keine Argumente erwarten

■ Der Return Type ist *void*

■ Es dürfen keine Checked Exceptions angegeben werden.

Die Methode selbst kann *private*, *protected* oder *public* sein, selbst *package-privat* ist erlaubt. Sollte in der Methode eine Runtime Exception geworfen werden, wird die Bean nicht erzeugt und steht somit der Anwendung nicht zur Verfügung.

```
@PostConstruct
public void afterConstruct() {
    System.out.println("++ Ausgabe in AnnotatedPerson, @PostConstruct ++");
}
@PreDestroy
public void beforeDelete() {
    System.out.println("++ Ausgabe in AnnotatedPerson, @PreDestroy ++");
}
```

Listing 3.8: Verwendung der Lifecycle Annotations

In Listing 3.8 sehen Sie zwei entsprechend annotierte Methoden. Sind diese in einer Managed Bean enthalten, können Sie in der Konsole die entsprechenden Ausgaben beobachten. *@PostConstruct* wird dabei nach dem Instanziieren einer Bean aufgerufen, *@PreDestroy* vor dem Löschen der Bean. Mit entsprechenden Ausgaben im Konstruktor des Beans sowie in den Getter-Methoden erhält man folgende Ausgabe:

```
[STDOUT] ++ Konstruktor AnnotatedPerson ++
[STDOUT] ++ Ausgabe in AnnotatedPerson, @PostConstruct ++
[STDOUT] ++ getFirstname von AnnotatedPerson ++
[STDOUT] ++ getLastname von AnnotatedPerson ++
```

Es ist deutlich zu erkennen, dass zunächst die Bean instanziiert, danach die mit *@Post-Construct* annotierte Methode aufgerufen wird und erst im Anschluss die Getter-Methoden für Member-Variablen, die auf einer JSF-Seite abgefragt werden.

3.4.4 Navigationskonzept

Bislang haben wir unsere Beispielanwendungen lediglich auf einer Seite stattfinden lassen. Dies ist natürlich ein wenig langweilig, wollen wir doch mindestens einmal einen Seitenwechsel realisieren. Für die Navigation zwischen verschiedenen Seiten gibt es in JSF ein eigenes Konzept und damit eine eigene Vorgehensweise, diesen wichtigen Aspekt einer Anwendung umzusetzen. Kurz und bündig zusammengefasst verläuft die Navigation in JSF dergestalt, dass alle möglichen Navigationsregeln in einer zentralen XML-Datei beschrieben werden. Diese XML-Datei ist wiederum die *faces-config.xml*, die wir schon beim Bean-Management verwendet haben. Betrachten wir zunächst ein Beispiel:

```
<navigation-rule>
  <from-view-id>/ersteSeite.jsp</from-view-id>
  <navigation-case>
    <from-outcome>success</from-outcome>
    <to-view-id>/zweiteSeite.jsp</to-view-id>
  </navigation-case>
</navigation-rule>
```

Es wird eine Navigationsregel definiert, die einen Seitenwechsel von einer ersten auf eine zweite Seite beschreibt. Damit der Seitenwechsel funktioniert, muss auf der ersten Seite ein Rückgabewert *success* geliefert werden. In JSF werden alle Seitennavigationen in Navigationsregeln und Navigationsfällen ausgedrückt. Eine Navigationsregel (Navigation Rule) bezieht sich dabei immer auf eine Seite, von der aus eine Navigation erfolgen soll (Tag *from-view-id*). Da von einer bestimmten Seite aus unterschiedliche Navigationen denkbar sind, kann es innerhalb einer Navigationsregel mehrere Navigationsfälle (Navigation Cases) geben. In obigem Beispiel gibt es lediglich einen Navigationsfall. Dieser besagt, dass bei einer Rückgabe (Tag *from-outcome*) von *success* auf eine Seite *zweiteSeite.jsp* weitergeleitet wird. Beachten Sie, dass alle Angaben zu Seiten immer mit komplettem Pfad vom Content Root aus angegeben werden müssen (also beginnend mit einem /).

Doch wie entsteht überhaupt dieser Rückgabewert? Der Rückgabewert wird im Normalfall durch Buttons oder Links erzeugt, die auf einer Seite enthalten sind. Das hört sich jetzt sehr theoretisch an, besser wir betrachten das Ganz an einer kleinen Beispielanwendung: Es soll eine Übersichtsseite angezeigt werden, von der aus drei verschiedene Buttons auf drei Detailseiten verweisen.

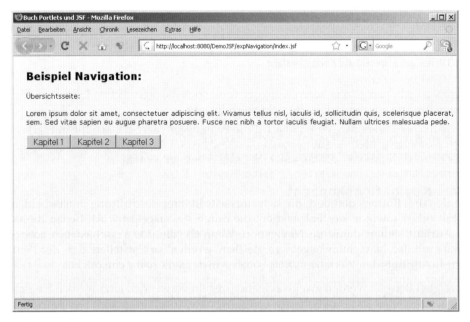

Abbildung 3.5: Navigation in JSF

In Abbildung 3.5 sehen Sie eine Seite */expNavigation/index.jsp*, auf der drei Buttons enthalten sind, die auf verschiedene Seiten verzweigen sollen. Um diese Navigation für die Anwendung zu erreichen, ist folgende Ergänzung in der *faces-config.xml* notwendig.

```xml
<navigation-rule>
  <from-view-id>/expNavigation/index.jsp</from-view-id>
  <navigation-case>
    <from-outcome>kapitel_1</from-outcome>
    <to-view-id>/expNavigation/kapitelEins.jsp</to-view-id>
  </navigation-case>
  <navigation-case>
    <from-outcome>kapitel_2</from-outcome>
    <to-view-id>/expNavigation/kapitelZwei.jsp</to-view-id>
  </navigation-case>
  <navigation-case>
    <from-outcome>kapitel_3</from-outcome>
    <to-view-id>/expNavigation/kapitelDrei.jsp</to-view-id>
  </navigation-case>
</navigation-rule>
<navigation-rule>
  <from-view-id>/expNavigation/*</from-view-id>
  <navigation-case>
    <from-outcome>kapitelUebersicht</from-outcome>
    <to-view-id>/expNavigation/index.jsp</to-view-id>
  </navigation-case>
</navigation-rule>
```

Listing 3.9: Navigationsregeln und Navigationsfälle

Zu den Navigationsregeln gehören logischerweise noch die eigentlichen JSF-Seiten. Der relevante Auszug aus der Indexseite sieht wie folgt aus:

```
<h:commandButton action="kapitel_1" value="Kapitel 1" />
<h:commandButton action="kapitel_2" value="Kapitel 2" />
<h:commandButton action="kapitel_3" value="Kapitel 3" />
```

Es werden drei Buttons definiert, die sich einerseits in ihrer Beschriftung unterscheiden (Attribut *value*) sowie in der Folgeaktion, die durch sie ausgelöst wird. Genau dieses *action*-Attribut steuert dann die Navigation. Wenn Sie die drei verschiedenen *action*-Attribute mit den Navigationsregeln vergleichen, werden Sie feststellen, dass der Wert des *action*-Attributs den Werten aus *from-outcome* in der *faces-config* entspricht.

Im gezeigten Beispiel werden zwei Navigationsregeln verwendet. Jetzt werden Sie sich vielleicht fragen, wie das funktionieren kann. Wir haben doch insgesamt vier Seiten. Da normalerweise pro Seite eine Navigationsregel benötigt wird, müssten wir hier doch auch vier Navigationsregeln haben. Der Trick hierin liegt in der Verwendung von **Wild-**

cards. Da bei allen drei Detailseiten ein Zurück-Button enthalten ist, der immer auf die gleiche Hauptseite verweist, kann eine Vereinfachung in den Navigationsregeln verwendet werden.

```
<from-view-id>/expNavigation/*</from-view-id>
```

Diese Angabe besagt, dass für alle Seiten innerhalb des Verzeichnisses */expNavigation* die folgenden Navigationsregeln gelten. Somit kann man sich einiges an Aufwand sparen, da nicht jede einzelne Navigationsregel angegeben werden muss.

Spezialfall: Dynamische Navigation

Die Navigationsregeln in der Faces-Konfigurationsdatei helfen bereits, eine Anwendung wartbarer zu machen. Es sind keine Seitennamen und Pfadangaben mehr direkt in den JSP-Seiten enthalten, sondern es wird in den Seiten lediglich mit Bezeichnern gearbeitet. Somit kann der Fluss einer Anwendung sehr elegant in den Navigationsregeln beschrieben werden. Ein weiterer großer Vorteil der Pflege von Navigationsregeln in einer XML-Datei ist folgender: Da die Angabe der Regeln einer Standardisierung unterliegt, können sich auch Toolhersteller darauf verlassen und entsprechende grafische Editoren bereitstellen. So gibt es zahlreiche IDEs, die eine grafische Bearbeitung von Navigationsregeln anbieten.

Allerdings haben wir eine bestimmte Konstellation noch nicht betrachtet. Wir sind bislang immer davon ausgegangen, dass die Navigation im Vorfeld bestimmt wird. Dies bedeutet, dass wir genau wissen, welches die Folgeseite bei Drücken eines Buttons ist. In der Praxis ist das jedoch oftmals nicht der Fall. Stellen Sie sich ein Login-Formular vor. Ein Benutzer gibt einen Namen und ein Passwort an und betätigt dann den Login-Knopf. Was ist die Folgeseite? Das kommt ganz darauf an. Bei einer gültigen Anmeldung kommt er auf die Hauptseite der Anwendung, bei einer falschen Anmeldung bleibt er auf der Login-Seite und bekommt ggf. einen Fehlerhinweis. Eventuell gelangt er auch zu einer Fehlerseite. Die Navigationslogik hinter dem Login-Knopf kann somit nicht im Vorfeld bestimmt werden. In diesem Beispiel wird die so genannte **dynamische Navigation** benötigt. Mithilfe der dynamischen Navigation kann in einer Programmierung bestimmt werden, wie die Folgeseite lautet. Dazu kann anstelle eines Rückgabewertes hinter einem Button oder einem Link eine Methode aufgerufen werden, die als Ergebnis dann einen Rückgabewert für die eine oder andere Seite liefert.

Da die letzten Sätze jetzt sicherlich auch wieder sehr theoretisch waren, betrachten wir einfach einmal ein Beispiel: Damit wir eine weitere (hochkomplexe) Anwendung haben, die später als Portlet im Portal läuft, wird im Folgenden ein Taschenrechner entwickelt. Aus Kostengründen kann dieser allerdings nur zwei Zahlen addieren, mehr Grundrechenarten beherrscht er nicht. Zudem wird nur bis zu einem Ergebnis von 100 gerechnet, dann folgt ein Shareware-Hinweis. Damit dies funktioniert, muss hinter dem Berechnungsbutton die Summe der eingegebenen Zahlen ermittelt werden und abhängig vom Ergebnis (größer oder kleiner 100) auf eine Folgeseite verwiesen werden. Die Hauptseite des Beispiels sehen Sie in Listing 3.10.

entwickler.press

```
<h:form>
  Wert 1:
  <h:inputText value="#{RechnerBean.wert1}" />

  Wert 2:
  <h:inputText value="#{RechnerBean.wert2}" />

  Ergebnis ist: <h:outputText value="#{RechnerBean.ergebnis}" />

  <h:commandButton action="#{RechnerBean.berechnen}"
                   value="Summe berechnen" />
</h:form>
```

Listing 3.10: Auszug aus der Hauptseite des Taschenrechner-Beispiels

Der interessante Part in Listing 3.10 ist im *action*-Attribut des CommandButtons zu finden. Anstatt dass an dieser Stelle ein fester Bezeichner steht, der die Navigation beeinflusst (wie bei der statischen Navigation), erscheint hier ein Methodenaufruf. Es wird eine *berechnen*-Methode in der Managed Bean aufgerufen. An dieser Stelle sei gleich der Hinweis angebracht, dass mit dem Berechnen-Aufruf eine Vermischung von Model und Controller stattfindet. Das ist aus Architektursicht nicht optimal, vorerst begnügen wir uns jedoch mit dieser Lösung. In JSF ist es somit möglich, nach Drücken eines Buttons eine so genannte **Aktionsmethode** aufzurufen. Eine Aktionsmethode kann einen beliebigen Namen tragen, sie muss jedoch in einer Managed Bean enthalten sein und folgende Signatur haben: *public String Methodenname()* Der String-Rückgabewert ist ein Bezeichner, der die konkrete Folgeseite in den Navigationsregeln der Faces-Datei sucht. Im aktuellen Beispiel ist die Aktionsmethode wie folgt umgesetzt:

```
public String berechnen() {
  ergebnis = getWert1() + getWert2();
  if ( ergebnis < 100 ) {
    return "success";
  } else {
    ergebnis = -1;
    return "shareware";
  } // else
}
```

Listing 3.11: Aktionsmethode mit dynamischem Rückgabewert

In den Navigationsregeln der *faces-config.xml* werden Sie entsprechende Regeln für den Rückgabewert *shareware* finden. Mit dem Ausdruck *#{RechnerBean.berechnen}* haben wir somit zugleich ein erstes Beispiel für eine **Method Expression** kennengelernt. Im Gegensatz zu einer **ValueExpression** wird keine Property gebunden, sondern eine Methode (Aktionsmethode) adressiert.

Interessant an diesem Beispiel ist, dass für den Rückgabewert *success* keine Regel definiert wurde. Hier verhält sich JSF so, dass auf der aktuellen Seite verblieben wird, falls keine passende Navigationsregel gefunden wird. Es ist auch möglich, *null* in der Aktionsmethode zurückzuliefern. In beiden Fällen wird kein Fehler geworden, sondern einfach nur auf der aktuellen Seite geblieben. Im Taschenrechner-Beispiel ist genau dieses Verhalten gewünscht. Es wird die gleiche Seite nochmals angezeigt, allerdings mit ausgefülltem Ergebnis.

Aktionsmethoden in JSF können durch CommandButtons oder CommandLinks angestoßen werden. Mehr zu den unterschiedlichen UI-Komponenten lernen Sie in Kapitel 148. Jetzt können Sie sich erst einmal an ihrem neuen Taschenrechner erfreuen (Abbildung 3.6).

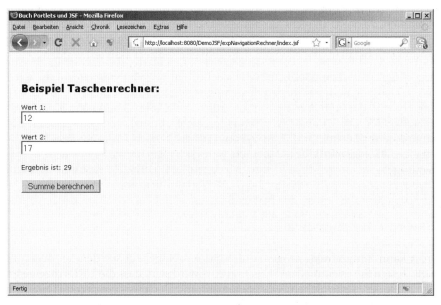

Abbildung 3.6: Dynamische Navigation im Taschenrechner

Post-Redirect-Get

Eventuell ist ihnen schon aufgefallen, dass die URL-Anzeige in JSF nicht immer mit der tatsächlichen Seite übereinstimmt. Falls Sie diese Beobachtung noch nicht gemacht haben, nehmen Sie nochmals das Beispiel für die statische Navigation zur Hand und beobachten einmal die URL-Anzeige des Browsers, während Sie die Anwendung bedienen und darin navigieren. Es scheint so, als ob die URL-Anzeige immer einen Schritt hinterher ist. Über dieses Phänomen liest man auch immer wieder in Mailinglisten oder Newsgroups. Leider wird oftmals behauptet, dass JSF dies einfach schlecht löst. Ich habe auch schon Diskussionen gelesen, in denen behauptet wurde, dass es ein Bug im Browser ist. Tatsache ist jedoch, dass nichts davon richtig ist. Vielmehr ist es so, dass bei der Standardeinstellung von JSF der URL immer erst in Nachhinein ermittelt und somit dem

Browser nicht die passende Adresse übermittelt werden kann. Der Grund liegt darin, dass die Navigation in JSF serverseitig ausgeführt wird. Der Browser weiß noch nicht, auf welche Seite er posten soll. Somit schickt er die Seite (genauer gesagt, das Formular) bei einem Submit an die Adresse zurück, von der er die ursprüngliche Seite erhalten hat. Erst serverseitig wird im JSF-Lebenszyklus anhand der Navigationsregeln die Folgeseite bestimmt und an diese Seite weitergeleitet. Die Weiterleitung erfolgt jedoch per Forward. Der Browser bekommt davon nichts mehr mit. Erst wenn die Antwort wieder im Browser angekommen ist und dieser die Folgeseite abschickt, kennt er die Adresse von einem Schritt davor. Somit könnte man tatsächlich meinen, der Browser hinkt mit der Anzeige immer einen Schritt hinterher.

Das hat natürlich verschiedene Konsequenzen. Für den Entwickler ist es meist etwas verwirrend, wenn die URL-Anzeige nicht mit der tatsächlichen Seite übereinstimmt. Tauchen dann z. B. Fehler auf, werden diese mit dem falschen URL gemeldet und es entsteht etwas Verwirrung. Zum anderen kann ein Benutzer dieser Anwendung auch keine Seite bookmarken, da der URL nicht zur aktuellen Seite passt. Somit ist das Standardverhalten in JSF sicherlich problematisch. Um dieses Phänomen auszuschalten, kann direkt bei einem Navigationsfall in den Navigationsregeln ein Redirect aktiviert werden.

```
<navigation-rule>
    <from-view-id>/expNavigationRechner/index.jsp</from-view-id>
    <navigation-case>
        <from-outcome>shareware</from-outcome>
        <to-view-id>/expNavigationRechner/shareware.jsp</to-view-id>
        <redirect/>
    </navigation-case>
</navigation-rule>
```

Listing 3.12: Redirect in einem Navigationsfall

Der Redirect kann feingranular an genau den Stellen eingebaut werden, an denen er erfolgen soll. Testen Sie es einmal aus! Das Ergebnis wird sein, dass die URL-Anzeige im Browser auch mit der tatsächlichen Seite übereinstimmt. Doch was passiert im Detail bei einem Redirect? Das Redirect ist nichts JSF-Spezifisches, vielmehr unterliegt es dem allgemeinen PRG Pattern (Post-Redirect-Get).

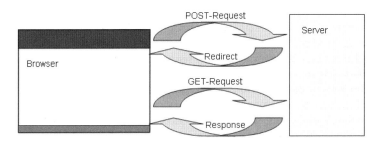

Abbildung 3.7: Post-Redirect-Get

Der Einsatz eines PRG-Patterns bewirkt, dass zunächst ein üblicher Post an den Server gesendet wird. Übertragen auf eine JSF-Anwendung ist das der Submit beim Abschicken eines Formulars. Der Server antwortet dann jedoch nicht direkt mit der Antwortseite, sondern schickt an den Browser zunächst ein Redirect (http-Statuscode 301). Dieser Redirect an den Browser bewirkt, dass der Browser erneut mit der übermittelten Adresse ein Get ausführt, um die eigentliche Seite zu laden. Statt somit eine Antwortseite zu schicken, sendet der Browser lediglich einen (neuen) URL zurück, unter dem der Browser die Seite aktiv per Get abholen kann.

Der Vorteil des PRG-Patterns ist es, dass z. B. bei Verwendung des Browser-Back-Buttons ein vorheriger Post nicht erneut durchgeführt, sondern lediglich die letzte Seite angezeigt wird. Somit kann ein doppeltes Absenden eines Formulars verhindert werden, auch wenn der Benutzer die Browsernavigation verwendet. Zum anderen stimmt im Falle von JSF die URL-Anzeige auch mit der angezeigten Seite überein, sodass auch Bookmarks möglich sind. Als eher nachteilhaft ist der erhöhte Netzwerkverkehr anzusehen, da der Server zunächst mit einem Redirect antwortet und daraufhin der Browser erneut beim Server anfragen muss. In Intra- und Extranet-Anwendungen ist dies zu vernachlässigen. In Internetanwendungen sollte man zumindest darüber nachdenken, bevor man es aktiviert. Im Normalfall sollte es keine Probleme bereiten, es sei denn, Sie arbeiten an einem Portal, das ähnlich viele Zugriffe hat wie Google oder Yahoo.

3.4.5 Konvertierung

In den Beispielen, die Sie bis jetzt umgesetzt haben, sind wir immer von einer gewissen „Grundintelligenz" des Anwenders ausgegangen. Wir haben immer unterstellt, dass ein Anwender genau weiß, welche Eingaben er vornehmen darf und welche nicht erlaubt sind. In der Taschenrechner-Anwendung aus dem vorherigen Kapitel haben wir einfach angenommen, dass der Anwender immer Zahlen eingeben wird und niemals auf die Idee kommt, Zeichenketten einzutragen. Da dies in der Realität jedoch anders aussieht, muss eine Anwendung auch auf Falscheingaben reagieren können.

Im Beispiel des Taschenrechners haben wir zudem unterstellt, dass der eingegebene Wert „durch Geisterhand" als Integer-Wert im Modell gespeichert wird. Allerdings ist es so, dass in HTML keinerlei Datentypen bekannt sind. Alle Eingabefelder sind zunächst Strings. Nach dem Abschicken des Formulars kommen zunächst auch nur String-Werte im Request beim Server an. JSF übernimmt für uns jedoch an dieser Stelle die Aufgabe, aus den geposteten Werten die entsprechende Datenkonvertierung durchzuführen. Falls jedoch die automatische Konvertierung in JSF scheitert, muss eine Fehlerbehandlung stattfinden.

JSF erzeugt im Fall eines Konvertierungsfehlers eine *javax.faces.convert.Converter-Exception*. Das Ganze erzeugt natürlich keinen StackTrace beim Benutzer, sondern der Anwendungsentwickler kann im Vorfeld bereits darauf reagieren. JSF hat dafür ein eigenes Fehlerbehandlungskonzept. Wenn nämlich die Exception geworfen wird, erzeugt JSF eine passende Meldung, die wiederum dem Benutzer angezeigt werden kann. Zugleich wird der (fehlerhafte) Wert nicht in das Modell übernommen. Dies wäre auch unmöglich, denn wie sollte eine Eingabe von „abc" in einer Integer-Variablen gespeichert werden?

Um Fehlermeldungen in JSF darzustellen, gibt es das Tag *<h:messages />*. Ist dieses auf einer Seite eingebaut, erscheinen im Fehlerfall an dieser Stelle die entsprechenden Ausgaben. Wenn Sie dieses Tag in die Taschenrechner-Anwendung einbauen, können Sie das Verhalten testen. Geben Sie in ein Eingabefeld einen ungültigen Wert ein, so antwortet JSF mit folgender Fehlermeldung (Abbildung 3.8).

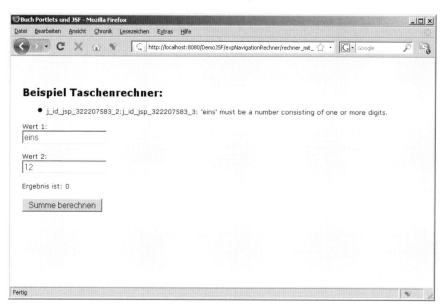

Abbildung 3.8: Fehlerdarstellung bei Konvertierungsfehler

In JSF wird immer eine komplette Seite (bzw. ein komplettes Formular) geprüft. Liegen Fehler vor, so werden alle Fehler durch das *<h:messages>*-Tag ausgegeben. Das Tag unterstützt zudem noch verschiedene Style-Angaben, sodass Sie abhängig vom Fehlerlevel (Info, Warnung, Fehler, fataler Fehler) verschiedene Formatierungen erreichen können.

```
<h:messages errorStyle="color: #FF0000;font-weight: bold;" />
```

Diese Angabe beispielsweise bewirkt, dass Fehler in der Farbe rot und in fett dargestellt werden. Natürlich ist es auch möglich, neben dem Style eine Style-Klasse anzugeben. Mehr zum Thema Fehlerdarstellung lernen Sie in Kapitel 3.4.8.

Konvertierung von Datumswerten und Zahlen

Bei einfachen Integer-Zahlen erfolgte die Konvertierung komplett ohne Eingriff durch den Entwickler. JSF hat selbstständig die eingegebene Zahl (die in HTML noch ein String ist) in einen Integer gewandelt, ohne dass explizit durch den Entwickler eine Konvertierung angestoßen werden musste. Diese implizite Konvertierung funktioniert jedoch nicht immer. Nehmen wir als Beispiel ein Datum: Wie wird ein Datum konvertiert? Ist am Beginn des übergebenen Strings immer der Tag? Oder ist am Beginn der Tag nur einstellig angegeben? Oder handelt es sich sogar um eine Uhrzeit (Anmerkung: in Java kann in einem Date auch eine Uhrzeit versteckt sein). Zudem arbeitet die Konvertierung in beide Richtungen: Zum einen wird ein Wert aus dem Modell für eine Darstellung in der Oberfläche konvertiert, zum anderen wird aus der Oberfläche der gepostete Wert zurück in das Modell konvertiert.

Somit muss auch beim Datum überlegt werden, wie dieses dargestellt werden soll. Soll es in der Form „04.03.2009" oder in der Form „4.3.2009" oder sogar in der Form „Montag, 4. März 2009" erfolgen? Diese Informationen kann JSF nicht mehr implizit erahnen, sondern es muss seitens des Anwendungsentwicklers etwas nachgeholfen werden.

```
<h:inputText value="#{PersonBean.geburtsdatum}">
    <f:convertDateTime type="date" dateStyle="short" />
</h:inputText>


Ausgabe des gleichen Datums:
<h:outputText value="#{PersonBean.geburtsdatum}">
    <f:convertDateTime type="date" dateStyle="full" />
</h:outputText>
```

Listing 3.13: Verwendung des <f:convertDateTime>-Tags

In Listing 3.13 sehen Sie, dass bei Datumsangaben das Tag *<f:convertDateTime>* zum Einsatz kommt. Damit helfen Sie JSF, die Eingaben korrekt zu interpretieren bzw. im Falle der Ausgabe des Datums dieses auch wie gewünscht darzustellen. Im Attribut *type* geben Sie zunächst an, ob es ein reiner Datumswert (*date*) ist, eine reine Zeitdarstellung (*time*) oder ein eine Kombination von *date* und *time* (*both*). Das zweite Attribut (*dateStyle*) bezieht sich auf das Datum und steuert, ob eine kurze, mittlere oder lange Ausgabe erfolgen soll. Die Konstanten sind die aus der Java-Welt bekannten Angaben *short*, *medium*, *long* und *full*. Analog gibt es ein weiteres Attribut *timeStyle* für die Steuerung von Zeitangaben. Sollten diese Möglichkeiten nicht ausreichen, kann über das Attribut *pattern* ein benutzerspezifisches Format angegeben werden.

In Abbildung 3.9 sehen Sie, dass bei einer Eingabe, die nicht als Datum interpretiert werden kann (bei der also eine ConverterException auftritt), ein entsprechender Fehlertext erzeugt wird. Es fällt aber auch auf, dass der Wert bei der Ausgabe des Geburtsdatums unverändert geblieben ist, obwohl das Eingabefeld auf das gleiche Modell (das Geburtsdatum) verweist. In dem Ausgabefeld ist nach wie vor das letzte korrekte Datum hinterlegt. Dies ist ein sehr wichtiges Merkmal von JSF. Komponenten (nicht das Modell!) speichern zunächst die eingegebenen Werte und versuchen, sie zu konvertieren und zu validieren. Erst wenn dies erfolgreich war, erfolgt ein Update auf das zugrunde liegende Modell. Daher kann eine Konstellation wie in Abbildung 3.9 entstehen: Die Komponente zeigt noch den fehlerhaften Wert an, der noch nicht in das Modell übertragen wurde. Das untere Ausgabefeld zeigt direkt den Modellwert an.

Das gleiche Prinzip gilt auch für Kommazahlen, beispielsweise *double* oder *float*. Auch hier kann JSF keine implizite Konvertierung vornehmen. Mit wie viel Nachkommastellen soll eine Zahl angezeigt werden? Oder soll eventuell ein Tausenderpunkt beachtet werden? Daher existiert für Kommazahlen auch wieder ein spezielles Tag, das verwendet werden kann.

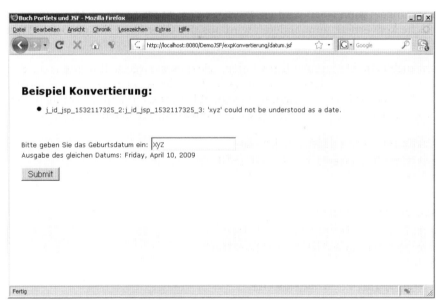

Abbildung 3.9: Konvertierung eines Datums

```
Bitte geben Sie ihr Bruttogehalt ein:
<h:inputText value="#{PersonBean.bruttoGehalt}">
    <f:convertNumber minFractionDigits="2" />
</h:inputText>

Ausgabe des gleichen Wertes:
<h:outputText value="#{PersonBean.bruttoGehalt}">
    <f:convertNumber groupingUsed="true" minFractionDigits="3" />
</h:outputText>
```

Listing 3.14: Verwendung des <f:convertNumber>-Tags

In Listing 3.14 wird sowohl bei einem Eingabefeld als auch bei einem Ausgabefeld der NumberConverter mit angegeben. Es kann über das Attribut *minFractionDigits* gesteuert werden, wie viele Nachkommastellen verwendet werden sollen. Entsprechend existiert das Attribut *maxFractionDigits*. Mittels *minIntegerDigits* und *maxIntegerDigits* kann die Anzahl der Stellen vor dem Komma beeinflusst werden. Mittels *groupingUsed* kann ein Tausender-Trennzeichen mit aufgenommen werden, und mittels *integerOnly* wird überhaupt keine Nachkommastelle angezeigt.

Auch an diesem Beispiel sieht man wieder deutlich, dass eine Konvertierung immer in zwei Richtungen erfolgt: Zum einen muss der Wert von der Oberfläche in den Wert das Modells konvertiert werden, zum anderen muss aus dem Modell heraus eine String-Repräsentation erstellt werden.

3.4.6 Validierung

Mittels der Datenkonvertierung, die wir im letzten Abschnitt betrachtet haben, konnten wir den Datentyp sicherstellen. Die Konvertierung in JSF prüft, dass beispielsweise bei einem Feld *Altersangabe*, das auf einen Integer gemappt wird, keine Buchstaben enthalten sein dürfen. Allerdings verhindert die Konvertierung nicht, dass ein Benutzer bei der Altersangabe den Wert *137* eingibt. Vielleicht wird es in ferner Zukunft durchaus ein erlaubter Wert sein, doch heutzutage geht man wohl eher von einem Eingabefehler aus.

An dieser Stelle greift die Validierung. Die Validierung erfolgt **nach** der Konvertierung. Es wird bei der Validierung geprüft, ob das Feld gegenüber zu definierenden Validierungsregeln auch gültig ist. So kann für das genannte Beispiel ein Range-Validator angegeben werden, der nur einen bestimmten Wertebereich zulässt (z. B. eine Zahl zwischen 18 – 99).

Im Standard von JSF existieren nicht allzu viele Möglichkeiten der Validierung. Es kann lediglich auf die Länge einer Eingabe (*validateLength*) geprüft werden, auf einen Zahlenbereich (*validateLongRange* und *validateDoubleRange*) oder ob überhaupt ein Wert eingegeben wurde (*required*-Attribut).

Längenvalidierung

Um die Länge einer Eingabe zu prüfen (was natürlich nur bei Strings Sinn macht), können Sie den *<f:validateLength>*-Validator verwenden. Im Beispiel in Listing 3.15 wird geprüft, ob der eingegebene Nachname zwischen 3 und 8 Stellen lang ist. Wenn nicht, wird eine Fehlermeldung geworfen, die wiederum durch das *<h:messages>*-Tag angezeigt wird.

```
<h:form>
    <h:messages />

    Eingabelänge zwischen 3 und 8 Zeichen:
    <h:inputText value="#{PersonBean.lastname}">
        <f:validateLength minimum="3" maximum="8" />
    </h:inputText>

    <h:commandButton action="success" value="Abschicken" />
</h:form>
```

Listing 3.15: Verwendung des Längenvalidators

Wenn Sie dieses Beispiel austesten, können Sie einmal versuchen, nichts einzugeben. Was denken Sie, passiert dann? Falls überhaupt nichts eingegeben wurde, schlägt auch der Validator nicht an. „Nichts" ist für ihn somit eine gültige Eingabe. Oder besser formuliert: Ein Längenvalidator kommt erst dann zum Einsatz, wenn überhaupt etwas eingegeben wurde. Wenn Sie testen wollen, ob überhaupt etwas eingegeben wurde, kommt der **Required-Validator** zum Einsatz. Im Gegensatz zum Längenvalidator ist der Required-Validator als Attribut ausgelegt. Sie können jeder Eingabekomponente ein *required="true"* im Tag mitgeben. Dies erzwingt eine Eingabe durch den Benutzer. Wenn jetzt der Längen- mit dem Required-Validator kombiniert wird, haben Sie das gewünschte Verhalten.

```
<h:form>
   <h:messages />

   Eingabelänge zwischen 3 und 8 Zeichen:
   <h:inputText value="#{PersonBean.lastname}" required="true">
      <f:validateLength minimum="3" maximum="8" />
   </h:inputText>

   <h:commandButton action="success" value="Abschicken" />
</h:form>
```

Listing 3.16: Kombination von Längen- und Required-Validator

In Listing 3.16 wird durch den Required-Validator geprüft, ob überhaupt etwas eingegeben wurde. Wenn dies der Fall ist, übernimmt der Längenvalidator die genauere Prüfung.

Range-Validierung

Neben einer Prüfung von Längen bietet JSF auch die Möglichkeit, einen Zahlenbereich zu validieren. Es existiert ein Validator für einen Long Range sowie ein Validator für einen Double Range.

```
Wie viele Kinder haben Sie?
<h:inputText value="#{PersonBean.anzahlKinder}">
   <f:validateLongRange minimum="0" maximum="5" />
</h:inputText>
```

Listing 3.17: Verwendung des Range-Validators

In Listing 3.17 sehen Sie den LongRange-Validator in Aktion. Es wird geprüft, ob der eingegebene Wert zwischen 0 und 5 liegt. Auch hier werden eventuelle Fehlermeldungen wieder über eine *<h:messages>*-Tag ausgegeben. Neben dem Tag *<f:validateLongRange>* existiert noch das Tag *<f:validateDoubleRange>*, das analog zum LongRange-Validator funktioniert, nur eben auf den Datentyp *Double* bezogen.

3.4.7 Validierung in Backing Beans

Neben einer Verwendung von Validierungs-Tags und Validierungs-Attributen existiert in JSF noch die Möglichkeit, mittels eines direkten Methodenaufrufs eine Validierung durchzuführen. Dies kann in manchen Konstellationen durchaus sinnvoll sein. Ist eine Prüfung eines Eingabewerts (z. B. einer E-Mail-Adresse) durch die Standardvalidatoren nicht möglich, kann eine Prüfung in einer Methode einer Managed Bean durchgeführt werden. Hierbei ist natürlich die Wiederverwendbarkeit in Frage gestellt. Besser wäre es natürlich, einen komplett neuen Validator zu schreiben und ihn im Framework zu hinterlegen, sodass auch von anderer Stelle darauf zugegriffen werden kann. Ist dies aber nicht das Ziel, sondern soll lediglich eine einzelne Eingabe geprüft werden, kann eine Validierung in Backing Beans eine sinnvolle Vorgehensweise sein.

```java
public void validateMail( FacesContext jsfContext,
        UIComponent component, Object value)
    throws ValidatorException {

  String input = "" + value;
  boolean valid = input.indexOf( "@" )>0
                  && input.indexOf( "." )>0;

  if ( !valid ) {
    throw new ValidatorException(
        new FacesMessage( "Keine gültige Mailadresse." ) );
  }
}
```

Listing 3.18: Validierung in Backing Beans

In Listing 3.18 ist eine Validierungsmethode zu sehen, die eine Prüfung auf eine gültige Mailadresse vornimmt. Naja, zugegebenermaßen ist die Prüfung nicht wirklich vollständig. Es wird lediglich am Vorhandensein eines @ und eines Punktes entschieden, ob die Adresse gültig ist oder nicht. Zur Demonstration der Syntax reicht dies jedoch aus, ich hoffe, Sie verzeihen mir meine Pragmatik.

Die Methode *validateMail* ist in einer ManagedBean *PersonController* zu finden. Der Aufruf der Validierungsmethode erfolgt über

```
<h:inputText value="#{PersonBean.mail}"
             validator="#{PersonController.validateMail}" />
```

Die Benennung der Methode bleibt auch wieder dem Entwickler überlassen (analog zu den Aktionsmethoden), jedoch muss die Signatur übereinstimmen. Die Signatur einer Validierungsmethode ist

```
public void Methodenname( FacesContext ctx,
    UIComponent cmp, Object checkValue) throws ValidatorException
```

Die UIComponent ist die Komponente, auf der die Validierung durchgeführt wird. Mit *checkValue* wird der zu prüfende Wert übergeben. Interessant an dieser Stelle ist, dass *checkValue* bereits in den Datentyp gewandelt wurde, der auch im Modell vorliegt. Da die Konvertierung bereits im Vorfeld erfolgt ist, kann man sich somit darauf bereits verlassen. Da die Mailadresse in unserem konkreten Beispiel ein String ist, wird der *checkValue* in diesen Wert umgewandelt. Danach erfolgt die bereits erwähnte hochkomplexe Prüfung der Mailadresse. Im Falle, dass die Validierung einen Fehler feststellt, wird eine

ValidatorException geworfen. Als Argument wird eine *FacesMessage* mitgegeben, die den genauen Fehlertext beinhaltet. Dieser Fehlertext wird wiederum über *<h:messages>* aus-gegeben.

Wohin gehört die Validierungsmethode?

Im gezeigten Beispiel der Mailprüfung ist die Validierungsmethode in einer Mana-ged Bean namens *PersonController* zu finden. Rein technisch hätte diese Methode auch direkt in der *PersonBean*-Klasse enthalten sein können. Es ist eine Frage der Architektur, an welcher Stelle eine solche Methode am besten hineinpassen könnte. Aus objektorientierter Sicht kann man durchaus argumentieren, dass eine Validie-rungsmethode in das Objekt selbst gehört (also in die *PersonBean*-Klasse). Allerdings ist es durchaus legitim zu behaupten, dass das Modell ein reiner Datencontainer sein soll und Funktionalität in einen separaten Controller gehört. Beide Ansätze sind in der Praxis zu finden, es kommt auf das jeweilige Gesamtkonzept an.

3.4.8 Fehlerbehandlung

In den Beispielen zu Konvertern und Validatoren haben Sie bereits gesehen, dass JSF ein eigenes Fehlerbehandlungskonzept hat. Es wird im Fehlerfall kein StackTrace direkt an die Oberfläche weitergegeben (wobei dies in bestimmten Konstellationen dennoch pas-sieren kann), sondern im Normalfall eine Fehlermeldung erzeugt und in die Seite hinein-gerendert.

Bislang haben Sie in den Beispielen alle Meldungen zentral an einer Stelle ausgegeben. Diese Stelle konnte über das *<h:messages>*-Tag festgelegt werden. Dieses Tag gibt alle Meldungen aus, die im FacesContext gespeichert sind. Wichtig zu wissen ist, dass die Meldungen keine Liste irgendwelcher Zeichenketten ist, sondern nur Objekte vom Typ *javax.faces.application.FacesMessage* sein können. *FacesMessage* hat verschiedene Konstruk-toren. Meist verwendet man jedoch folgende Form, um eine Meldung zu erzeugen.

```
FacesMessage myMessage = new FacesMessage( "Böser Fehler",
    "Es ist ein Fehler aufgetreten.", FacesMessage.SEVERITY_WARN );
```

Hier wird eine neue Meldung erzeugt, die sowohl eine Kurzbezeichnung wie auch eine Langbezeichnung hat. Das dritte Argument ist die Einstufung der Meldung in eine so genannte Severity. JSF bietet folgende Stufen an:

- SEVERITY_INFO

- SEVERITY_WARN

- SEVERITY_ERROR

- SEVERITY_FATAL

Auf diese Angaben kann in der Seite zugegriffen werden. Es kann festgelegt werden, ob bei einem Fehler der Kurztext oder die Langversion angezeigt wird. Ebenso kann z. B. anhand der Severity eine Style-Klasse gesetzt werden.

Standardmäßig wird beim *<h:messages>*-Tag die Langbezeichnung des Fehlertexts angezeigt. Sie können jedoch steuern, ob der Kurz- oder Langtext verwendet wird. Dazu können die Attribute *showSummary* und *showDetail* angewendet werden.

```
<h:form>

    Fehlerausgabe in Kurzform:
    <h:messages showDetail="false" showSummary="true"/>


    Fehlerausgabe in Langformform:
    <h:messages showDetail="true" showSummary="false"/>


    Bitte geben Sie eine Mailadresse ein:
    <h:inputText value="#{PersonBean.mail}"
                 validator="#{PersonController.validateMail}" />

    <h:commandButton action="success" value="Abschicken" />

</h:form>
```

Listing 3.19: Verwendung der Kurz- und Langtextanzeige von Fehlern

In Listing 3.19 sehen Sie, dass im erstem Fall lediglich der Kurztext dargestellt wird, im zweitem Fall der Langtext.

Internationalisierung von Fehlertexten

Das Beispiel mit der Validierung der E-Mail-Adresse ist in einer einsprachigen Anwendung so durchaus einsetzbar. Bei mehrsprachigen Anwendungen darf natürlich kein deutscher Text hart im Sourcecode enthalten sein. JSF unterstützt hier das aus der Java-Welt bekannte Prinzip der ResourceBundles. Damit kann in einer Ressourcendatei ein Text (mehrsprachig) verwaltet werden. Jeder Textbaustein bekommt in einer solchen Datei einen eindeutigen Key und kann darüber im Programm angesprochen werden. Somit ist im Sourcecode lediglich ein Key eines Textbausteins enthalten. Der konkrete Text in der gewünschten Sprache wird über die verschiedenen Ressourcendateien geladen.

```
fehler.mailadresse=Es ist ein Fehler in der Mailadresse aufgetreten.
fehler.nachname=Der Nachname ist zu kurz.
fehler.vorname=Bitte geben Sie einen Vornamen ein.
```

Listing 3.20: Ausschnitt aus einer Ressourcendatei

In Listing 3.20 werden insgesamt drei Textbausteine definiert. Eine Ressourcendatei ist immer so aufgebaut, dass es eine Key-Value-Zuordnung gibt. So kann beispielsweise über den Schlüssel *fehler.nachname* auf den entsprechenden Textbaustein zugegriffen werden. Die Dateien liegen üblicherweise im Klassenpfad. So können Sie aus dem Java-Programm sehr leicht angesprochen und geladen werden. Damit jetzt auch eine Mehrsprachigkeit erreicht werden kann, können unterschiedliche Dateien im Klassenpfad vorliegen. Für das folgende Beispiel gibt es folgende Dateien:

- messages.properties

- messages_de_DE.properties

- messages_en_GB.properties

Die Namensgebung deutet bereits an, dass einmal deutsche und einmal englische Texte enthalten sind. Welche Datei geladen wird, übernimmt Java selbst. Dies ist abhängig von der gesetzten Locale. Der Entwickler muss sich nicht mehr darum kümmern, dass auch die richtige Datei zum passenden Sprachcode geladen wird. Wird eine Locale-spezifische Datei nicht gefunden, wird auf den Default (die Datei ohne Locale-spezifische Erweiterungen) zurückgegriffen.

Im Programm können damit mit üblichen Java-Sprachmitteln mehrsprachige Fehlertexte erzeugt werden (dies war ja auch der Grund für den Exkurs zu Ressourcendateien).

```
ResourceBundle rb = ResourceBundle.getBundle( "messages" );
String error = rb.getString( "fehler.mailadresse" );
throw new ValidatorException( new FacesMessage( error ) );
```

Listing 3.21: Erzeugung eines Fehlers über Ressourcendateien

Somit haben wir auch erreicht, dass neue Fehlertexte mehrsprachig verwendet werden können. In einem späteren Abschnitt lernen Sie noch, wie Sie bestehende Standardfehlermeldungen in JSF mit eigenen Textbausteinen überlagern können. Dies funktioniert ähnlich wie das Anlegen komplett neuer Texte.

Fehleranzeige pro Komponente

Bislang haben wir alle Fehler einer Seite an einer einzigen Stelle ausgegeben. Bei einfachen Masken, so wie wir es bislang hatten, ist das auch kein Problem. Bei etwas umfangreicheren Masken kann dies jedoch schnell unübersichtlich werden.

Wie in Abbildung 3.10 zu sehen ist, ist die Übersichtlichkeit nicht unbedingt vorbildlich. Es werden alle Fehler ausgegeben, die auf der Seite aufgetreten sind. Den Bezug zu einem konkreten Feld kann man nicht mehr erkennen. Dies kann man in JSF natürlich auch eleganter lösen. Anstelle eines *<h:messages>*-Tags gibt es zusätzlich noch das *<h:message>*-Tag (Achtung: ohne „s"). Im *<h:message>*-Tag kann im Gegensatz zum *<h:messages>*-Tag angegeben werden, dass nur Fehler für eine bestimmte Komponente angezeigt werden sollen. Somit kann – je nach designtechnischer Ausarbeitung – in der Nähe eines Eingabefeldes eine Fehlertextausgabe vorgesehen werden. Somit kann das obige Beispiel wie folgt überarbeitet werden.

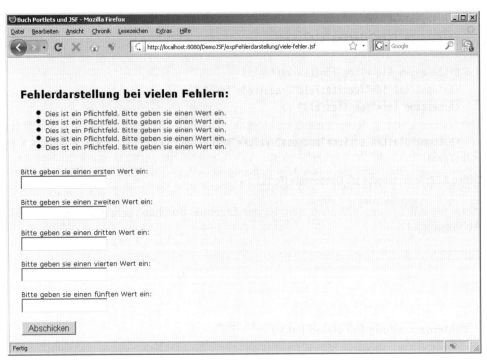

Abbildung 3.10: Unpraktische Fehlerdarstellung

```
<h:form>
    Bitte geben Sie einen ersten Wert ein:
    <h:inputText id="erstesFeld" required="true" />
    <h:message for="erstesFeld" />

    Bitte geben Sie einen zweiten Wert ein:
    <h:inputText id="zweitesFeld" required="true" />
    <h:message for="zweitesFeld" />

    Bitte geben Sie einen dritten Wert ein:
    <h:inputText id="drittesFeld" required="true">
        <f:validateLength minimum="2" />
    </h:inputText>
    <h:message for="drittesFeld" />

    Bitte geben Sie einen vierten Wert ein:
    <h:inputText id="viertesFeld" required="true">
        <f:validateLength minimum="2" />
```

Listing 3.22: Fehlerausgabe pro Komponente

entwickler.press

```
    </h:inputText>
    <h:message for="viertesFeld" />

    Bitte geben Sie einen fünften Wert ein:
    <h:inputText id="fuenftesFeld" required="true" />
    <h:message for="fuenftesFeld" />

    <h:commandButton action="success" value="Abschicken" />
</h:form>
```

Listing 3.22: Fehlerausgabe pro Komponente (Forts.)

Wenn Sie das Listing 3.22 austesten, ist das Ergebnis durchaus schon sehenswert (vgl. Abbildung 3.11).

Abbildung 3.11: Fehlerdarstellung pro Komponente

Es wird neben einem jeden Eingabefeld der zugehörige Fehlertext angezeigt. Dies wurde dadurch erreicht, dass im *for*-Attribut des *<h:message>*-Tags auf eine spezielle Komponente verwiesen wurde. Der Komponente wurde mittels *id* eine explizite ID vergeben.

Überschreiben von Standardfehlertexten

Bislang haben Sie bereits eine Menge über Fehler und Fehlerbehandlungen gelernt. Sie haben auch schon neue Fehlertexte in das System integriert. Wie Sie aber auch schon gesehen haben, liefert JSF im Standard bereits viele Fehlermeldungen für die üblichen Fehler mit. Auch Deutsch als Sprache ist vorhanden. Allerdings sind die Fehlermeldungen in deutscher Sprache nicht gerade ein Beispiel für eine schöne und aussagekräftige Fehlermeldung. Mein Lieblingsbeispiel ist der Fehlertext für einen Konvertierungsfehler: *„Validierungsfehler. Spezifiziertes Attribut kann nicht in korrekten Typ umgewandelt werden"*. Solche Stilblüten können Sie natürlich nicht auf die Anwender ihrer Software loslassen. Es empfiehlt sich daher generell, die Fehlertexte von JSF in jedem Projekt zu überschreiben.

Das Überschreiben der Standardfehlertexte ist recht einfach. Es genügt, in der Faces-Konfigurationsdatei eine Ressourcendatei zu hinterlegen, in der der Fehlertext mit einem bestimmten Key lediglich überschrieben werden muss. Doch ein Schritt nach dem anderen:

```
<application>
    <message-bundle>fehlertexte</message-bundle>
</application>
```

Listing 3.23: Registrierung eines Message Bundles

Zunächst wird wie in Listing 3.23 ein Message Bundle in der Faces-Konfiguration hinterlegt. Damit weiß JSF, dass Textbausteine in dieser Datei zu laden sind. In dieser Datei können somit mit vordefinierten Keys der Standard-JSF-Meldungen eigene Textbausteine in das Framework aufgenommen werden.#

```
javax.faces.component.UIInput.REQUIRED=Dies ist ein Pflichtfeld. \
                          Bitte geben Sie einen Wert ein.
```

Mit dieser Angabe wird der Fehlertext für einen Required-Validator neu definiert (üblicherweise steht die Key-Value-Zuordnung in einer Zeile. Wenn man einen Zeilenumbruch einfügen möchte, kann dies mit dem „\"-Zeichen erreicht werden. Damit Sie wissen, welche Standard-Keys in JSF überhaupt definiert sind, finden Sie in Tabelle 3.1 eine Übersicht der Fehler und deren Standardtext in Englisch:

Fehler-Key	Englischer Standardfehlertext
javax.faces.component.UIInput.CONVERSION	{0}: Conversion error occurred
javax.faces.component.UIInput.REQUIRED	{0}: Validation Error: Value is required
javax.faces.component.UIInput.UPDATE	{0}: An error occurred when processing your submitted information
javax.faces.component.UISelectOne.INVALID	{0}: Validation Error: Value is not valid
javax.faces.component.UISelectMany.INVALID	{0}: Validation Error: Value is not valid

Tabelle 3.1: Standardfehlermeldungen in JSF

Fehler-Key	Englischer Standardfehlertext
javax.faces.converter.BigDecimalConverter. DECIMAL	{2}: "{0}" must be a signed decimal number.
javax.faces.converter.BigDecimalConverter. DECIMAL_detail	{2}: "{0}" must be a signed decimal number consisting of zero or more digits, that may be followed by a decimal point and fraction. Example: {1}
javax.faces.converter.BigIntegerConverter. BIGINTEGER	{2}: "{0}" must be a number consisting of one or more digits.
javax.faces.converter.BigIntegerConverter. BIGINTEGER_detail	{2}: "{0}" must be a number consisting of one or more digits. Example: {1}
javax.faces.converter.BooleanConverter. BOOLEAN	{1}: "{0}" must be 'true' or 'false'.
javax.faces.converter.BooleanConverter. BOOLEAN_detail	{1}: "{0}" must be 'true' or 'false'. Any value other than 'true' will evaluate to 'false'.
javax.faces.converter.ByteConverter.BYTE	{2}: "{0}" must be a number between 0 and 255.
javax.faces.converter.ByteConverter.BYTE_detail	{2}: "{0}" must be a number between 0 and 255. Example: {1}
javax.faces.converter.CharacterConverter. CHARACTER	{1}: "{0}" must be a valid character.
javax.faces.converter.CharacterConverter. CHARACTER_detail	{1}: "{0}" must be a valid ASCII character.
javax.faces.converter.DateTimeConverter.DATE	{2}: "{0}" could not be understood as a date.
javax.faces.converter.DateTimeConverter. DATE_detail	{2}: "{0}" could not be understood as a date. Example: {1}
javax.faces.converter.DateTimeConverter.TIME	{2}: "{0}" could not be understood as a time.
javax.faces.converter.DateTimeConverter. TIME_detail	{2}: "{0}" could not be understood as a time. Example: {1}
javax.faces.converter.DateTimeConverter. DATETIME	{2}: "{0}" could not be understood as a date and time.
javax.faces.converter.DateTimeConverter. DATETIME_detail	{2}: "{0}" could not be understood as a date and time. Example: {1}
javax.faces.converter.DateTimeConverter. PATTERN_TYPE	{1}: A 'pattern' or 'type' attribute must be specified to convert the value "{0}".
javax.faces.converter.DoubleConverter.DOUBLE	{2}: "{0}" must be a number consisting of one or more digits.
javax.faces.converter.DoubleConverter. DOUBLE_detail	{2}: "{0}" must be a number between 4.9E-324 and 1.7976931348623157E308 Example: {1}
javax.faces.converter.EnumConverter.ENUM	{2}: "{0}" must be convertible to an enum.

Tabelle 3.1: Standardfehlermeldungen in JSF (Forts.)

Fehler-Key	Englischer Standardfehlertext
javax.faces.converter.EnumConverter.ENUM_detail	{2}: "{0}" must be convertible to an enum from the enum that contains the constant "{1}".
javax.faces.converter.EnumConverter.ENUM_NO_CLASS	{1}: "{0}" must be convertible to an enum from the enum, but no enum class provided.
javax.faces.converter.EnumConverter.ENUM_NO_CLASS_detail	{1}: "{0}" must be convertible to an enum from the enum, but no enum class provided.
javax.faces.converter.FloatConverter.FLOAT	{2}: "{0}" must be a number consisting of one or more digits.
javax.faces.converter.FloatConverter.FLOAT_detail	{2}: "{0}" must be a number between 1.4E-45 and 3.4028235E38 Example: {1}
javax.faces.converter.IntegerConverter.INTEGER	{2}: "{0}" must be a number consisting of one or more digits.
javax.faces.converter.IntegerConverter.INTEGER_detail	{2}: "{0}" must be a number between -2147483648 and 2147483647 Example: {1}
javax.faces.converter.LongConverter.LONG	{2}: "{0}" must be a number consisting of one or more digits.
javax.faces.converter.LongConverter.LONG_detail	{2}: "{0}" must be a number between -9223372036854775808 to 9223372036854775807 Example: {1}
javax.faces.converter.NumberConverter.CURRENCY	{2}: "{0}" could not be understood as a currency value.
javax.faces.converter.NumberConverter.CURRENCY_detail	{2}: "{0}" could not be understood as a currency value. Example: {1}
javax.faces.converter.NumberConverter.PERCENT	{2}: "{0}" could not be understood as a percentage.
javax.faces.converter.NumberConverter.PERCENT_detail	{2}: "{0}" could not be understood as a percentage. Example: {1}
javax.faces.converter.NumberConverter.NUMBER	{2}: "{0}" is not a number.
javax.faces.converter.NumberConverter.NUMBER_detail	{2}: "{0}" is not a number. Example: {1}
javax.faces.converter.NumberConverter.PATTERN	{2}: "{0}" is not a number pattern.
javax.faces.converter.NumberConverter.PATTERN_detail	{2}: "{0}" is not a number pattern. Example: {1}
javax.faces.converter.ShortConverter.SHORT	{2}: "{0}" must be a number consisting of one or more digits.
javax.faces.converter.ShortConverter.SHORT_detail	{2}: "{0}" must be a number between -32768 and 32767 Example: {1}
javax.faces.converter.STRING	{1}: Could not convert "{0}" to a string.
javax.faces.validator.DoubleRangeValidator.MAXIMUM	{1}: Validation Error: Value is greater than allowable maximum of "{0}"

Tabelle 3.1: Standardfehlermeldungen in JSF (Forts.)

Fehler-Key	Englischer Standardfehlertext
javax.faces.validator.DoubleRangeValidator. MINIMUM	{1}: Validation Error: Value is less than allowable minimum of ''{0}''
javax.faces.validator.DoubleRangeValidator. NOT_IN_RANGE	{2}: Validation Error: Specified attribute is not between the expected values of {0} and {1}.
Javax.faces.validator.DoubleRangeValidator.TYPE	{0}: Validation Error: Value is not of the correct type
javax.faces.validator.LengthValidator.MAXIMUM	{1}: Validation Error: Value is greater than allowable maximum of ''{0}''
javax.faces.validator.LengthValidator.MINIMUM	{1}: Validation Error: Value is less than allowable minimum of ''{0}''
javax.faces.validator.LongRangeValidator. MAXIMUM	{1}: Validation Error: Value is greater than allowable maximum of ''{0}''
javax.faces.validator.LongRangeValidator. MINIMUM	{1}: Validation Error Value is less than allowable minimum of ''{0}''
javax.faces.validator.LongRangeValidator. NOT_IN_RANGE	{2}: Validation Error: Specified attribute is not between the expected values of {0} and {1}.
javax.faces.validator.LongRangeValidator.TYPE	{0}: Validation Error: Value is not of the correct type

Tabelle 3.1: Standardfehlermeldungen in JSF (Forts.)

Es empfiehlt sich, alle Standardfehlertexte mit eigens formulierten Textbausteinen zu überschreiben. Es gibt für jeden Fehler eine Kurz- und eine Langdarstellung. Die Kurzdarstellung eines Fehlers ist in der Tabelle immer mit _detail gekennzeichnet.

3.4.9 Internationalisierung

JSF hat selbstverständlich ein Konzept, um eine Anwendung in mehreren Sprachen und mehreren länderspezifischen Ausprägungen zu entwickeln. Die Stichworte hierfür heißen Internationalisierung und Lokalisierung, abgekürzt I18N und L10N. Kleiner Exkurs am Rande: Die Abkürzungen I18N und L10N ergeben sich aus der Anzahl der zwischen dem ersten und letzten Buchstabe ausgelassenen Buchstaben.

Zunächst schauen wir uns ein Beispiel an, wie JSF die Mehrsprachigkeit unterstützt. Diese ist dabei nur ein Teilaspekt der Internationalisierung. Wenn Sie JSF-Seiten mehrsprachig haben möchten, können Sie (ganz nach alter Java-Tradition) entsprechende ResourceBundles in die Seite mit einbinden und in den Tags darauf zugreifen.

```
<f:loadBundle basename="myProperties" var="msg" />
...
<h:outputText value="#{msg.headline}" />
```

In obigem Listing wird zunächst mit <f:loadBundle> ein ResourceBundle bekanntgegeben. Über das Attribut var wird ein Kennzeichner vergeben, über den in anderen JSF-Tags zugegriffen werden kann. Die Mehrsprachigkeit wird durch unterschiedliche Namen in den Dateien erreicht. Im Beispiel kann somit eine Datei myProperties_de_

DE.properties oder *myProperties_en_US.properties* vorliegen. JSF ermittelt je nach gesetzter Locale die korrekte Sprachdatei. Es ist somit problemlos möglich, mehrere Resource-Bundles in einer Seite einzubinden und bei Texten gezielt darauf zuzugreifen.

Alternativ kann man eine Ressourcendatei auch in der Faces-Konfigurationsdatei hinterlegen und muss damit nicht auf jeder Seite das *<f:loadBundle>*-Tag verwenden.

```
<application>
    <resource-bundle>
        <base-name>messages</base-name>
        <var>msg</var>
    </resource-bundle>
</application>
```
Listing 3.24: Eintragen eines ResourceBundles in der faces-config.xml

Listing 3.24 zeigt, wie eine Ressourcendatei zentral registriert wird. Damit kann über den Bezeichner *msg* in jeder JSF-Seite auf die Ressourcendatei zugegriffen werden, ohne dass diese jedes Mal angegeben werden muss. Man erspart sich somit die Angabe des *<f:load-Bundle>*-Tags.

Doch nicht nur im Bereich Mehrsprachigkeit werden Sie von JSF unterstützt. Auch bei länderspezifischen Ausprägungen von Zahlen oder Datumswerten können Sie auf Funktionalität von JSF zurückgreifen. So arbeiten die Standardkonverter und Validatoren immer auf der aktuellen Locale. Dies bedeutet, dass eine Konvertierung und Validierung beispielsweise eines Datums abhängig von der Umgebung passiert. Dies können Sie sehr einfach testen. Üblicherweise nimmt JSF die Locale aus dem Kontext. Sie können jedoch im *<f:view>*-Tag explizit eine Locale setzen. Damit können Sie je nach Locale eine andere Ausgabe z. B. eines Datums erhalten.

```
<f:view locale="en_US">
```

Obiges Beispiel bewirkt, dass entgegen der im Kontext gesetzten Locale alle Ausgaben und Eingaben gemäß der US-amerikanischen Locale verarbeitet werden.

Bestimmung der aktuellen Locale

Sie wissen mittlerweile, wie JSF mit ResourceBundles zusammenarbeitet. Zudem wissen Sie auch, dass im *<f:view>*-Tag explizit eine Locale gesetzt werden kann. Doch wie arbeitet JSF standardmäßig, wenn keine explizite Locale in der Seite angegeben ist? Welche Locale wird dann angezogen?

Hier hat JSF ein exakt definiertes Vorgehen. Zum einen kann in der Faces-Konfigurationsdatei angegeben werden, welche Locales prinzipiell von der Anwendung unterstützt werden. Zusätzlich kann eine Default-Locale definiert werden. Kommt jetzt ein Request von einem Browser, wird im Request nach der gesetzten Locale gesucht. Diese kann in jedem Browser explizit konfiguriert werden. Ist die Locale, die im Request mitkommt, in der Liste der unterstützen Locales der Anwendung enthalten, wird sie akzeptiert und übernommen. Wenn die im Request angeforderte Locale nicht in den unterstützen Locales enthalten ist, wird auf die in der Faces-Konfigurationsdatei als Standard hinterlegte Locale zurückgegriffen. Ist auch keine Standard-Locale gesetzt, wird einfach die Locale genommen, die serverseitig gesetzt ist.

```
<application>
    <locale-config>
        <default-locale>en</default-locale>
        <supported-locale>de</supported-locale>
        <supported-locale>fr</supported-locale>
    </locale-config>
</application>
```
Listing 3.25: Festlegung der unterstützten Locales

In Listing 3.25 sehen Sie, dass *en*, *de* und *fr* als Locales explizit unterstützt werden. Kommt im Request des Browsers eine dieser Locales mit, wird diese für den Seitenaufbau in JSF verwendet. Kommt durch den Browser beispielsweise *es* für Spanisch, würde auf die englische Locale zurückgegriffen, da diese als Default hinterlegt ist. Würde der Block *<locale-config>* in der Faces-Konfigurationsdatei komplett fehlen, würde JSF die Locale des Servers anziehen.

3.4.10 Event Handling

„JavaServer Faces ist wie Swing auf dem Server". So oder ähnlich haben erste Werbeslogans für JSF gelautet. Damit sollte angedeutet werden, dass eine Entwicklung mittels JSF genauso funktioniert wie eine übliche Swing-Programmierung (also eine Desktopprogrammierung). Zweck dieser Aussage war es, am Anfang der JSF-Entwicklung den möglichen Nutzern die Angst vor der neuen Technologie zu nehmen. Technisch steckte dahinter die Überlegung, das Programmiermodell in JSF dem Programmiermodell einer Desktopanwendung anzugleichen. So ist das MVC-Pattern sowohl in der Clientwelt wie auch in der Webwelt vertreten. Auch im Bereich der Events versuchte man, JSF den Konzepten der Desktop-Clientwelt anzupassen. So existieren in JSF Möglichkeiten, ValueChangeEvents oder ActionEvents zu werfen und natürlich auch entsprechend mittels Listenern darauf zu reagieren.

ActionEvents und ActionListener

Als erstes Beispiel schauen wir uns die Behandlung von ActionEvents an. ActionEvents werden in der Regel von CommandButtons oder CommandLinks geworfen. Es ist möglich, ActionListener mithilfe eines Tags zu registrieren. Für das folgende Beispiel soll eine Logging-Ausgabe bei bestimmten Buttons oder Links erfolgen, wenn diese aktiviert werden.

```
public class DemoActionListener implements ActionListener {

    public void processAction(ActionEvent event) throws AbortProcessingException {
```
Listing 3.26: ActionListener-Methode

```
    UIComponent uiCmp = event.getComponent();
    int phase = event.getPhaseId().getOrdinal();

    System.out.println( "Kommando wurde ausgelöst von: "
            + uiCmp.getId()
            + " in Phase: " + phase );
    }
}
```

Listing 3.26: ActionListener-Methode (Forts.)

In Listing 3.26 wird ein ActionListener entwickelt, der ein recht simples Logging auf *System.out* vornimmt. Für JSF-ActionListener muss das Interface *javax.faces.event.Action-Listener* implementiert werden. Dieses schreibt die Implementierung einer Methode *processAction* vor. Als Argument wird ein *ActionEvent* übergeben. Am Event können verschiedene Informationen abgefragt werden. So liefert *event.getComponent()* diejenige Komponente zurück, die den Event ausgelöst hat. Über *event.getPhaseId()* erhält man die Phase, in der ein Event ausgelöst wurde. Normalerweise ist dies die Phase *Invoke Application*. Mehr zum Lebenszyklus und den Phasen lernen Sie in Kapitel 5.

Damit ein ActionEvent ausgelöst wird, muss natürlich erst einmal der Listener an einem Button oder einem Link registriert werden. Dies erfolgt über das Tag <f:actionListener>. Die Listener-Klasse wird über das Attribut *type* vollqualifiziert angegeben.

```
<h:form>

    <h:commandButton action="success" value="Abschicken ohne Event">
    </h:commandButton>

    <h:commandButton action="success" value="Abschicken mit Event">
        <f:actionListener type="de.jsfportlets.sample.jsf.util.DemoActionListener" />
    </h:commandButton>

</h:form>
```

Listing 3.27: Verwendung eines ActionListeners

In Listing 3.27 sehen Sie, dass am zweiten Button der Listener registriert wurde. Sobald der Button gedrückt wird, wird ein entsprechender Event ausgelöst und der angehängte Listener wird benachrichtigt. Natürlich ist es auch möglich, mehrere Listener an einer Komponente zu registrieren.

Oftmals taucht die Frage auf, wann ein ActionListener und wann eine Aktionsmethode verwendet werden soll. Beide Varianten sind Reaktionen auf eine Aktion. Eine pauschale Antwort lässt sich darauf nicht geben. Es gibt jedoch ein paar Kriterien, die den einen oder anderen Weg nahe legen. Wenn z. B. nach einer Aktion die Navigation beeinflusst werden soll, ist ganz klar die Verwendung einer Aktionsmethode sinnvoll. Bei einer

Aktionsmethode gibt es einen Rückgabewert, der mithilfe der Navigationsregeln auf eine Folgeseite weiterleitet.

Der Vorteil bei ActionListenern liegt darin, dass die Funktionalität (z. B. ein Logging) an mehreren Stellen in der Anwendung sehr einfach „angehängt" werden kann. Anhänger von AOP (aspektorientierte Programmierung) wird diese Vorgehensweise eventuell bekannt vorkommen. Ein Aspekt kann an verschiedenen Stellen im Programm eingewoben werden. So ähnlich verhält es sich mit ActionListenern. Es kann eine Funktionalität innerhalb des Listeners an verschiedene CommandButtons und CommandLinks angehängt werden.

Es muss somit von Fall zu Fall unterschieden werden, ob eine Aktionsmethode zum Einsatz kommt oder eher ein ActionListener die Verarbeitung übernehmen kann.

ValueChangeEvents und ValueChangeListener

Mittels ValueChangeEvents kann JSF auf die Änderung eines Wertes in einer Managed Bean reagieren. Allerdings werden die ValueChangeEvents (analog zu ActionEvents) serverseitig aktiviert. Das bedeutet, dass ein ValueChangeEvent nicht direkt nach der Änderung eines Wertes in einem Feld gefeuert wird, sondern erst, nachdem das Formular zum Server zurückgeschickt wurde. Diese Aussage ließe sich mit AJAX natürlich widerlegen, aber zunächst gehen wir von Standard JSF ohne AJAX aus.

```
<h:inputText value="#{PersonBean.lastname}">
   <f:valueChangeListener
      type="de.jsfportlets.sample.jsf.eventing.SampleValueChangeListener" />
</h:inputText>
```
Listing 3.28: Verwendung des Tags <f:valueChangeListener>

In Listing 3.28 sehen Sie, wie ein ValueChangeListener an ein Eingabefeld angehängt werden kann. Das Tag kann prinzipiell an alle Eingabekomponenten angehängt werden. Als Attribut wird wieder der voll qualifizierte Name der Klasse angegeben. Diese Klasse muss wiederum ein bestimmtes Interface implementieren: *javax.faces.event.ValueChangeListener*.

```
public class SampleValueChangeListener implements ValueChangeListener {

   public void processValueChange(ValueChangeEvent event)
         throws AbortProcessingException {
      System.out.println( "++ ValueChange ++ Alter Wert: " + event.getOldValue()
                     + " Neuer Wert: " + event.getNewValue() + "  ++" );
   }
}
```
Listing 3.29: ValueChangeListener

Das Interface ValueChangeListener erfordert die Implementierung einer Methode: *processValueChange*. Das ValueChangeEvent, das dieser Methode übergeben wird, kann auf den alten und neuen Wert abgefragt werden. Im Beispiel in Listing 3.29 werden lediglich beide Werte auf die Konsole ausgegeben. Ein ValueChangeEvent wird natürlich nur erzeugt, wenn sich der Wert in der Komponente geändert hat und zuvor die Konvertierung und Validierung erfolgreich durchlaufen wurde. Wenn somit zum Beispiel an einem Eingabefeld ein Längenvalidator hängt, und der neu eingegebene Wert den Bedingungen nicht gerecht wird, wird kein ValueChangeEvent geworfen. Es wird dann dann lediglich eine Fehlermeldung dargestellt. Erst nachdem die Prüfungen in der Lebenszyklusphase Process Validations fehlerfrei für diese Komponente durchlaufen wurden, kann der Event erzeugt werden.

3.5 UI-Komponenten und Renderer

Bislang haben wir uns mit den grundlegenden Konzepten in JSF beschäftigt. Sie haben gesehen, wie das Bean-Management funktioniert, wie Navigationsregeln erstellt werden und wie eine Konvertierung und Validierung verwendet werden kann. Und Sie haben (hoffentlich) eines schon in Fleisch und Blut übernommen: JSF ist ein UI-Framework, sprich, es zielt ausschließlich auf das User Interface. Doch speziell für das UI haben wir in den letzten Kapiteln recht wenig getan. Die Konzepte, die Sie kennen gelernt haben, liegen eher „hinter" der reinen View-Schicht. Grund genug, dass wir uns in den folgenden Kapiteln verstärkt auf die Seite im UI fokussieren, die etwas mit dem eigentlichen Aussehen zu tun hat. Sie werden jetzt die unterschiedlichen Komponenten und deren Renderer kennen lernen, mit denen Sie ein User Interface erstellen können. Vor allem aber werden Sie zunächst erfahren, welchen Unterschied es zwischen Komponenten und Renderern gibt und weshalb dies für eine UI-Entwicklung sehr vorteilhaft sein kann.

3.5.1 Grundlagen zu Komponenten und Rendering-Konzept

In den bisherigen Beispielen haben Sie bereits mit Komponenten gearbeitet – könnte man meinen. Ich formuliere dies deshalb so, da Sie nicht explizit mit Komponenten gearbeitet haben, sondern nur mit Tags (z. B. *<h:outputText>* oder *<h:commandButton>*). Die Tags wiederum haben erst die Komponenten und Renderer angesprochen. Habe ich Sie jetzt komplett verwirrt?

Lösen wir den Knoten gemeinsam auf. In JSF wird zunächst zwischen einer Komponente und einem Renderer unterschieden. Eine Komponente ist ein rein funktionaler UI-Baustein, der jedoch **nichts** mit seiner späteren Darstellung zu tun hat. So gibt es z. B. eine Komponente UICommand. Diese Komponente kann aktiviert werden und löst eine Aktion aus. An dieser Komponente können zudem ActionListener registriert werden, die nach Auslösen der Komponente benachrichtigt werden. Eine solche Komponente kann jetzt wiederum unterschiedlich dargestellt werden. In HTML kann für das Auslösen einer Aktion ein Submit-Button verwendet, alternativ kann auch ein Hyperlink eingesetzt werden. Damit wären wir schon bei Renderern. Renderer übernehmen die ausgabeformatspezifische Darstellung. So gibt es für eine Komponente zum Teil viele verschiedene Renderer. Die UICommand-Komponente kann mittels des Tags *<h:com-*

mandButton> als Submit-Button oder mittels des Tags *<h:commandLink>* als Hyperlink dargestellt werden. Eine Ausgabe z. B. im Browser ist somit immer das Zusammenspiel von Komponente und Renderer. In der Regel wird die Kombination von beiden im Tag festgelegt. So besagt das Tag *<h:commandButton>*, dass eine UICommand-Komponente mit einem ButtonRenderer kombiniert werden soll.

Analog funktioniert es im ganzen JSF-Framework. Korrekterweise muss noch erwähnt werden, dass es durchaus möglich ist, dass eine Komponente auch Rendering-Funktionalität übernehmen kann. Der konzeptionell schönere Ansatz ist es jedoch, die Komponente vom Renderer zu trennen, sodass sie für ihre Darstellung an den zuständigen Renderer delegieren muss. Das Zusammenspiel von Komponente und Renderer wird meist in so genannten Tag Handlern vorgenommen. Diese liefern jeweils einen Renderer Type sowie einen Component Type zurück. Renderer Type und Component Type sind Bezeichner, die in der Faces-Konfigurationsdatei einer konkreten Klasse zugeordnet sind.

3.5.2 Eingabe- und Ausgabekomponenten

Im Folgenden werden verschiedene Eingabe- und Ausgabekomponenten aufgezeigt. Sie erhalten zudem eine Übersicht über die Tags, die dahinter liegenden Komponentenklassen sowie die Renderer, die standardmäßig angezogen werden. Natürlich sind zu jeder Komponente und zu jedem Tag auch wieder Beispiele dabei, sodass man sehr schnell sehen kann, wie man in der Praxis mit JSF-Tags eine Anwendung zusammenbauen kann. Die meisten Komponenten haben eine darstellungsunabhängige Basisklasse. Es gibt jedoch auch Komponentenklassen, die für eine spätere Verwendung im HTML-Umfeld „optimiert" wurden. Zwar sind diese HTML-Komponenten noch unabhängig von der Darstellung (dies übernehmen die Renderer), doch ist ihre Funktionalität schon auf einen HTML-Kontext hin aufgebaut. Daher sind bei einigen Tags zwei Komponentenklassen angegeben.

outputText-Tag

Die *UIOutput*-Komponente dient zur Ausgabe eines Textes, wobei der Wert keinesfalls nur ein String sein muss. Es können auch Zahlen oder Datumswerte ausgegeben werden. In letzteren Fällen kann zur Darstellung ein zusätzlicher Konverter mit angegeben werden.

Tag	\<h:outputText>
Komponente	javax.faces.component.UIOutput javax.faces.component.html.HtmlOutputText
Renderer Type	javax.faces.Text
Anwendungsbeispiele	\<h:outputText value="Hallo Welt" /> \<h:outputText id="nachNameTextfeld" value="#{PersonBean.nachname}" /> \<h:outputText value="#{PersonBean.geburtsDatum}"> \<f:convertDateTime type="date" /> \</h:outputText> \<h:outputText value="\<NeuesTag>" escape="false" />

Tabelle 3.2: Textausgabe mit outputText

Das *value*-Attribut kann wahlweise den Text selbst oder eine ValueExpression enthalten. Eine ValueExpression ist dabei eine Referenz auf eine Managed Bean in JSF. Man erkennt ValueEpression immer am Aufbau #{...}.Statt eines DateTimeConverters bietet JSF im Standard auch noch den NumberConverter, der für die Konvertierung von Zahlen (*float, double, BigDecimal*) verwendet werden kann. Zudem hat jede Komponente innerhalb des JSF-Komponentenbaums eine eigene ID. Diese kann explizit mit dem *id*-Attribut gesetzt werden. Wird keine ID direkt im Tag angegeben, wird eine generierte ID für die dahinter liegende Komponente vergeben (vgl. auch Abschnitt 3.5.7).

Oftmals hilfreich ist das Attribut *escape*. Damit wird festgelegt, ob die Ausgabe „escaped" werden soll. Ein Escaping bewirkt, dass z. B. aus einem Text wie „Zündstoff" eine Browserausgabe von „Zündstoff" erzeugt wird. Auch Zeichen, die in HTML eine besondere Bedeutung haben, werden entsprechend umgesetzt. Dies ist dann hinderlich, wenn wie in obigem Beispiel ein Tag dynamisch über ein JSF-Tag ausgegeben werden soll und keine Umsetzung in ein „<NeuesTag>" erfolgen soll. Durch Ausschalten des Escapings wird genau dies erreicht.

outputLabel-Tag

Das *outputLabel*-Tag erzeugt eine Label-Ausgabe für HTML. Damit kann ein Text angegeben werden, der eine spezielle Label-Auszeichung z. B. für ein nahe stehendes Checkbox-Element hat.

Tag	<h:outputLabel>
Komponente	javax.faces.component.UIOutput javax.faces.component.html.HtmlOutputLabel
Renderer-Type	javax.faces.Label
Anwendungsbeispiele	<h:outputLabel for="checkBoxRegistered"> <h:outputText value="Angemeldet?" /> </h:outputLabel> <h:selectBooleanCheckbox id="checkBoxRegistered" />

Tabelle 3.3: outputLabel-Tag

Der Vorteil eines Labels (im Gegensatz zu einem normalen Ausgabetext vor einer Checkbox) ist, dass der Browser die Zusammengehörigkeit von Label und Checkbox erkennen kann. In den meisten Browsern ist es daher möglich, auf das Label zu klicken, um die Checkbox zu aktivieren.

outputLink-Tag

Das *outputLink*-Tag erzeugt in HTML einen Hyperlink, der auf eine andere Adresse bzw. Webseite zeigen kann. Im Gegensatz zum *commandLink*-Tag erzeugt das *outputLink*-Tag kein Kommando, das innerhalb von JSF verarbeitet wird, sondern verweist lediglich auf eine andere Adresse.

Tag	<h:outputLink>
Komponente	javax.faces.component.UIOutput javax.faces.component.html.HtmlOutputLink
Renderer-Type	javax.faces.Link
Anwendungsbeispiele	<h:outputLink value="http://www.google.de" target="_blank" />

Tabelle 3.4: outputLink-Tag

Die Attributwerte für *target* sind die aus HTML bekannten Angaben wie *_blank* oder *_main*, die den Link im gleichen Fenster bzw. in einem neuen Fenster öffnen. Beim Anklicken eines Links, der mit *outputLink* erzeugt wurde, wird das aktuelle Formular nicht abgeschickt, neu eingetragene Werte gehen somit verloren bzw. bleiben im alten Fenster einfach in der Seite weiterhin aktiv.

inputText-Tag

Für Eingabefelder existiert das Tag *inputText*. In HTML stellt es zwar ein Textfeld dar, das per Definition nur Strings darstellt, in JSF kann jedoch ein Converter angegeben werden. Mit einem Converter können auch Datumswerte oder Kommazahlen korrekt verarbeitet werden.

Tag	<h:inputText>
Komponente	javax.faces.component.UIInput javax.faces.component.html.UIInput
Renderer-Type	javax.faces.Text
Anwendungsbeispiele	<h:inputText value="#{PersonBean.nachname}" /> <h:inputText value="#{PersonBean.geburtsDatum}"> <f:convertDateTime /> </h:inputText> <h:inputText length="5" />

Tabelle 3.5: inputText-Tag

Neben einem Converter können auch Validatoren oder ValueChangeListener angehängt werden. Das Tag unterstützt sämtliche aus HTML bekannte Attribute wie *length* für die Länge des Feldes oder auch *maxlength*, für die maximale Eingabelänge innerhalb des Feldes.

inputTextarea-Tag

Für größere Texteingaben, die mehrere Zeilen und Spalten in Anspruche nehmen können, kann eine Textarea eingesetzt werden. Auf Modellseite kann dies wieder ein String sein, nur in der Darstellung in der HTML-Seite steht mit diesem Tag ein größerer Eingabebereich zur Verfügung.

Tag	\<h:inputTextarea>
Komponente	javax.faces.component.UIInput javax.faces.component.html.HtmlInputTextarea
Renderer-Type	javax.faces.Textarea
Anwendungsbeispiele	\<h:inputTextarea rows="20" cols="30" />

Tabelle 3.6: inputTextarea-Tag

Ansonsten gelten die gleichen Voraussetzungen wie bei einem normalen Eingabefeld. Es kann ebenfalls ein Validator angehängt werden.

inputHidden-Tag

Für versteckte Eingabefelder existiert in JSF das *inputHidden*-Tag. JSF erzeugt bei Formularen automatisch verschiedene versteckte Eingabefelder, die zur Formularsteuerung dienen. Wenn speziell für eine Anwendung ein eigenes verstecktes Feld benötigt wird, kann es mithilfe dieses Tags erzeugt werden.

Tag	\<h:inputHidden>
Komponente	javax.faces.component.UIInput javax.faces.component.html.HtmlInputHidden
Renderer-Type	javax.faces.Hidden
Anwendungsbeispiele	\<h:inputHidden id="secretId" value="Versteckter Wert" />

Tabelle 3.7: inputHidden-Tag

Hidden Fields wurden „früher" häufig benötigt, als man noch mit Standard-JSP-Seiten gearbeitet hat. Heutzutage benötigt man Informationen aus Hidden Fields eher seltener. Meist werden Informationen serverseitig gespeichert, beispielsweise in der HttpSession. Falls man doch einmal Hidden Fields verwenden sollte, ist unbedingt zu beachten, dass dies eine eventuelle Sicherheitslücke darstellen könnte. Es ist ohne Probleme möglich, per JavaScript auf einer Seite ein Hidden Field auszulesen oder zu manipulieren. Es sollten somit keine sicherheitsrelevanten Informationen darin gespeichert sein. Einen einfachen Schutz stellt die Verschlüsselung von Daten des Hidden Fields dar. Idealerweise werden jedoch alle Daten, die nicht direkt im UI angezeigt werden müssen, serverseitig gespeichert.

inputSecret-Tag

Bei Eingabe von Passwörtern kennen Sie sicherlich das Verhalten, dass anstelle des eingetippten Buchstabens ein Sternchen erscheint. Dies lässt sich mit dem *inputSecret*-Tag erreichen. Ansonsten ähnelt es stark einen normalen *inputText*-Tag.

Bei Passwortfeldern besteht die Besonderheit, dass sie nicht mit einem Wert vorbelegt werden können. Sie können zwar ein *value* angeben, im Browser wird jedoch das Feld nicht mit dem Wert vorbelegt (aus Security-Gesichtspunkten).

Tag	<h:inputSecret>
Komponente	javax.faces.component.UIInput javax.faces.component.html.HtmlInputSecret
Renderer-Type	javax.faces.Secret
Anwendungsbeispiele	<h:inputSecret value="#{LoginBean.passwort}" />

Tabelle 3.8: inputSecret-Tag

selectBooleanCheckbox-Tag

Das Tag *selectBooleanCheckbox* liefert eine einfach Checkbox, mit deren Hilfe ein Boolean-Wert (*true*/*false*) abgefragt werden kann.

Tag	<h:selectBooleanCheckbox>
Komponente	javax.faces.component.UISelectBoolean javax.faces.component.html.HtmlSelectBooleanCheckbox
Renderer-Type	javax.faces.Checkbox
Anwendungsbeispiele	<h:outputText value="Anmelden für Newsletter?" /> <h:selectBooleanCheckbox value="#{PersonBean.letter}"/>

Tabelle 3.9: selectBooleanCheckbox-Tag

Das Schöne an dieser Komponente ist, dass sich JSF automatisch um das Setzen des Wertes kümmert. Denn im HTML-Standard ist vorgesehen, dass bei einer aktivierten Checkbox ein Wert im Request mitgeschickt wird, im deaktivierten Zustand jedoch überhaupt kein Parameter gesetzt ist. In manchen anderen Frameworks konnte man sich daher nie sicher sein, ob eine Checkbox auf einer Seite nicht angehakt war oder ob die Checkbox auf der Seite einfach nicht angebracht war. Da JSF mit einem Komponentenbaum arbeitet, weiß JSF genau, ob eine Checkbox auf der Seite angeordnet war oder nicht und kann den Wert korrekt in die zugrunde liegende Managed Bean setzen.

graphicImage-Tag

Das Einbinden eines Bildes erfolgt über das Tag *graphicImage*.

Tag	<h:graphicImage>
Komponente	javax.faces.component.UIGraphic javax.faces.component.html.HtmlGraphicImage
Renderer-Type	javax.faces.Image
Anwendungsbeispiele	<h:graphicImage url="/images/tollesBild.gif" />

Tabelle 3.10: graphicImage-Tag

Der URL verweist auf einen Pfad innerhalb der Anwendung. Das Bild muss somit im Web Archive enthalten sein.

form-Tag

Alle Eingabefelder und Buttons müssen sich in HTML in einem Formular befinden. Denn nur die Daten des Formulars werden bei einem Submit an den Server übertragen. Für die Art der Übertragung kennt HTML zwei Möglichkeiten: GET und POST. Innerhalb von JSF werden jedoch alle Daten immer per POST übermittelt.

Tag	<h:form>
Komponente	javax.faces.component.UIForm javax.faces.component.html.HtmlForm
Renderer-Type	javax.faces.Form
Anwendungsbeispiele	<h:form id="myForm" > </h:form>

Tabelle 3.11: form-Tag

Ein Formular in JSF ist zugleich ein NamingContainer. Damit baut JSF die so genannte Client-ID zusammen. Liegt beispielsweise ein Eingabefeld mit der ID *myField* im Formular mit der ID *myForm*, so erhält das Eingabefeld die Client-ID *myForm:myId*. Es ist somit immer zwischen einer ID und einer Client-ID einer Komponente zu unterscheiden. Genaueres hierzu finden Sie in Kapitel 3.5.7.

message- und messages-Tag

Falls während der Verarbeitung von Daten nach einem Post eines Formulars Fehler auftreten (z. B. Konvertierungs- und Validierungsfehler), kommt es natürlich nicht zu einem Programmabsturz oder der Rückgabe eines 500er-Fehlers an den Browser. Vielmehr hat JSF ein Konzept, um aus Exceptions Fehlermeldungen zu bauen und sie dem Benutzer an der Oberfläche anzuzeigen. Dazu dienen die Tags *<h:message>* und *<h:messages>*.

Tag	<h:message> <h:messages>
Komponente	javax.faces.component.UIMessage javax.faces.component.UIMessages javax.faces.component.html.HtmlMessage javax.faces.component.html.HtmlMessages
Renderer-Type	javax.faces.Message javax.faces.Messages
Anwendungsbeispiele	<h:message for="myInput" /> <h:messages /> <h:messages showDetail="true" /> <h:messages showSummary="true" />

Tabelle 3.12: message- und messages-Tag

Das Tag *<h:message>* benötigt immer ein *for*-Attribut. Damit kann angegeben werden, dass hier nur Fehlermeldungen ausgegeben werden, die sich auf diese eine Komponente beziehen. In *<h:messages>* können alle Fehlermeldungen einer Verarbeitung ausgegeben werden.

3.5.3   Rendered- und Disabled-Attribut

Fast alle Komponenten in JSF unterstützen ein *rendered*- und *disabled*-Attribut. Mit diesen beiden Attributen kann eine sehr geschickte Maskensteuerung erreicht werden. Je nach Zustand einer Anwendung kann über das *rendered*-Attribut gesteuert werden, ob eine Komponente in der Seite sichtbar oder ausgeblendet ist. Dies kann für eine rollenabhängige Darstellung von Komponenten verwendet werden oder für eine Darstellung von Komponenten, abhängig vom fachlichen Zustand, in dem sich die Anwendung befindet. *<h:inputText disabled="#{MySimpleController.isAmountDisabled}" />* Mit obiger Anweisung delegieren Sie die Steuerung eines Eingabefeldes an einen UI-Controller. Dieser liefert zurück, ob das Feld editiert werden darf oder lediglich als Ausgabe dient. Selbst wenn der Benutzer es mit vielen JavaScript-Hacks schaffen sollte, doch etwas im Client (im Browser) in das Feld einzugeben (was jedoch einem „normalen" Benutzer niemals gelingen wird), würde das Feld durch JSF niemals aktualisiert. Das ist der Vorteil eines Komponentenbaums. Im Baum – der in der Regel serverseitig gespeichert ist – ist das Feld immer noch als *disabled* gekennzeichnet, folglich wird kein neuer Wert übernommen. Somit ist JSF an sich schon um einiges sicherer als so manches andere Framework.

Analog zum Sperren von Eingabeelementen kann auch ein komplettes Ausblenden erfolgen: *<h:outputText rendered="#{MySimpleController.isResultVisible}" />* In diesem Beispiel wird die Sichtbarkeit eines Feldes durch einen UI-Controller geregelt. Sollte dieser *true* zurückliefern, ist das Eingabefeld im Komponentenbaum zwar vorhanden, es wird jedoch kein Markup gerendert.

Mit den beiden Attributen *rendered* und *disabled* auf Eingabe- und Ausgabe-Tags kann eine sehr feingranulare Maskensteuerung erfolgen. Mittlerweile existieren auch einige Open-Source-Projekte, die an dieser Stelle etwas mehr Komfort bieten und einen direkten Zugriff auf Rollen erlauben. Bei Bedarf einfach mal Google befragen, da kommen schnell ein paar gute Treffer.

3.5.4   Kommandokomponenten

commandButton- und commandLink-Tag

Mit einem *commandButton* oder einem *commandLink* kann ein Submit eines Formulars ausgelöst werden. Es ist wichtig zu verstehen, dass beide Tags Kommandokomponenten sind und einen Post auf das FacesServlet durchführen, in dem die Verarbeitung des Requests erfolgt. Möchte man lediglich auf eine andere Seite oder einen anderen URL verlinken, ist hierfür das Tag *<h:outputLink>* zu verwenden.

Tag	<h:commandButton> <h:commandLink>
Komponente	javax.faces.component.UICommand javax.faces.component.html.HtmlCommandButton javax.faces.component.html.HtmlCommandLink
Renderer-Type	javax.faces.Button javax.faces.Link
Anwendungsbeispiele	<h:commandButton action="success" value="Submit" /> <h:commandLink action="success" value="Submit" /> <h:commandLink action="cancel" value="Abbrechen" immediate="true" />

Tabelle 3.13: commandButton- und commandLink-Tag

Sowohl das Tag *commandButton* wie auch das Tag *commandLink* basieren auf der gleichen UI-Komponente. Es werden lediglich unterschiedliche Renderer angezogen. Die Funktionalität, das Submit eines Requests und das Anstoßen der Verarbeitung verlaufen in beiden Tags absolut identisch. Da nach Auslösen eines Buttons oder Links der Standard-JSF-Lifecycle angestoßen wird, wird in der Regel natürlich die Konvertierung und Validierung durchlaufen. Manchmal besteht jedoch die Anforderung, eine Maske ohne diese Prüfungen verlassen zu können (der typische Cancel-Button). Dies kann erreicht werden, wenn im Tag ein *immediate="true"* mitgegeben wird. Natürlich erfolgt dann auch kein Modell-Update, aber das möchte man im Falle eines Cancels ja auch nicht erreichen.

3.5.5 Auswahlmöglichkeiten

Einfachauswahl

Auswahlmöglichkeiten stellen ein UI-Element dar, mit dem aus einer vorhandenen Liste das gesuchte Element ausgewählt werden kann. Dabei kann dies in der Oberfläche auf verschiedene Arten dargestellt werden. Ganz klassisch mit einer DropDown-Liste, aber auch Varianten mit einer Radio-Liste sind möglich. Hierbei ist wieder sehr schön der Unterschied zwischen einer Komponente und einem Renderer zu sehen. Die Komponente ist stets die gleiche, aber durch verschiedene Renderer kann ein gänzlich anderes UI erzeugt werden.

Tag	<h:selectOneListbox> <h:selectOneMenu> <h:selectOneRadio>
Komponente	javax.faces.component.UISelectOne javax.faces.component.html.HtmlSelectOneListbox javax.faces.component.html.HtmlSelectOneMenu javax.faces.component.html.HtmlSelectOneRadio

Tabelle 3.14: Tags zur Darstellung von Auswahlmöglichkeiten (Einfachauswahl)

Renderer-Type	javax.faces.Listbox javax.faces.Menu javax.faces.Radio

Anwendungsbeispiele	`<h:selectOneListbox size="3">`
	  `<f:selectItem itemLabel="Auswahl-1" itemValue="value-1" />`
	  `<f:selectItem itemLabel="Auswahl-2" itemValue="value-2" />`
	  `<f:selectItem itemLabel="Auswahl-3" itemValue="value-3" />`
	`</h:selectOneListbox>`
	
	`<h:selectOneMenu>`
	  `<f:selectItems value=""#{PersonController.veranstaltungsorte}" />`
	`</h:selectOneMenu>`
	
	`<h:selectOneRadio>`
	  `<f:selectItem itemLabel="Auswahl-1" itemValue="value-1" />`
	  `<f:selectItem itemLabel="Auswahl-2" itemValue="value-2" />`
	  `<f:selectItem itemLabel="Auswahl-3" itemValue="value-3" />`
	`</h:selectOneRadio>`

Tabelle 3.14: Tags zur Darstellung von Auswahlmöglichkeiten (Einfachauswahl) (Forts.)

Es kann den Tags *selectOneListbox*, *selectOneMenu* oder *selectOneRadio* entweder jede mögliche Option direkt mitgegeben (mit dem Element *<f:selectItem>*), oder es kann auf eine Liste verwiesen werden (Tag *<f:selectItems>*). Man beachte das zusätzliche „s" bei einem Verweis auf eine Liste. In der Praxis ist es eher selten, dass die Auswahlmöglichkeiten direkt in der JSF-Seite angegeben werden. Vielmehr wird die Liste dynamisch zur Laufzeit gefüllt. In obigem Beispiel wird eine Liste mit möglichen Veranstaltungsorten angezeigt. Die Orte werden dabei dynamisch ermittelt. Eine Implementierung könnte wie folgt aussehen:

```
public List<SelectItem> getVeranstaltungsorte() {
    if ( veranstaltungsorte==null ) {
        veranstaltungsorte = new ArrayList<SelectItem>();

        // Hier koennte ein Zugriff auf eine DB erfolgen,
        // um die Liste dynamisch zu befuellen
        veranstaltungsorte.add( new SelectItem("S", "Stuttgart") );
        veranstaltungsorte.add( new SelectItem("M", "München") );
        veranstaltungsorte.add( new SelectItem("F", "Frankfurt") );
    }
    return veranstaltungsorte;
}
```

Listing 3.30: SelectItem-Objekte dynamisch erzeugen

In der Managed Bean muss eine Liste von Objekten vom Typ *SelectItem* zurückgegeben werden. Diese Liste kann natürlich dynamisch ermittelt werden. In obigem Beispiel werden zwar hart drei Städte zurückgeliefert, aber mit ein bisschen Phantasie kann man sich an dieser Stelle einen Datenbankzugriff sicherlich vorstellen.

In der Methode sieht man jedoch noch etwas anderes: Die Liste wird nicht bei jedem Getter-Aufruf neu aufgebaut, sondern nur beim erstmaligen Aufruf. Würde bei jedem Aufruf der Getter-Methode die Liste neu aufgebaut, wäre das sehr schlecht für die Gesamtperformance der Anwendung. JSF kann nämlich während des Lifecycles durchaus öfters die Getter-Methode aufrufen. Erfolgt jedes Mal ein Datenbankzugriff, wird das sehr langsam.

Mehrfachauswahl

Im Gegensatz zu einer Einfachauswahl können bei der Mehrfachauswahl aus einer Liste mit allen Möglichkeiten mehrere Optionen ausgewählt werden.

Tag	`<h:selectManyMenu>`
	`<h:selectManyListbox>`
	`<h:selectManyCheckbox>`

Komponente	javax.faces.component.UISelectMany javax.faces.component.html.HtmlSelectManyCheckbox javax.faces.component.html.HtmlSelectManyListbox javax.faces.component.html.HtmlSelectManyMenu
Renderer-Type	javax.faces.Checkbox javax.faces.Listbox javax.faces.Menu

Anwendungsbeispiele	`<h:selectManyListbox size="3">`
	`  <f:selectItem itemLabel="Auswahl-1" itemValue="value-1" />`
	`  <f:selectItem itemLabel="Auswahl-2" itemValue="value-2" />`
	`  <f:selectItem itemLabel="Auswahl-3" itemValue="value-3" />`
	`</h:selectManyListbox>`
	
	`<h:selectManyCheckbox>`
	`  <f:selectItem itemLabel="Auswahl-1" itemValue="value-1" />`
	`  <f:selectItem itemLabel="Auswahl-2" itemValue="value-2" />`
	`  <f:selectItem itemLabel="Auswahl-3" itemValue="value-3" />`
	`</h:selectManyCheckbox>`

Tabelle 3.15: Tags zur Darstellung von Auswahlmöglichkeiten (Mehrfachauswahl)

Auch bei der Mehrfachauswahl stehen der Komponente wieder unterschiedliche Renderer zur Verfügung, sodass an der Oberfläche verschiedene Darstellungen möglich werden.

3.5.6   Tabellen und Wiederholelemente

panelGrid-Tag

Mithilfe des Tags *panelGrid* kann eine Tabellenstruktur definiert werden. In HTML erzeugt der Renderer eine HTML-Table. Das Befüllen der einzelnen Zellen erfolgt zeilenweise. So kann im Tag die Anzahl der Spalten angegeben werden. Danach werden alle enthaltenen Komponenten in diese Struktur hineingepackt. Eine explizite Auszeichnung von Zellenwechseln oder Ähnlichem ist daher nicht möglich.

Tag	<h:panelGrid>
Komponente	javax.faces.component.UIPanel javax.faces.component.html.HtmlPanelGrid
Renderer-Type	javax.faces.Grid
Anwendungsbeispiele	<h:panelGrid columns="2" border="1"> <h:outputText value="Zelle-1" /> <h:outputText value="Zelle-2" /> <h:outputText value="Zelle-3" /> <h:outputText value="Zelle-4" /> </h:panelGrid>

Tabelle 3.16: panelGrid-Tag

Das *panelGrid*-Tag stellt immer eine statische Anzahl von Elementen dar. Es wird daher oft für Layoutzwecke verwendet, um z. B. eine Seite in verschiedene Bereiche aufzuteilen.

dataTable-Tag

Das Tag *<h:dataTable>* ist mit Sicherheit eines der komplexeren Tags innerhalb von JSF. Das Tag erzeugt eine Tabelle mit dynamischer Zeilenanzahl. Dabei wird über eine übergebene Liste iteriert. Die Spalten (*<h:column>*-Tag) werden dabei vordefiniert, die Anzahl der Zeilen ergeben sich dynamisch zur Laufzeit.

Tag	<h:dataTable>
Komponente	javax.faces.component.UIData javax.faces.component.html.HtmlDataTable
Renderer-Type	javax.faces.Table
Anwendungsbeispiele	<h:dataTable var="currentProdukt" value="#{Warenkorb.produkte}"> <h:column> <h:outputText value="#{currentProdukt.name}"></h:outputText> </h:column> <h:column> <h:outputText value="#{currentProdukt.anzahl}"></h:outputText> </h:column> </h:dataTable>

Tabelle 3.17: Verwendung des Tags <h:dataTable>

Im Gegensatz zum *<h:panelGrid>*-Tag ist die Liste dynamisch. Ein PanelGrid wird meist zur Strukturierung einer Seite verwendet, wenn das Layout fix ist und sich die Anzahl der Komponenten nicht verändern kann. Gerade zur Darstellung von Listen gibt es viele Komponentenbibliotheken, die aufbauend auf der UIData-Komponente sehr nützliche Funktionen wie Sortieren, Spalten per AJAX verschieben und Vieles mehr bieten.

3.5.7   IDs und Client-IDs

Ein eigenes Kapitel über IDs? Ist das nicht etwas übertrieben? Mitnichten, denn in JSF ist ID nicht gleich ID. Doch alles der Reihe nach. In den letzten Kapiteln haben Sie bereits gesehen, dass fast jedes Tag auch ein *ID*-Attribut hat. Damit können Sie einer Komponente, die sich hinter dem Tag verbirgt, einen Bezeichner vergeben. Somit hat eine Eingabekomponente, die über das Tag *<h:inputText id="myInput" />* definiert ist, die ID *myInput*. Diese ID ist jetzt eindeutig, allerdings nur innerhalb des NamingContainers, in dem sich die Komponente befindet. Ein NamingContainer wiederum kann auch einen Namensraum definieren, der im Zusammenspiel mit der ID einer Komponente die so genannte Client-ID ergibt. Dies ist speziell auch im Portalumfeld immens wichtig. Stellen Sie sich vor, dass eine ID direkt in der HTML-Seite als ID gerendert werden würde. Jetzt kann in einem Portal eine Anwendung, also ein Portlet, durchaus mehrfach auf einer Seite angeordnet werden. Plötzlich hätten wir einen Namenskonflikt, da innerhalb einer Seite zwei Komponenten mit genau der gleichen ID vorhanden wären. Damit dies nicht passiert, erzeugt JSF für die Darstellung im Browser (also im Client) die so genannte Client-ID. Diese setzt sich so zusammen, dass zu der ID selbst alle Naming-Container nach oben nach deren ID befragt werden und die Client-ID eine Verkettung mithilfe des Doppelpunkts darstellt.

```
<h:form id="myForm">
    <h:inputText id="myInputField" />
    <h:commandButton id="myButton" value="Abschicken"
        action="#{ComponentNaviController.navigateInView}" />
</h:form>
```

In obigem Beispiel hat der Button die ID *myButton* und in der HTML-Seite die Client-ID *myForm:myButton*, vorausgesetzt, dass keine weiteren NamingContainer mehr beteiligt wären. Sie können dieses Verhalten ganz einfach selbst betrachten, wenn Sie eine JSF-Seite im Browser öffnen und sich den HTML-Quelltext anzeigen lassen.

Im Zusammenspiel mit Portlets werden Sie später noch sehen, dass die Portlet Bridge ebenfalls ein NamingContainer ist und somit die Client-ID in diesem Beispiel noch ergänzt werden würde. Damit ist sichergestellt, dass sich die IDs auch bei mehreren Portlets auf einer Seite nicht in die Quere kommen.

Eine Komponente selbst unterstützt somit immer beide Möglichkeiten, Informationen zu IDs zu liefern. Zum einen kann die ID selbst abgefragt werden, zum anderen die Client-ID. Es liegen immer beide IDs in einer Komponente vor. Falls im Tag eine ID nicht explizit angegeben wurde, erzeugt JSF intern selbst eine eindeutige ID (zumindest eindeutig innerhalb des umgebenden NamingContainers). Hierzu existiert der Aufruf

```
UIViewRoot.createUniqueId()
```

der durch die Komponente (bzw. durch den Renderer, um genau zu sein) angestoßen wird. Damit ist sichergestellt, dass jede Komponente über eine ID und eine Client-ID angesprochen werden kann.

3.5.8 Arbeiten mit dem Komponentenbaum

In JSF existiert neben der Browserseite, also dem Output der Renderer, immer noch ein Komponentenbaum, der standardmäßig serverseitig gespeichert wird (Näheres über den Ort der Speicherung des Komponentenbaums erfahren Sie im nächsten Kapitel). Diese Vorstellung ist am Anfang sicherlich etwas gewöhnungsbedürftig. Warum wird in JSF überhaupt so etwas wie ein Komponentenbaum benötigt? Im Lebenszyklus von JSF wird zunächst anhand der Tags in einer Seite ein Objektbaum zusammengestellt. Der Objektbaum ist hierarchisch angeordnet und enthält alle Komponenten, die auf einer Seite angeordnet sind. Der Komponentenbaum wird dann durch Renderer in ein Ausgabeformat (meist HTML) überführt. Im Komponentenbaum können mehr Informationen vorhanden sein als beispielsweise HTML abbilden kann. So kann in HTML kein *ValueChangeListener* an Komponenten angehängt werden (wenn mal einmal von Java-Script-Lösungen absieht), auch Konverter und Validatoren sind im HTML-Umfang nicht vorgesehen. Alle diese Informationen werden daher im Komponentenbaum vorgehalten. Meist fällt es einem Entwickler nicht auf, dass JSF zu jeder Seite einen Komponentenbaum baut und diesen pro Request erzeugt und beim Postback wieder abruft. Für das Gesamtverständnis ist es jedoch sehr wichtig, über dieses Prinzip Bescheid zu wissen.

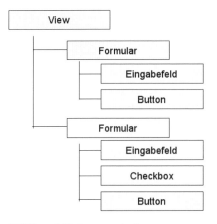

Abbildung 3.12: Komponentenbaum

Das oberste Element in jedem Baum ist immer eine Komponente vom Typ *UIViewRoot*. Innerhalb eines *UIViewRoot*-Elements können beispielsweise Formulare enthalten sein, die wiederum verschiedene Eingabefelder und Buttons enthalten. Dieser Komponentenbaum wird von JSF erzeugt und zwischen den Requests vorgehalten.

Oftmals besteht kein Bedarf, programmatisch auf den Komponentenbaum zugreifen zu müssen. Da genügt es, dass JSF sich „intern" komplett um den Baum kümmert. Es gibt jedoch Situationen, in denen ganz gezielt auf den Baum Einfluss genommen werden muss. Dies ist in JSF durchaus vorgesehen. So gelangt man an die ViewRoot über den Aufruf von:

```
FacesContext jsfContext = FacesContext.getCurrentInstance();
UIViewRoot viewRoot = jsfContext.getViewRoot();
```

Damit ergeben sich viele weitere Möglichkeiten, das User Interface einer Anwendung zu beeinflussen. Basierend auf dem *ViewRoot*-Element kann durch den kompletten Komponentenbaum navigiert werden. So liefert der Aufruf

```
public List<UIComponent> getChildren()
```

eine Liste aller Kindelemente. Auch die Kindelemente können wiederum nach ihren Kindelementen befragt werden. Der Aufruf

```
public int getChildCount()
```

liefert vorab die Anzahl der vorhandenen Kindelemente. Es ist auch möglich, „nach oben" zu navigieren, d. h. ein Element kann auch nach dem Elternelement befragt werden. Dazu existiert der Aufruf

```
public UIComponent getParent()
```

Oftmals ist es hilfreich, direkt am Komponentenbaum Operationen vorzunehmen oder Werte abzufragen. Möchte man z. B. aufgrund einer komplexeren Prüfung (die nicht mit Validatoren erledigt werden kann) bestimmte Eingabefelder auf *invalid* setzen, kann über den Komponentenbaum iteriert und die entsprechende Komponente verändert werden. Um eine bestimmte Komponente zu finden, existiert der Aufruf

```
public UIComponent findComponent( String expr )
```

Dieser liefert eine Komponente zurück, die dem übergebenen Suchausdruck entspricht. Dies hört sich jetzt sehr abstrakt an, daher folgendes Beispiel:

```
<h:form id="myForm">
    <h:inputText id="myInputField" />
    <br>
    <h:commandButton id="myButton" value="Abschicken"
        action="#{ComponentNaviController.navigateInView}" />
</h:form>
```

Auf einer JSF-Seite ist ein Formular angeordnet, in dem ein Eingabefeld sowie ein Button angeordnet sind. Möchte man in der Aktionsmethode *navigateInView* auf eine spezielle Komponente zugreifen, funktioniert dies über:

```
FacesContext jsfContext = FacesContext.getCurrentInstance();
UIViewRoot viewRoot = jsfContext.getViewRoot();

UIComponent formComponent = viewRoot.findComponent( "myForm" );
UIComponent component = formComponent.findComponent( "myButton" );
```

Wurde die Komponente gefunden, können sämtliche Operationen darauf ausgeführt werden, die auch per Tag möglich wären (plus noch zusätzliche). So kann ein *rendered* oder *disabled* gesetzt oder bestimmte Werte können abgefragt und gesetzt werden.

Anstatt zunächst nach einem Formular und anschließend nach dem Button zu suchen, kann auch direkt nach dem Button auf der ViewRoot gesucht werden: *UIComponent component = viewRoot.findComponent("myForm:myButton");* Der *findComponent*-Methode ist in diesem Fall eine vollständige Client-ID zu übergeben. Sie hat jedoch einen großen Nachteil: Sie navigiert ausschließlich über den Komponentenbaum und fragt die Elemente nach deren Namen. Dies funktioniert meistens, aber leider nicht immer. So hat eine Tabellenkomponente (*UIData* bzw. *<h:dataTable>*-Tag) nicht nur selbst eine ID, sondern alle Zeilen haben ebenfalls eindeutige Bezeichner. Diese sind jedoch nicht im Komponentenbaum enthalten, sondern werden implizit durch die Tabellenkomponente erzeugt. Damit hat die *findComponent*-Methode keine Chance, an einzelne Zellen heranzukommen. Das war jetzt sicherlich wieder sehr theoretisch und abstrakt, daher wieder ein Beispiel, um das Ganze zu verdeutlichen.

```
<h:dataTable id="tbl" var="current" value="#{Veranstaltung.teilnehmer}">
   <h:column>
      <h:inputText id="inputFirst" value="#{current.firstname}" />
   </h:column>
   <h:column>
      <h:inputText id="inputLast" value="#{current.lastname}" />
   </h:column>
</h:dataTable>
```
Listing 3.31: Beispiel für eine Tabelle

Die Tabelle aus Listing 3.31 ist eine Standardtabelle. Jetzt nehmen wir aber an, dass bei einem Buttondruck die zweite Zeile gesucht und der Wert dieses Feldes ausgegeben werden soll. Wenn die fertige Tabelle im Browser betrachtet wird (bzw. im HTML-Sourcecode), kann man leicht erkennen, dass die entsprechende Zelle die Client-ID *myForm:tbl:1:inputLast* hat. Diese setzt sich aus dem Namen des Formulars (hier *myForm*), der Name der Tabelle (*tbl*), der Zeile (*1*) sowie dem Namen des eigentlichen Feldes zusammen. Um jetzt an dieses Feld zu gelangen, existiert in JSF ein Callback-Mechanismus.

```
viewRoot.invokeOnComponent( jsfContext, clientId,
   new ContextCallback() {
      public void invokeContextCallback(FacesContext context, UIComponent target) {
         if ( target instanceof HtmlInputText ) {
            HtmlInputText input = (HtmlInputText)target;
            System.out.println( "Found component, value: " + input.getValue() );
         }
      }
});
```
Listing 3.32: invokeOnComponent-Methode

In Listing 3.32 sehen Sie, dass mittels eines *ContextCallback*-Objekts eine Suche nach einer bestimmten Client-ID angestoßen wird. Per Spezifikation ist hierbei jedoch geregelt, dass Komponenten, die, wie beispielsweise UIData, eine Liste von Kindelementen erzeugen, entsprechend auf solche eine Anfrage reagieren müssen und damit das korrekte Ergebnis zurückliefern.

3.6 State Management

State Management ist eines der wichtigsten Konzepte in JavaServer Faces. Allerdings fällt es zunächst während der Entwicklungsphase eines Programms nicht sonderlich auf. Es arbeitet unauffällig und geräuschlos im Hintergrund. Oftmals wird man erst auf das Thema aufmerksam, wenn sich in der Produktion die Anwendung „komisch" verhält. Es kann durchaus vorkommen, dass bei Fehlern im State Management einzelne UI-Komponenten ihren Zustand verlieren und die Anwendung damit unvorhersagbare Ergebnisse liefert. Auch kann bei einer falschen Konfiguration der Speicherverbrauch einer JSF-Anwendung extrem hoch sein. All dies kann über das State Management beeinflusst werden. Sie sehen also, es lohnt sich, diesen Abschnitt genauer durchzulesen.

Zunächst einmal ist das State Management dafür verantwortlich, dass alle Informationen über eine View (also eine JSF-Seite) über einen Request hinaus erhalten bleiben. Vielleicht fragen Sie sich jetzt, welche Informationen dies sind, ist doch in der HTML-Seite vermeintlich alles enthalten, was für eine View notwendig ist. Dies täuscht jedoch. Eine View hat wesentlich mehr Informationen, als z. B. in HTML im Browser dargestellt werden können. Als Beispiel sei das *rendered*-Attribut genannt. Eine Komponente ist im Komponentenbaum (also in der View) enthalten, wird jedoch in HTML nicht dargestellt. Dennoch weiß der Komponentenbaum, dass an einer Stelle durchaus eine Komponente hängt, die aber nur nicht angezeigt wird. Oder nehmen wir den gesamten Bereich des Event Handlings: ActionListener und ValueChangeListener können in HTML nicht abgebildet werden. Vielmehr sind sie an den Komponenten registriert, die serverseitig leben. Nur der Komponentenbaum weiß, dass z. B. an einem Eingabefeld ein ValueChangeListener registriert ist. Aufgrund des HTML-Outputs könnten wir dies nicht ermitteln. Dies sind nur wenige Beispiele, die jedoch verdeutlichen, dass ein Komponentenbaum bzw. eine View weit mehr ist als nur das Abbild, das Sie im Browser sehen. Um diese Informationen der View über Requests hinaus speichern zu können, existiert das State Management in JSF.

Im Normalfall bekommen Sie davon nichts mit. Sie arbeiten mit JSF, verwenden die Tags und müssen sich nicht um dieses Thema kümmern. Als fortgeschrittener JSF-Entwickler sind jedoch Kenntnisse in diesem Bereich zwingend notwendig. Speziell wenn Sie eigene Komponenten (Custom Components) entwickeln, müssen diese Komponenten das State Management unterstützen.

Der State wird in der Regel serverseitig vorgehalten. Dies ist letzten Endes ein Bereich in der HttpSession, der für diese Speicherung reserviert wird. Mit Tools zur Sessionanalyse können Sie diesen zusätzlichen Eintrag sehr leicht finden.

Für eine einfache Visualisierung der Session sowie der Sessionobjekte arbeite ich gerne mit Java Web Parts. Java Web Parts ist ein Open-Source-Projekt, das verschiedene Utilities rund um die Webentwicklung bereitstellt. Eine Klasse davon beschäftigt sich primär mit der Sessionanalyse. Man kann sehr leicht die Größe einer Session ermitteln sowie die Objekte der Session auslesen. Es wäre natürlich auch möglich, die Aufgaben direkt mit dem Servlet API zu realisieren und beispielsweise über die Objekte der Session zu iterieren, um die Größe der Session bestimmen zu können. Java Web Parts hat genau hierfür jedoch einige nette Komfortfunktionen, sodass nicht alles von Hand nochmals geschrieben werden muss. Der Korrektheit halber muss jedoch hinzugefügt werden, dass mit Java Web Parts hier nicht der absolut genaue Wert ermittelt wird. Das ist aber auch nicht Sinn und Zweck der Übung. Vielmehr soll ein Verständnis geschaffen werden, wie sich die Sessiongröße einer Anwendung verhält und wie ein Tuning möglich ist.

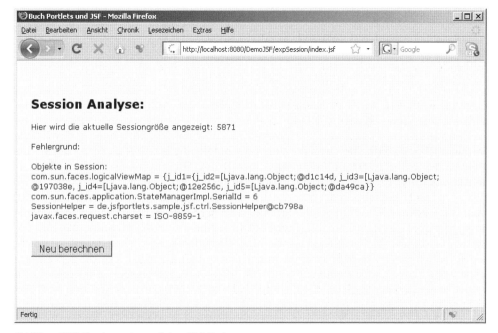

Abbildung 3.13: Sessionanalyse mit Java Web Parts

In Abbildung 3.13 sehen Sie eine exemplarische Seite, die die Werte der Session visualisiert. Zunächst wird die Größe der Session ermittelt. Java Web Parts verwendet intern zur Berechnung der Sessiongröße den Serialisierungsmechanismus. Dazu ist es notwendig, dass alle Java-Objekte, die in der Session liegen, auch serialisierbar sind, d. h. das Interface *java.io.Serializable* implementieren. Kann ein Objekt nicht serialisiert werden, so kann auch seine Größe nicht ermittelt werden. Die fehlerhaften Objekte werden ebenfalls in der Anwendung dargestellt. Im unteren Bereich der Seite werden die Objekte der Session angezeigt. Und genau hierbei fällt ein Objekt *com.sun.faces.logicalViewMap* auf. Darin wird der Zustand des Komponentenbaums abgelegt. Je nach Komplexität Ihrer Seiten kann der Komponentenbaum natürlich mehr Speicherplatz beanspruchen und damit die Sessiongröße ansteigen. Bei einer Anwendung, in der viele Concurrent Requests stattfinden, kann dies eine enorme Belastung für den Server bedeuten. Daher bietet JSF die

Möglichkeit, die Speicherung des States auch clientseitig vornehmen zu können. Dies hat zur Folge, dass der Komponentenbaum nicht mehr in der Session abgelegt wird, sondern komplett auf Clientseite.

```
<context-param>
    <param-name>javax.faces.STATE_SAVING_METHOD</param-name>
    <param-value>client</param-value>
</context-param>
```

Listing 3.33: Client-Side State Saving

Konkret gesprochen, wird der State in einem Hidden Field abgelegt. Dieses Vorgehen ist jedoch mit Vorsicht zu genießen. Der State einer View kann mitunter mehrere KB oder manchmal auch MB groß werden. Zudem können ab JSF 1.2 sogar mehrere Views auf einmal abgespeichert werden. Insgesamt kann dies dazu führen, dass die Seiten extrem groß werden und sich Anwender mit Recht beschweren, dass die Ladezeiten ins Unendliche steigen. Eine clientseitige Zustandsspeicherung ist daher nur in Ausnahmefällen oder für Anwendungen im Intranet geeignet. In Listing 3.33 sehen Sie den Parameter, der in der *web.xml* für eine clientseitige Zustandsspeicherung gesetzt werden muss. Als Folge davon liefert die Sessionanalyse das Ergebnis von Abbildung 3.14. Die Session wird entsprechend entlastet.

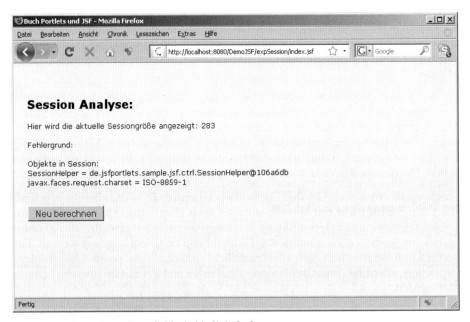

Abbildung 3.14: Sessionanalyse mit Client-side State Saving

Anhand des abgebildeten Beispiels kann man jedoch noch ein anderes Verhalten beobachten. Ich gehe im Folgenden wieder von einer serverseitigen Speicherung des States aus. Per Knopfdruck kann man auf der Seite eine Neuberechnung der Sessiongröße anstoßen. Das Verhalten stellt sich nun wie folgt dar:

Wird die Seite aufgerufen, kann der Button *Berechnen* mehrfach nacheinander betätigt werden. Die Sessiongröße steigt erstaunlicherweise jedes Mal an. Allerdings nur bis zu einem bestimmten Maximalwert, dann bleibt dieser Wert in etwa konstant. Der Maximalwert wird in der Regel nach 15 Klicks erreicht. Der Grund, warum die Sessiongröße zunächst scheinbar ohne Grund ansteigt, ist in den Sessionobjekten zu finden. JSF verwaltet nicht nur die letzte View (also den letzten Komponentenbaum), sondern die letzten X Komponentenbäume sowie Y Ausprägungen davon. X und Y ist natürlich konfigurierbar, allerdings ist dies nicht Teil der Spezifikation. Die Referenzimplementierung hat dafür die in Listing 3.34 dargestellten Parameter vorgesehen.

```
<context-param>
    <param-name>com.sun.faces.numberOfLogicalViews</param-name>
    <param-value>15</param-value>
</context-param>
<context-param>
    <param-name>com.sun.faces.numberOfViewsInSession</param-name>
    <param-value>15</param-value>
</context-param>
```

Listing 3.34: Kontext Parameter zur Steuerung der View-Speicherung

Sind Ihre JSF-Seiten sehr groß und Sie gehen mit diesen Einstellungen produktiv, kann dies für Ihre Anwendung bedeuten, dass sehr viel Hauptspeicher benötigt wird. Es ist jedoch die Frage, wie viele Komponentenbäume Sie (z. B. bei Browser Back) unterstützen müssen. Dies kann nicht generell beantwortet werden, sondern ist eine projektspezifische Fragestellung.

Wichtig ist jedoch noch das Verständnis beider Parameter. Mit dem Parameter *com.sun.faces.numberOfViewsInSession* steuern Sie zunächst, wie viele Komponentenbäume (also Views) gespeichert werden. Eine View kann es jedoch in verschiedenen Ausprägungen geben. Dies kann beispielsweise dann auftreten, wenn Sie mehrere Aktionen auf der gleichen Seite vornehmen. Dann wird diese Seite in unterschiedlichen Ausprägungen gespeichert. Die Anzahl der Varianten wird über den zweiten Parameter festgelegt.

Doch nochmals zurück zum Ort der Zustandsspeicherung: Es wurde bereits erwähnt, dass das State Saving nicht nur server-, sondern auch clientseitig erfolgen kann. Wird Client Side State Saving aktiviert, sinkt die Sessiongröße natürlich gewaltig, da die Komponentenbäume komplett als serialisiertes Hidden Field im Client abgelegt werden. Für den Serveradministrator hört sich dies natürlich zunächst sehr positiv an (weniger Hauptspeicher), allerdings muss dafür extrem viel mehr an Information über die Leitung gesendet werden.

Was mir persönlich an diesem Kapitel am Herzen liegt, ist es, Ihre Sensibilität dafür zu wecken, den Hauptspeicherbedarf genau im Blick zu behalten. JSF bietet viele Möglichkeiten, hier zu tunen. Wer jedoch alle Tuningmöglichkeiten ignoriert, kann ggf. beim Produktivstart der Anwendung Schiffbruch erleiden. Aber das wird Ihnen nach dem Lesen dieses Kapitels sicherlich nicht mehr passieren.

3.7 Ergänzungen zu JSF

In den letzten Kapiteln haben Sie die Grundlagen zu JSF kennengelernt. Sie wissen nun, wie Sie eine Anwendung basierend auf JSF entwickeln und deployen können. Sie haben aber auch gesehen, was JSF (noch) nicht bietet.

Beispielsweise sind die UI-Komponenten auf die elementaren Komponenten beschränkt. Es gibt Eingabefelder, Buttons und Listen. Umfangreichere Komponenten wie z. B. ein Kalender-Pop-up, sortierbare Listen oder Spin-Buttons fehlen komplett. Zur Verteidigung von JSF muss man dazu sagen, dass es auch niemals das Ziel der JSF-Spezifikation war, sämtliche nur denkbaren Komponenten zu spezifizieren und in einer Referenzimplementierung bereitzustellen. Vielmehr wollte man eine technische Grundlage schaffen, auf der kommerzielle und Open-Source-Projekte Ergänzungen entwickeln konnten. Genau dies hat in den letzten Jahren auch sehr gut funktioniert. Es sind viele Projekte rund um JSF entstanden, die zum Teil extrem mächtige UI-Komponenten liefern. Somit hat der Anwendungsentwickler den Vorteil, sich aus einer großen Anzahl von (frei verfügbaren) Bibliotheken die für sein Projekt passende Bibliothek heraussuchen zu können. JSF hat dabei den Weg (also die APIs, die Vorgehensweise, den Aufbau) für UI-Komponenten definiert. Die Vielzahl an Ergänzungen haben der kommerzielle Markt und die Open-Source-Community übernommen.

Eine weitere Ergänzung im Umfeld von JSF sind Templating Engines. Templating Engines helfen einem Entwickler dabei, Seiten gleich aufzubauen und dabei häufig wiederverwendete Elemente in ein Master Template auszulagern.

Interessant im Bezug auf Portlets ist dann natürlich, wie sich diese Erweiterungsprodukte im Umfeld von Portalen integrieren lassen. Gerade hier zeigen sich nämlich oftmals Probleme.

An dieser Stelle kann selbstverständlich keine Einführung in sämtliche Projekte rund um JSF gegeben werden. Dies würde mit Sicherheit einen ganzen Katalogband füllen. Es kann daher nur eine kurze Zusammenfassung gegeben werden, was es am Markt momentan so alles gibt. Natürlich erhebt dieser Überblick keinen Anspruch auf Vollständigkeit oder Objektivität. Es soll nur deutlich werden, wie viele Projekte im Umfeld von JSF bereits bestehen.

Komponentenbibliotheken

Einen Überblick über die Welt der Komponentenbibliotheken zu geben, ist fast ein Ding der Unmöglichkeit. Eine gute Anlaufstelle ist sicherlich die MyFaces-Community. Unter deren Dach gibt es gleich mehrere Bibliotheken. Angefangen von Tomahawk über Trinidad bis zu Tobago. Aber auch JBoss liefert mit RichFaces eine hochwertige Bibliothek aus. Icefaces ist ebenfalls ein prominenter Vertreter. Ein guter Überblick liefert die Webseite *www.jsfmatrix.net*.

Templating Engines

Templating Engines wollen einen Entwickler bei der Erstellung der JSF-Seiten unterstützen. Da heutzutage Frames eher verpönt sind, ähneln sich bei großen Anwendungen die meisten JSF-Seiten im Aufbau sehr stark. Auf der linken Seite befindet sich meist die Navigation, im oberen Bereich des Fensters allgemeine Logoinformationen, im Footer-Bereich werden meist Statusmeldungen ausgegeben. Damit diese auf mehreren gleichen Seiten vorhandenen Elemente nicht durch sinnlose Kopieraktionen zigfach in JSP-Seiten auftauchen, können Templating Engines hier Abhilfe schaffen. Facelets ist der bekannteste Vertreter im JSF-Umfeld. Mit Facelets kann ein so genanntes Template Master File definiert werden, das dann auf viele Template Clients angewendet werden kann. Damit kann der Teil, der in vielen Seiten gleich ist, in einer Datei ausgelagert werden, die wiederum zur Laufzeit mit den eigentlichen Content-Seiten kombiniert wird. Facelets wird im Zuge von JSF 2.0 zudem eine sehr wichtige Bedeutung bekommen. Es werden viele Ideen und Konzepte von Facelets in den neuen Standard mit einfließen.

Sonstige Ergänzungen

Der Markt an Ergänzungen von JSF ist fast unüberschaubar. Es gibt in fast allen Bereichen, die an JSF angrenzen, entsprechende Projekte, die eine Vereinfachung versprechen. Möchte man beispielsweise den Security-Aspekt in JSF-Seiten nicht vernachlässigen, steht mit JSF-Security ein Open-Source-Framework zur Verfügung, das genau auf diese Anforderungen eine Antwort bietet. So kann die Anzeige eines Buttons an Rollen gekoppelt sein. Oder es wird geprüft, ob ein Eingabefeld disabled ist, je nach Berechtigung des angemeldeten Benutzers.

Möchte man zum reinen User Interface noch eine Persistenz mit anbinden, steht beispielsweise mit JBoss Seam ein Integrationsframework für JSF und EJB3 zur Verfügung. Auch in der MyFaces-Community gibt es mit Orchestra eine entsprechende Alternative.

Sie sehen somit, dass es für fast alle Fragestellungen mittlerweile Lösungen rund um JSF gibt. Eine auch nur annähernde Vorstellung all dieser Projekte würde sämtliche Bücher sprengen. Ich denke jedoch, dass Sie nach dem Durcharbeiten dieses Kapitels die wichtigsten Grundlagen von JSF gelernt haben und sich damit durchaus alleine mit den JSF-Ergänzungen durchboxen können.

3.8   Zusammenfassung

Nach dem Durcharbeiten dieses Kapitels sind Sie sicherlich schon sehr gespannt, dies alles auch im Portal zu realisieren. Aber ein wenig Geduld benötigen Sie noch. Zunächst einmal sollten Sie sich mit ein bisschen Stolz darüber, dass Sie nach der Portlet-Technologie jetzt auch JavaServer Faces beherrschen, zurücklehnen. Sie sind in der Lage, grafisch ansprechende User Interfaces mithilfe von JSF zu erzeugen.

JavaServer Faces ist hervorragend dazu geeignet, User Interfaces zu erzeugen und die grundsätzlichen Herausforderungen wie Konvertierung, Validierung oder Navigation zu lösen. Mit JavaServer Faces setzen Sie auf einen Standard, der mittlerweile auch Teil von Java EE ist.

Sie haben in diesem Kapitel gelernt, eine JSF-Anwendung aufzusetzen, zu konfigurieren und erste UI-Komponenten zu verwenden. Ebenso wurden sämtliche relevanten Konzepte vorgestellt und an Beispielen demonstriert.

Dass JSF jedoch mehr ist, als nur die Spezifikation, wurde im letzten Abschnitt mit den Erweiterungen und Ergänzungen zu JSF aufgezeigt. Es besteht heutzutage die Möglichkeit, Anwendungen im Web zu bauen, die in der Funktionalität und Usability herkömmlichen Desktopanwendungen schon sehr sehr nahe kommen. Von daher bleiben Sie darauf gespannt, wie wir es jetzt schaffen, JSF auch im Portal auszuführen.

4 Verwendung von JBoss Portal

Nachdem in den ersten Kapiteln die Grundlagen zu Portalen, Portlets und zu JavaServer Faces gelegt wurden, werden wir uns im folgenden Kapitel den JBoss-Portalserver genauer betrachten. Mit JBoss Portal existiert ein Open-Source-Portalserver, der auf dem bekannten und bewährten JBoss Applicationserver aufbaut und alle wichtigen Standards im Portalbereich unterstützt. JBoss Portal steht unter der sehr freizügigen LGPL-Lizenz und kann damit problemlos in kommerziellen Projekten eingesetzt werden. Der Portalserver ist frei verfügbar und kann über die Webseiten von *jboss.org* in der aktuellen Version heruntergeladen werden. Am Rande sei noch erwähnt, dass Red Hat (JBoss gehört zu Red Hat) auch kommerziellen Support anbietet, so dass auch seitens einer Unterstützung durch den „Hersteller" JBoss den bekannten Firmen in nichts nachsteht.

Dieses Kapitel soll jedoch nicht zu einem Marketingkapitel werden. Es ist eher so, dass ich persönlich gute Erfahrungen mit JBoss Portal gesammelt habe und daher diesen Server für die Beispiele und Erklärungen in diesem Buch verwende. Natürlich gibt es auch eine Reihe anderer Portalserver (kommerziell wie Open Source), die man genauso gut hätte nehmen können. Aber für einen Server muss man sich in einem Buch eben entscheiden, meine Wahl ist auf JBoss gefallen. Sie können jedoch (fast) alle Beispiele aus diesem Buch auch mit anderen Portalservern nachvollziehen, da das Buch fast ausschließlich auf die allgemeinen Standards eingeht. Dieses Kapitel stellt daher nur die Ausnahme dar, indem es auf einen ganz spezifischen Portalserver eingeht. Und Portalserver an sich unterliegen (leider) keinem allgemeinen Standard.

 Die Beispiele basieren alle auf der JBoss Portal Version 2.7.0 GA. Sollten Sie eine andere Version verwenden, kann es in den Screenshots sowie in den Abläufen durchaus kleinere Unterschiede geben.

4.1 Grundlagen zu JBoss Portal

4.1.1 Feature Set von JBoss Portal

JBoss Portal ist ein Open-Source-Portalserver und basiert auf dem bekannten JBoss Applicationserver. Seit der Version 2.7 existiert ein separater JBoss PortletContainer, der auch unabhängig vom Portalserver eingesetzt werden kann. Natürlich ist der Portlet-Container auch die Basis von JBoss Portal. Es werden alle gängigen und notwendigen Standards im Portalbereich unterstützt. Diese sind u. a.:

- Portlets basierend auf JSR-168 und JSR-286

- Einbindung der Portlet Bridge für JavaServer Faces (JSR-301)

- Unterstützung von Remote Portlets (WSRP)

- Content Management auf Basis von JackRabbit (JSR-170)

Neben den Merkmalen im Portalbereich bietet der JBoss-Portalserver natürlich noch eine sehr lange Liste an Funktionen, die nicht nur speziell für Portale und Portlets hilfreich sind:

- Basierend auf JBoss Applicationserver, JBoss Cache, JGroups und Hibernate

- Java Authentication and Authorization Service (JAAS)

- Caching und Clustering-Unterstützung

- Unterstützung von JBoss Single Sign-on (JOSSO)

- LDAP-Support

- JavaServer-Faces-(1.2-)Unterstützung

Dies ist natürlich nur ein kleiner Auszug aus dem Funktionsumfang. In den folgenden Kapiteln werden die grundlegenden Elemente vorgestellt, sodass Sie in der Lage sind, selbst ein Portal aufzubauen, verschiedene Portlets zu installieren und den Server grundlegend zu administrieren. Für weitergehende und detailliertere Informationen sei die Dokumentation direkt von JBoss empfohlen, die ebenfalls über die Website von *jboss.org* bezogen werden kann.

4.1.2 Installation und Inbetriebnahme

Sie können vollkommen beruhigt sein. Es folgt keine 50-seitige Abhandlung über die Installation des JBoss-Portalservers. Sie werden erstaunt sein, wie einfach die Installation erfolgt. Als ersten Schritt können Sie sich die aktuelle Version über die Webseiten von *www.jboss.org* herunterladen. Hier kommen Sie über den Menupunkt *Projects* und *JBoss Portal* zur Einstiegsseite des Portalservers. Dort haben Sie neben der Download-Möglichkeit auch Zugriff auf verschiedenste Dokumentationen, das Forum sowie das Issue-Tracking-System für Fehler und neue Anforderungen.

Beim Download existieren mehrere Varianten:

- *JBoss Portal*: Dies ist der reine Portalserver. Da ein Portalserver innerhalb eines Applicationservers läuft, muss bei dieser Variante der Applicationserver manuell bereitgestellt werden.

- *JBoss Portal + JBoss AS*: In dieser Variante erhalten Sie ein Komplettpaket, bestehend aus dem Portalserver und dem Applicationserver. Für erste Schritte und für das Kennenlernen der Funktionalität empfiehlt sich diese Variante, da eine manuelle Integration des Portalservers in den Applicationserver nicht vorgenommen werden muss.

- *JBoss Portal (Clustered)*: Spezielle Zusammenstellung für den Betrieb in einer Cluster-Umgebung.

Beim Download erhalten Sie ein Zip-Archiv, das lediglich entpackt werden muss. Mehr ist nicht zu tun. Vorausgesetzt natürlich, dass ein JDK (mindestens Jdk 1.5) installiert ist. Danach können Sie in das Verzeichnis *JBOSS_HOME\bin* wechseln und dort das Start-skript *run.bat* (für Windows) oder *run.sh* (für Linux) aufrufen.

Nach wenigen Sekunden erscheint in der Konsole dann die Ausgabe, dass der Portalser-ver erfolgreich gestartet wurde. Das Portal kann dann im Browser über den URL *http:// localhost:8080/portal* aufgerufen werden.

Abbildung 4.1: Startseite von JBoss Portal

Das war ziemlich einfach, oder? Die einfache Installation soll jedoch nicht bedeuten, dass JBoss Portal lediglich ein Portalserver „zum Spielen" ist. Ganz im Gegenteil. Es ist ein kompletter Server für den Portalbetrieb, der auch in einer geclusterten Umgebung sei-nen Dienst erbringen kann. Der Applicationserver an sich arbeitet schon sehr stabil und zuverlässig, der Portalaufsatz steht dem in nichts nach. Oftmals sind Entwickler, die von „großen und namhaften" kommerziellen Herstellern zu JBoss Portal wechseln, erstaunt, wie ein Server innerhalb von 2 Minuten komplett gestartet sein kann. Aber trotz der kur-zen Startzeit sind alle wichtigen und notwendigen Funktionen verfügbar.

4.1.3 Erste Schritte im Portal

Direkt nach dem Aufrufen der Portalseite sind Sie als Benutzer natürlich noch nicht angemeldet. Sie agieren aktuell noch als anonymer Nutzer und haben daher noch keinen personalisierten Inhalt. Sie können beispielsweise auf die News-Seite oder die Wetter-Seite gehen, um ein paar Beispiel-Portlets auszutesten.

In den jeweiligen Portlet Windows sehen Sie im oberen Bereich die Window Controls, mit denen Sie ein Fenster in den Window State *minimized*, *maximized* oder *normal* bringen können. Über die Reiter im oberen Bereich des Browsers wechseln Sie zwischen den einzelnen Portalseiten. Sie werden später lernen, wie Sie auch neue Seiten und Unterseiten in das Portal aufnehmen können. Die Seite *Weather* benötigt eine Internetverbindung, da die aktuellen Wetterdaten direkt online abgerufen werden.

Im Wetter-Portlet sehen Sie per Default das Wetter in Miami, Florida. Da es schon ein wenig frustrierend ist, im kalten Deutschland zu sitzen (während ich dieses Kapitel schreibe, ist es gerade Januar) und dann im Wetter-Portlet in Miami eine Temperatur von 25°C bei wolkenlosem Himmel zu betrachten. Um daher das Portal an eigene Anforderungen anzupassen, müssen wir uns zunächst im Portal authentifizieren.

Direkt nach der Installation von JBoss Portal können Sie sich als Benutzer mit dem Namen *user* und dem Passwort *user* anmelden. Zur Anmeldemaske kommen Sie über den Link *Login* am rechten oberen Fensterrand.

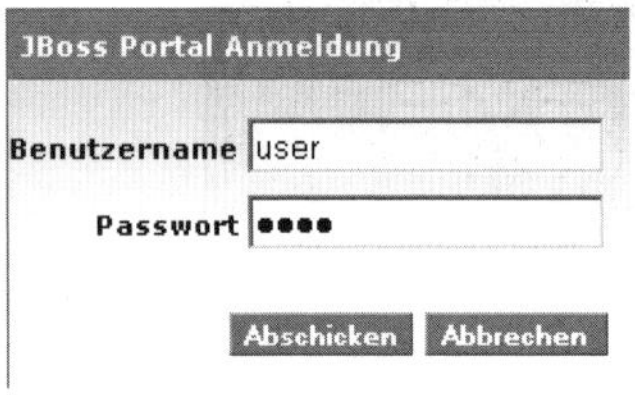

JBoss Portal Anmeldung

Benutzername | user
Passwort | ••••

Abschicken   Abbrechen

Abbildung 4.2: Anmeldung im Portal

Nach erfolgreicher Anmeldung haben wir als Benutzer *User* automatisch die Rolle *user*. Damit haben wir im Portal einen ganz anderen Stellenwert und können beispielsweise das Portal an unsere Bedürfnisse anpassen. Auf der Wetter-Seite ist im Portlet-Window nun ein *Edit*-Button sichtbar. Damit können wir in den *Bearbeiten*-Portlet-Modus wechseln und Konfigurationen für das Wetter-Portlet vornehmen.

Abbildung 4.3: Wetter-Portlet mit Edit-Auswahl

entwickler.press

Im Edit-Modus kann ein neuer Zip-Code eingegeben werden. Da Sie vermutlich außerhalb von Amerika leben, müssen Sie einen speziellen Code für ihren Wohnort eingeben. Um den Code zu ermitteln, besuchen Sie zunächst die Webseite *http://weather.yahoo.com/* Dort können Sie ihre gesuchte Stadt eingeben und die Suche starten.

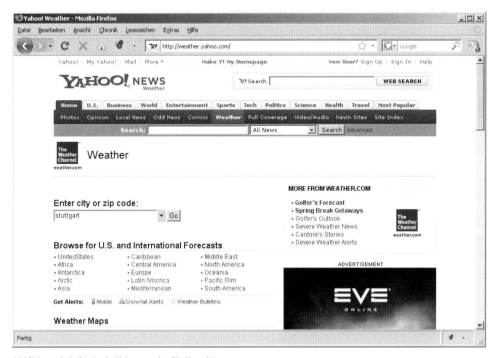

Abbildung 4.4: Suche in Yahoo nach „Stuttgart"

Wenn Sie in der Liste dann Ihren Wohnort ausgewählt haben, sehen Sie zunächst auf der Yahoo-Seite die entsprechende Wettervorhersage. Den Code für das Portlet entnehmen Sie dem URL.

Abbildung 4.5: Yahoo-generierte Url

Nehmen Sie dann den hinteren Teil des URL (GMXX0128 im Beispiel in Abbildung 4.5) und fügen Sie diesen Code als Zip-Code im Wetter-Portlet ein.

Nach Speicherung der Eingabe gelangen Sie wieder in den View-Modus zurück, in dem Sie nun endlich eine korrekte Darstellung der Wettervorhersage für Ihre Stadt erhalten. Diese Konfiguration wird auch beim Abmelden oder Verlassen des Portals nicht gelöscht, sondern in der Portaldatenbank abgespeichert. Somit haben Sie die erste Personalisierung des Portals vorgenommen – nach dem Einloggen wird das Wetter-Portlet speziell für ihre Stadt aufbereitet.

Nach gleicher Logik ist auch das News-Portlet aufgebaut. Auch hier können Sie im Edit-Modus Änderungen vornehmen, die dann für Ihre künftige Arbeit im Portal gespeichert werden. Welche Möglichkeiten der Personalisierung ein Portlet bietet, wird komplett durch den Programmierer gesteuert. Sie haben hiermit ein erstes Beispiel kennen gelernt, wie ein Portlet Mode verwendet werden kann. Zudem haben Sie den Window State verschiedener Fenster verändert und zwischen den Portalseiten gewechselt. Sie konnten sich als neuer Benutzer registrieren und arbeiten damit in einer persönlichen, personalisierten Umgebung. Zwar sind diese Funktionalitäten größtenteils JBoss-Portal-spezifisch, doch weisen auch alle anderen Portalprodukte ähnliche Funktionalitäten auf.

4.1.4   Personal Dashboard

Im vorherigen Abschnitt haben Sie gesehen, wie einzelne Portlets an benutzerspezifische Anforderungen angepasst werden können. Sie konnten den Inhalt der Portlets beeinflussen, in dem Sie im Edit-Modus Parameter hinterlegt haben. So haben Sie beim Wetter-Portlet z. B. die Postleitzahl für Stuttgart hinterlegt. Die Personalisierung innerhalb eines Portals geht jedoch oftmals noch einen Schritt weiter. In JBoss Portal haben Benutzer zudem die Möglichkeit, einen komplett eigenen Portalbereich aufzubauen, in dem nur bestimmte Portlets und Inhalte angeordnet sind. Dieser persönliche Bereich wird in JBoss Portal *Dashboard* genannt. Jeder Benutzer hat im angemeldeten Zustand die Möglichkeit, in das Dashboard über den Link rechts oben im Fenster zu gelangen. Standardmäßig ist hier lediglich die Home-Seite aus dem normalen Portalbetrieb zu sehen.

Abbildung 4.6: Link zum Dashboard

Innerhalb des Dashboards hat ein Benutzer quasi „Administratorrechte". Dies natürlich nur bedingt, jedoch kann ein Benutzer im Dashboard neue Portlets auf der Seite anordnen oder das komplette Aussehen der Seite verändern.

Auf der linken Seite können Sie zunächst das Layout bestimmen, wonach ihre Seite aufgebaut werden soll. Sie können beispielsweise auf das ein- oder dreispaltiges Layout wechseln. Gleich unterhalb legen Sie das Theme fest, das das Aussehen der Komplettseite beeinflusst.

Neue Inhalte können Sie im Bereich *Content Definition* festlegen. Sie können Portlets, CMS-Inhalte oder Widgets auf Ihre Dashboard-Seite platzieren. Da ein Portlet immer in einem Portlet-Window enthalten ist, müssen Sie zunächst einen Window Name vergeben. Danach wählen Sie den Inhaltstyp aus. Je nach Auswahl verändert sich die Liste unterhalb. Entscheiden Sie sich für ein spezielles Portlet oder ein spezielles Widget.

Je nach gewähltem Layout sind auf der rechten Seite ein oder mehrere Bereiche zu sehen, in die der gewählte Inhalt eingebaut werden kann. Über *Add* fügen Sie den gewählten Inhalt einem Seitenbereich hinzu. Über den Dashboard-Link gelangen Sie zurück zu ihrem persönlichen Dashboard und sehen die Auswirkungen ihrer Personalisierungsarbeit.

Sie können an dieser Stelle die unterschiedlichsten Widgets gerne austesten. Es gibt eine Vielzahl von netten Funktionen, die Sie ohne Schwierigkeiten in ihre Portalseite integrieren können. Über den Link *Portal* gelangen Sie wieder zur normalen Ansicht zurück.

4.2 Basisadministration

Bislang haben wir uns lediglich als normaler Benutzer innerhalb des Portals bewegt. Nun wollen wir das Portal verändern, z. B. neue Seiten (für alle Benutzer) hinzufügen, neue Portlets auf die Seiten bringen oder auch neue Benutzer für das Portal freischalten. Für alle diese Funktionen muss man sich als Administrator im Portal anmelden. Standardmäßig existiert in JBoss Portal ein Benutzer *admin* mit dem Passwort *admin*. Nach einer erfolgreichen Anmeldung erscheint im Menu rechts oben der Admin-Link, mit dem man in den Admin-Modus des Portals wechseln kann.

Im Admin-Bereich sehen Sie zunächst oben links eine Auswahl von vier Bereichen, in denen Sie arbeiten können: CMS, Members, WSRP und Admin, wobei standardmäßig Letzterer ausgewählt ist.

JBoss Portal hat ein integriertes Content-Management-System, über das Sie statische Inhalte wie Texte und Bilder verwalten können. Es ist in das Portal integriert, sodass auf einzelnen Seiten des Portals wahlweise statische Inhalte oder Portlets angeordnet werden können (natürlich auch beides kombiniert). Somit ist der Bereich *CMS* für die Arbeit im Content-Management-System bestimmt. *Member* beinhaltet die komplette Benutzerverwaltung. Es können bestehende Benutzer verändert oder die Rollenzuordnung der Benutzer überarbeitet werden. Wenn Sie Portlets remote ausführen möchten, kann dies im Bereich *WSRP* erfolgen. Remote Portlets sind Portlets, die zwar auf einer Portalseite des eigenen Portals eingebunden sind, allerdings von einem anderen PortletContainer geliefert werden. Daher die Bezeichnung Remote (WSRP = Web Services for Remote Portlets). Im Bereich *Admin* erfolgt der Großteil der Arbeit. Hier liegen die Seitenverwaltung, die Rechtevergabe, das Setzen der Layouts und Vieles mehr. In den folgenden Abschnitten werden wir uns daher die wichtigsten Bereiche anschauen.

4.2.1 Seiten- und Objektverwaltung

Als ersten Schritt in der Portalverwaltung sollen zunächst weitere Portalseiten angelegt werden. Auf diesen Seiten können dann Portlets, Gadgets und CMS-Inhalte platziert werden. Nach der Standardinstallation sind zunächst vier Seiten sichtbar: Home, News, Weather und Samples. Eine weitere Seite soll hier dazugenommen werden.

Die Verwaltung der Portalseiten erfolgt im Bereich *Admin*, dort innerhalb des Reiters *Portal Objekte*. Der Portalserver kann in unterschiedlichen Betriebsmodi gestartet werden. Da wir im Standardportal arbeiten, wählen Sie zunächst über *default* das Default-Portal aus, und Sie sehen alle Seiten, die durch die Installation bereits angelegt wurden. Im oberen Bereich des Fensters können Sie einen neuen Fensternamen eingeben und ihn mittels *Seite erstellen* anlegen.

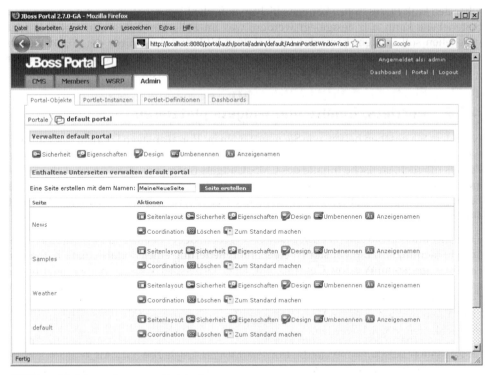

Abbildung 4.7: Anlegen einer neuen Portalseite

Als Ergebnis wird im Portal eine weitere Seite dargestellt. Um die neue Seite zu sehen, müssen Sie zuerst den Admin-Bereich verlassen und über den Link *Portal* rechts oben wieder in den normalen Portalmodus zurückwechseln. Falls Sie auf die neue Seite wechseln, werden Sie noch nicht allzu viel darin vorfinden. Es müssen zunächst noch Objekte auf diese Seite platziert werden. Wechseln Sie daher zurück in den Admin-Modus und dort wieder in das Default-Portal. Über den Link *Seitenlayout* neben Ihrer neu angelegten Seite gelangen Sie zur Konfiguration der Seite selbst, in der Sie beispielsweise Portlets auf der Seite platzieren können oder auch statischen Content. Dies wird im nächsten Kapitel genauer beschrieben.

Es ist sogar möglich, eine Hierarchie von Seiten aufzubauen. So kann eine Seite wiederum auf andere Unterseiten verweisen. Die Standarddarstellung zeigt Unterseiten dabei in einem Drop-Down-Menü an. Wenn eine andere Visualisierung gewünscht ist, kann dies über entsprechende Layout-Einstellungen natürlich auch realisiert werden.

Den einzelnen Seiten können Sie unterschiedliche Berechtigungen vergeben. Dazu ist der Link *Sicherheit* vorhanden. So kann das Betrachten einer Seite auf eine spezielle Rolle beschränkt sein, damit nur bestimmte Benutzergruppen Einblick in die Seite und die Portlets haben. Innerhalb der Berechtigungen können Sie eine View-Berechtigung oder eine Personalize-Berechtigung vergeben. Beide Berechtigungen können zudem auch rekursiv angelegt werden. Rekursiv bedeutet in diesem Zusammenhang, dass die Eigenschaft an alle Kindelemente (dies sind z. B. Portlets auf einer Seite) vererbt wird.

Über den Link *Eigenschaften* können objektspezifische Eigenschaften gesetzt werden. Auf Seitenebene kann z. B. festgelegt werden, was im Falle von Fehlern in einem Portlet geschehen soll. Zudem kann das Erscheinungsbild einer Seite über den Punkt *Design* verändert werden. Innerhalb des Designs kann das Layout, das Theme sowie das RenderSet gesetzt werden. Mehr zu den Anpassungen des Portals finden Sie auch in diesem Kapitel.

4.2.2 Portlets, Inhalte und Widgets platzieren

Nachdem Sie gesehen haben, wie Sie neue Seiten im Portal anlegen können, beschäftigen wir uns im Folgenden damit, wie diese Seiten belebt werden können. Es ist innerhalb des Portals möglich, statische Inhalte des CMS, Gadgets (man könnte es ganz gut als „Spielereien" übersetzen) und Portlets zu verwalten. In der Liste der Seiten können Sie für die zu bearbeitende Seite mittels *Seitenlayout* in den Bearbeitungsmodus wechseln. Dieser ist ähnlich aufgebaut wie das Verwalten des persönlichen Dashboards.

Zunächst müssen Sie einen Fensternamen vergeben, der ein Fenster innerhalb einer Portalseite identifiziert. Ein Fenster ist eine Untergliederung einer Portalseite. Es hat in der Regeln so genannte Window Controls, mit denen es beispielsweise minimiert oder maximiert werden kann. Nachdem Sie den Fensternamen eingegeben haben, wählen Sie den Inhaltstyp aus. Dies kann ein Portlet sein, ein Gadget oder eine CMS-Seite. Je nach gewähltem Inhaltstyp verändert sich die Maske, indem unterschiedliche Detailauswahlmöglichkeiten möglich werden.

Im folgenden Beispiel habe ich die Inhaltsart *widget/google* gewählt. Als konkretes Widget habe ich mich für das *Smiley of the day* entschieden. Sobald ein Widget ausgewählt wurde und hervorgehoben markiert ist, kann es über die *Hinzufügen*-Buttons entweder im zentralen Bereich oder auf der linken Seite hinzugefügt werden.

Innerhalb der einzelnen Bereiche können Sie über die Buttons *Nach oben* und *Nach unten* die Reihenfolge der Fenster verändern. Die Struktur der Seite wird über das Layout definiert. Das Standardlayout definiert wie gezeigt einen linken und einen zentralen Bereich. Es ist jedoch jederzeit möglich, weitere Bereiche im Layout festzulegen und somit auch diesen Admin-Bereich anzupassen.

Sobald Sie wieder in den Portalmodus wechseln, sehen Sie ihr neues Fenster innerhalb der entsprechenden Portalseite. Mit dem gleichen Mechanismus können Sie jetzt unterschiedliche Fenster mit unterschiedlichen Inhaltstypen auf der Seite platzieren. Über die Berechtigung können Sie steuern, welcher Benutzer welche Fenster überhaupt sehen darf. Sie können auf verschiedenen Ebenen definiert werden. So kann eine Berechtigung, die ihre Eigenschaften an alle Kindelemente vererbt, direkt auf Portalebene angelegt werden. Es ist auch möglich, Berechtigungen auf Seitenebene oder sogar auf Portlet-Ebene zu definieren.

4.2.3 Benutzerverwaltung

Ein Benutzer kann sich direkt auf der öffentlichen Portalseite registrieren. Standardmäßig wird er auch sogleich für die Benutzung des Portals freigeschaltet. Es besteht natürlich auch die Möglichkeit, einen Workflow innerhalb des Portals zu definieren, der eine Überprüfung der Mailadresse oder eine manuelle Freischaltung erfordert. Hat sich ein Benutzer selbst registriert, so hat er automatisch die Rolle *user* bekommen. In der Administration können diesem Benutzer weitere Rollen hinzugefügt werden. Natürlich können auch durch den Administrator neue Benutzer angelegt werden.

Doch schauen wir uns zuerst das Anlegen neuer Benutzer im Admin-Modus an. In die Benutzerverwaltung können Sie mit *Members* wechseln. Darin existieren zwei Teilbereiche: die Benutzerverwaltung an sich sowie die Rollenverwaltung. In der Verwaltung der Benutzer können Sie vorhandene Benutzer ändern, löschen oder neu anlegen. Abbildung 4.8 zeigt den Dialog, wenn Sie auf *Create new user account* gehen.

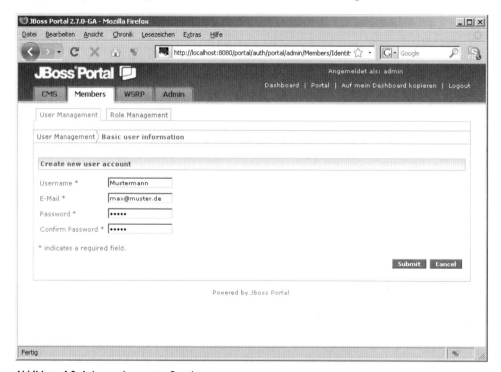

Abbildung 4.8: Anlegen eines neuen Benutzers

Nach Angabe der Benutzerdaten können Sie auswählen, welchen Rollen ein Benutzer zugeordnet sein soll. Danach bestätigen Sie alles mit *Save* und *Submit*.

In der Rollenverwaltung können Sie neue Rollen definieren oder vorhandene bearbeiten. Eine Rolle ist zunächst einmal lediglich ein Name. Es kann jedoch darüber gesteuert werden, was ein Benutzer später sehen oder bearbeiten darf.

In der Praxis ist ein Portal häufig an einen Verzeichnisdienst wie z. B. LDAP angebunden. Damit können in einem zentralen Dienst innerhalb eines Unternehmens Benutzer und Rollen gepflegt werden und verschiedene Clients darauf zugreifen. Das Portal wäre damit einer dieser Clients, der sich Benutzerdaten und Rollen von diesem Verzeichnisdienst abholen kann. Eine Anbindung von JBoss Portal an LDAP funktioniert recht einfach. Es genügen wenige Konfigurationsdateien. Eine kurze Einführung dazu finden Sie ebenfalls in diesem Kapitel.

4.2.4 Content Management

Neben Portlets, für die ein Portal sicherlich primär bestimmt ist, kann auch statischer Inhalt mit JBoss Portal erstellt und verwaltet werden. Dabei basiert das Content-Management-System von JBoss Portal auf Apache Jackrabbit. Apache Jackrabbit wiederum ist die Referenzimplementierung des JSR-170, also des Standards für Content Repositories. Das CMS von JBoss Portal ist ein vollwertiges Content-Management-System. Es können Ordner, Dateien, Bilder sowie weitere Artefakte darin abgelegt werden, zudem existiert eine Versionsverwaltung, die auch unterschiedliche Stände eines Artefakts speichern kann. Ein 4-Augen-Prinzip kann für die Freigabe von Inhalten integriert werden. Erwähnenswert ist an dieser Stelle noch, dass das CMS eine eigene Berechtigungssteuerung hat. Es ist möglich, diese komplett zu ignorieren und alles über die Portalberechtigung abzubilden. Oder man fährt einen Weg aus der Kombination von CMS- und Portalberechtigung.

Im Admin-Modus ist die Verwaltung des Contents innerhalb der ersten Reiterlasche CMS angebracht. Von dort können Sie neue Verzeichnisse oder Dateien anlegen, Inhalte hochladen oder auch Content exportieren. Direkt nach dem Wechseln in den CMS-Bereich können Sie sofort beginnen, Verzeichnisse zu durchsuchen und neue Inhalte bereitzustellen. Standardmäßig ist ein Ordner *default* bereits vorhanden. Sie können per Mausklick direkt in den Ordner wechseln und vorhandene Inhalte verändern. Über die Listbox können Sie verschiedenste Aktionen durchführen.

Beginnen wir zunächst mit dem Anlegen eines Ordners über *Verzeichnis erstellen*. Sie können im Dialog nochmals explizit festlegen, in welchem Bereich des Dateibaums der neue Ordner angelegt werden soll.

Geben Sie einen entsprechenden Ordnernamen sowie eine zusätzliche Beschreibung ein. Anschließend können Sie in diesem Ordner neue Dateien erstellen oder auch eine bestehende Datei hochladen. Natürlich ist es auch möglich, komplette Verzeichnisse (Archive) auf einmal hochzuladen. Im Folgenden ist das manuelle Anlegen einer Datei beschrieben. Wählen Sie im neu angelegten Ordner *Datei erstellen* aus und Sie können zunächst die Metadaten der neu zu erstellenden Datei angeben.

Mit der Checkbox *WYSIWYG-Editor* können Sie steuern, ob Sie die Datei lediglich in einem einfachen Textfenster erstellen, oder einen komfortablen Editor verwenden möchten. Wenn die Checkbox aktiviert ist, sehen Sie im unteren Bereich des Fensters einen recht komfortablen Editor zur Anlage einer Content-Seite.

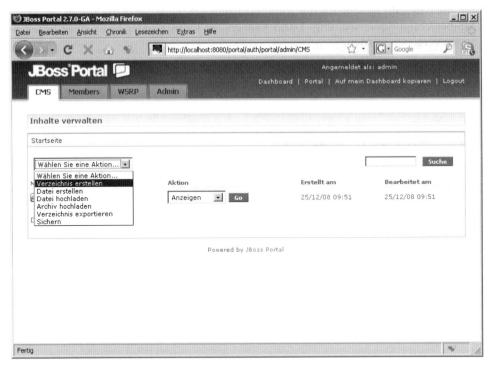

Abbildung 4.9: Anlegen eines Ordners im Bereich CMS

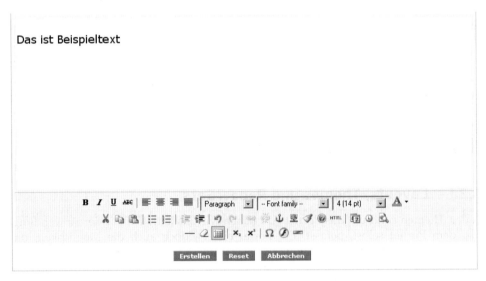

Abbildung 4.10: WYSIWYG-Editor

Bitte denken Sie daran, dass die Inhalte sprachspezifisch gepflegt werden, sodass je nach Spracheinstellung des späteren Benutzers die passende Datei angezogen wird.

Über die Auswahl *Sichern* aus der Aktions-Listbox gelangen Sie in die bereits erwähnte CMS-Berechtigungsverwaltung. Darin können auf Ordner- oder Dateiebene Berechtigungen vergeben werden.

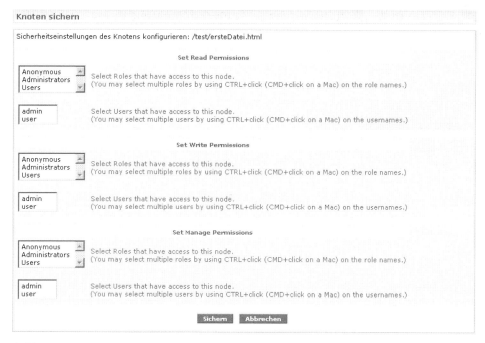

Abbildung 4.11: Berechtigungen im CMS

Eine Auswahl von mehreren Rollen oder Benutzern kann durch eine gedrückte CTRL-Taste erreicht werden. Ist nichts selektiert (Standardeinstellung) wird keine Sicherheit durch das CMS verwendet. Es greifen dann lediglich die im Portalkontext verwendeten Mechanismen.

4.3   Darstellung im Portal

4.3.1   Layouts, Themes und RenderSets

In den Themen rund um das Portlet API haben wir uns lediglich mit der Anwendung, also dem Portlet selbst, befasst. Ein Portal bietet jedoch auch die Möglichkeit, das „Drumherum" anzupassen. Es kann das Fenster um die Portlets herum angepasst werden (also der Fensterrahmen, die Window Controls etc.) sowie die Gesamtseite an sich. Ein Portal aggregiert die Ausgaben der Portlets, reichert die Inhalte um weiteres Markup an (*Decoration*) und sendet das gesammelte Markup zurück zum Client.

Diese Möglichkeiten sind allerdings nicht standardisiert. Vielmehr hat jeder Portalhersteller seine eigenen Möglichkeiten, das Aussehen zu modifizieren. Im JBoss-Portalserver existieren die Begriffe *Layout*, *Theme* und *RenderSet*. Mit allen drei Möglichkeiten kann das Aussehen des Portalauftrittes komplett an das eigene Corporate Design angepasst werden. Natürlich müssen gewissen Konventionen eingehalten werden, aber dennoch hat ein Webdesigner fast alle Freiheiten, das Aussehen des Portals komplett zu modifizieren.

Schauen wir uns zunächst den Standard einer Portalseite an (Abbildung 4.1). Es ist eine tabellarische Anordnung mit zwei Spalten. Die linke Spalte ist etwas schmaler als die rechte. Darin sind die einzelnen Portlets angeordnet. Die beiden Spalten bzw. Bereiche, in denen Portlets platziert werden. werden in der JBoss Welt als **Region** bezeichnet. Eine Region ist somit eine Art Platzhalter, in dem zur Laufzeit einzelne Portlets eingefügt werden können. Der Begriff der Region ist deshalb so wichtig, weil damit ein Stück Wiederverwendbarkeit geschaffen wird. Es kann nämlich das Aussehen der Seite verändert werden, die Anordnung der Regions bleibt jedoch erhalten.

Die Struktur einer Seite lässt sich mithilfe eines **Layouts** anpassen. Ein Layout regelt das Markup einer Seite. Layouts sind in der Regel als JSP oder Servlet realisiert. Somit kann recht einfach ein neues Layout erstellt werden – einfach eine vorhandene Layout-JSP verändern.

Eventuell soll jedoch nicht das grundsätzliche Markup, sondern es sollen lediglich die Hintergrundfarbe, die Schriftart oder einzelne Icons verändert werden. Hier kommen **Themes** ins Spiel. Ein Theme ist die Zusammenfassung aller Styles und Bildelemente, die das Erscheinungsbild eines Portals formen. Mittels Themes und Layouts kann somit das Layout aufgebaut werden, indem die Portlets innerhalb von Regions platziert werden. Doch wie erfolgt genau diese Platzierung? Werden die Portlets nebeneinander, untereinander oder wild durcheinander in eine Region eingebettet? Und wird noch etwas Markup um die einzelnen Portlets einer Region dekoriert? Genau diese Aufgabe übernehmen **RenderSets**. RenderSets sind als Java-Klasse realisiert, da hierbei viel Dynamik benötigt wird. Es muss über eine Liste von Portlets iteriert und entsprechendes Markup dynamisch zusammengestellt werden.

Mit diesen drei Optionen (Layouts, Themes, RenderSets) sind somit genügend Möglichkeiten vorhanden, das Aussehen eines Portals komplett an eigene Anforderungen anzupassen. Im Folgenden wird daher im Detail auf die Erstellung dieser drei Optionen eingegangen.

4.3.2   Erstellen neuer Layouts

Layouts dienen in einem Portal dazu, die Struktur sowie das Markup einer Seite zu bestimmen. In JBoss Portal ist es möglich, ein eigenes Layout zu definieren und einzelnen Portalseiten dieses Layout zuzuweisen, auch eine Zuordnung auf Portalebene ist möglich. Damit kann ein Default-Layout bestimmt werden, das zunächst für alle Kindelemente – Portalseiten – gilt. Es besteht natürlich die Möglichkeit, dass einzelne Portalseiten das Standardlayout überschreiben können. Um ein neues Layout im Portal hinzuzufügen, existieren zwei Wege:

- Es kann im *portal-core*-Verzeichnis ein neues Layout definiert und ebenfalls in den *portal-core*-Verzeichnissen hinzugefügt werden. Dabei wird in eine bestehende Portal-Installation in vorhandenen Dateien eine Änderung vorgenommen.

- Es wird ein eigenes Deployment erstellt, das ein komplettes Layout beinhaltet.

Die elegantere Möglichkeit ist sicherlich der zweite Weg. Es wird ein eigenes Artefakt geschaffen, das separat erstellt und deployt werden kann. Somit ist es auch möglich, zur Laufzeit neue Layouts hinzuzufügen, ohne dass in den *portal-core*-Verzeichnissen eine Änderung vorgenommen werden muss. Im Folgenden wird daher auch dieser Lösungsansatz weiter beschrieben.

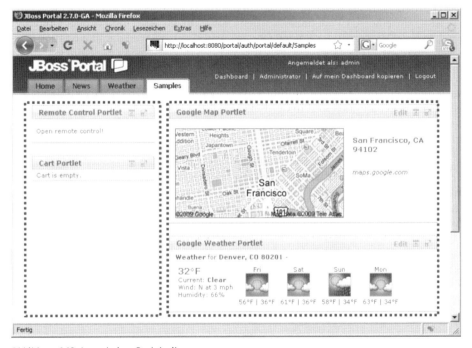

Abbildung 4.12: Layout einer Portalseite

In Abbildung 4.12 sehen Sie die Beispielseite, die in JBoss Portal 2.7 mit ausgeliefert wird. Das Layout ist so aufgebaut, dass es zwei unterschiedlich breite Bereiche gibt, in denen Portlets eingebracht werden können. Das RenderSet definiert, dass die Portlets untereinander in die beiden Bereiche einfließen. Mittels eines Layouts kann genau diese Struktur, das Markup, verändert oder komplett neu aufgebaut werden.

Für ein neues Layout wird ein eigenes Webprojekt erstellt. Das neue Layout soll eine Darstellung in zwei Spalten beinhalten, wobei beide Spalten jeweils 50 % der Gesamtbreite einnehmen. Die beiden Bereiche sollen nach Himmelsrichtungen – West und Ost – benannt werden. Der Name des Layouts ergibt sich damit als *CardinalLayout* (Cardinal points = Himmelsrichtungen). Um die Grundstruktur nicht grundlegend neu erarbeiten zu müssen, empfiehlt es sich, ein vorhandenes Layout zu verwenden und die Änderungen in einer Kopie davon vorzunehmen. So kann ein Standardlayout, beispielsweise das

3columns-Layout, als Kopiervorlage herangezogen werden. Die Layouts sind im JBoss-Verzeichnis unter *server/default/deploy/jboss-portal.sar/portal-core.war/layouts* zu finden. Auch die dort vorhandenen JavaScript- und CSS-Ordner können in das eigene Projekt übernommen und später angepasst werden (siehe Abschnitt 4.3.3).

Das entscheidende Element ist jedoch eine Datei *portal-layouts.xml*, die direkt im *WEB-INF*-Verzeichnis abgelegt sein muss. Wird das Projekt deployt, wird durch JBoss automatisch auf das Vorhandensein dieser Datei gescannt und ggf. ein neues Layout registriert.

```xml
<?xml version="1.0" encoding="UTF-8"?>
<layouts>
  <layout>
    <name>cardinal</name>
    <uri>/index.jsp</uri>
    <uri state="maximized">/maximized.jsp</uri>
    <regions>
      <region name="west" />
      <region name="east" />
    </regions>
  </layout>
</layouts>
```

Listing 4.1: portal-layouts.xml zur Definition eines Layouts

In Listing 4.1 ist zu erkennen, dass zunächst ein neues Layout *cardinal* definiert wird. Die eigentliche Struktur wird in der Datei *index.jsp* abgebildet. Für den *Maximized*-Zustand gibt es eine eigene JSP. Die einzelnen Portlets werden in zwei Bereiche abgebildet: Im *east*- und im *west*-Bereich. Diese Angaben genügen schon, um ein neues Layout zu registrieren. Alles Weitere ist eine Frage von Webdesign und Seitenaufbau.

```html
<div id="content-container">
    <table border="5" width="100%">
    <tr>
        <td>
            <p:region regionName='east' regionID='east'/>
        </td>
        <td>
            <p:region regionName='west' regionID='west'/>
        </td>
    </tr>
    </table>
    <hr class="cleaner"/>
</div>
```

Listing 4.2: Abbildung der zwei Spalten des CardinalLayouts (Ausschnitt)

In der Layout-JSP (*index.jsp*) müssen die RegionNames der *portal-layouts.xml*-Datei wieder zu finden sein. In obigem Auszug aus der Beispielseite ist zu erkennen, dass eine einfache Tabelle mit zwei Spalten angelegt wird. Die Tabelle nimmt den maximal vorhandenen Platz ein (100 %) und ordnet die Portlets in zwei Spalten an. Wie genau die Portlets in den Regions angeordnet werden, ist eine Frage der RenderSets. An dieser Stelle sei der Hinweis erlaubt, dass das abgebildete Design mit Sicherheit von jedem erfahrenden Webdesigner auf das schärfste kritisiert würde. Tabellen als Designelement sind heutzutage nicht mehr aktuell. Na ja, ich habe ja die Ausrede, dass ich Entwickler bin und das Design normalerweise andere Experten realisieren. Aber genau in dieser Datei ist der Schnittpunkt von Design und Entwicklung. Ein Designer kann das neue Markup vorgeben, der korrekte Einbau in eine Layoutdefinition ist wiederum Sache des Portaladministrators oder eines Entwicklers.

Ich hoffe, dass meine bescheidenen Designversuche Sie nicht davon abhalten, mit der Erstellung eines JBoss-Portal-Layouts fortzufahren. Nachdem das Design fertiggestellt ist, kann es als Webanwendung (*war*-Datei) in den Server deployt werden. Achten Sie in der Konsole auf eventuelle Fehlerausgaben. Wurde das neue Layout erfolgreich registriert, kann es einer bestehenden Seite zugeordnet werden. Dazu wechseln Sie im Admin-Bereich in die Portalobjekte und suchen dort nach ihrer Seite, die Sie anpassen möchten. Über den Menupunkt *Design* gelangen Sie in eine entsprechende Pflegemaske.

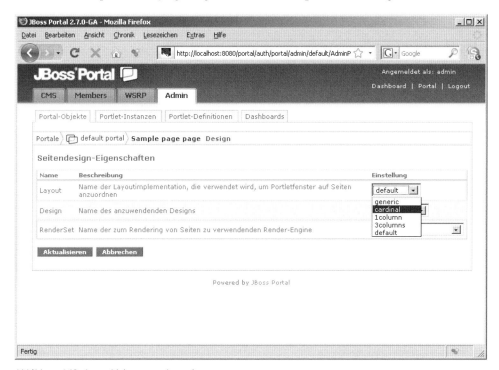

Abbildung 4.13: Auswahl des neuen Layouts

In Abbildung 4.13 sehen Sie, wie das neue Layout der Beispielseite zugewiesen wird. Das Ergebnis ist dann eine Portalseite mit zwei gleichmäßig verteilten Bereichen.

Mit dem Layout haben Sie somit das wesentliche Markup definiert, das für den Seitenaufbau verantwortlich ist. Im nächsten Abschnitt werden Sie lernen, wie CSS-Dateien, Java-Scripte und Bilder hinzugefügt werden können, damit der Portalauftritt auch perfekt wird.

4.3.3 Erstellen neuer Themes

Während Layouts für das Markup (also quasi die Grobstruktur) zuständig sind, kann mittels Themes das genaue Erscheinungsbild einer Seite erschaffen werden. Themes sind letzten Endes ein Sammelsurium von Stylesheets, JavaScript-Dateien und Bildern, die in der Summe eine grafisch ansprechende Seite ergeben. Da dieses Buch primär für Entwickler bestimmt ist (zu denen ich mich auch zähle) folgt hier jetzt keine Einführung in die Grundlagen von Design und Style. Vielmehr wird auf das Erstellen und Deployen eines neuen Themes eingegangen.

Auch bei Themes kann nach den gleichen Vorgehensweisen wie bei Layouts verfahren werden. Es kann direkt im Verzeichnis *JBOSS_HOME\server\default\deploy\jboss-portal.sar\portal-core.war\themes* ein neues Theme angelegt und live bearbeitet werden, oder es wird ein separates Theme-Projekt erstellt und deployt. Im Folgenden wird letzterer Weg beschrieben.

Legen Sie zunächst ein Webprojekt an, also mit *WebContent*-Ordner, *WEB-INF* und *web.xml*. In den Ordner *WEB-INF* muss eine Theme-Definitionsdatei *portlet-themes.xml* angelegt werden. In Listing 4.3 ist eine Beispieldatei abgebildet.

```xml
<?xml version="1.0" encoding="UTF-8"?>
<themes>
    <theme>
        <name>bookExample</name>
        <link href="/portal_style.css" rel="stylesheet" type="text/css" />
        <link rel="shortcut icon" href="/images/favicon.ico" />
    </theme>
</themes>
```

Listing 4.3: Theme-Definitionsdatei portlet-themes.xml

In der abgebildeten *portlet-themes.xml* wird ein Link zu einem Stylesheet *portal_style.css* gesetzt. In diesem Stylesheet können die unterschiedlichen Style-Klassen gesetzt werden. Das einfachste Vorgehen ist, sich ein Stylesheet aus einem bestehenden Theme zu kopieren und nach Belieben anzupassen.

In der Praxis kommt es häufiger vor, dass Themes erweitert oder verändert werden. Layouts werden seltener angepasst. Wenn das Theme als *exploded archive* deployt ist, kann ein Webdesigner sogar live Änderungen vornehmen und sieht die Auswirkungen ohne separaten Deployment-Vorgang. An dieser Stelle sei nochmals auf die JBoss-Dokumentation zu Themes hingewiesen, falls Sie mehr über die Details von CSS und Skripten erfahren möchten.

Das Theme selbst kann auch wieder im Menüpunkt *Design* bei der Seitenverwaltung zugeordnet werden (Abbildung 4.14).

Abbildung 4.14: Zuweisung des neuen Themes

4.4 Erweiterte Administrationsfunktionen

4.4.1 Ändern der Datasource

Ein Portal benötigt zwingend eine Datasource. Im Gegensatz zu klassischen Servlet-basierten Webanwendungen, die auch ohne eine Datenbank auskommen können, benötigt ein Portal immer eine Möglichkeit, Daten abzuspeichern. Schon allein der Aufbau der Portalseiten und Windows muss irgendwo persistent gehalten werden. Wenn man zudem bedenkt, wie viele Einstellungen notwendig sind, bis ein Portlet auf einer Seite angezeigt wird, wird schnell klar, dass alle diese Einstellungen irgendwo abgelegt werden müssen.

Des Weiteren haben Sie im Kapitel über die Grundlagen des JSR-168 gelernt, dass innerhalb der Portlet-Entwicklung auf Preferences zugegriffen werden kann. Diese Preferences können initial zwar im Deployment-Deskriptor erstellt werden, es besteht jedoch auch die Möglichkeit, dass Benutzer diese Einstellungen ändern und auch speichern können. Die Speicherung der Preferences muss dabei durch das Portal übernommen werden, nicht durch eine projektspezifische Funktion. Somit haben wir einen weiteren Grund, weshalb ein Portal zwingend eine Datasource benötigt.

JBoss unterstützt mittlerweile eine große Anzahl von Datenbanksystemen. Da die Portal-persistenz mithilfe von Hibernate umgesetzt ist, kann jedes Datenbanksystem verwendet werden, das auch durch Hibernate unterstützt wird. Und das ist mittlerweile schon fast jedes.

Eine Beschreibung der Datasource befindet sich in einer speziellen XML-Datei, die als JNDI-Name *PortalDS* eingetragen hat. Die Datasource-Dateien befinden sich unter

$JBOSS_HOME/server/configuration/deploy/ wobei *configuration* in der Regel *default* ist. Die Dateien unterliegen dem Muster *portal-NAME-ds.xml*. In der Standardinstallation wird eine HSQL-Datenbank zugrunde gelegt, die dazu notwendige Datasource-Datei heißt *portal-hsqldb-ds.xml*.

```
<datasources>
   <local-tx-datasource>
      <jndi-name>PortalDS</jndi-name>
      <connection-url>
         jdbc:hsqldb:${jboss.server.data.dir}${/}portal
         ${/}hypersonic${/}database
      </connection-url>
      <driver-class>org.hsqldb.jdbcDriver</driver-class>
      <user-name>sa</user-name>
      <password><![CDATA[]]></password>
   </local-tx-datasource>
</datasources>
```

Listing 4.4: Hsql-Datasource

In Listing 4.4 sehen Sie einen Ausschnitt aus einer Datasource-Beschreibung. Es wird zunächst der JNDI-Name festgelegt, unter dem die Ressource verfügbar gemacht wird. Für das Portal ist der Name *PortalDS* vorgeschrieben. Anschließend werden die Verbindungsdaten wie Connection String, Treiberklasse und Zugangskennung angegeben. Eventuell ist der JDBC-Treiber noch nicht verfügbar und es muss eine entsprechende *jar*-Datei in den Pfad mit aufgenommen werden. Falls Sie somit eine andere Datenbank anbinden wollen (was für einen produktiven Betrieb zwingend empfohlen wird) genügt es somit, eine Datasource anzulegen, die Konfigurationsdatei anzupassen und ggf. den JDBC-Treiber verfügbar zu machen. Beim Start von JBoss Portal wird zuerst überprüft, ob alle notwendigen Tabellen vorhanden sind. Bei einer neuen Datenbank werden beim erstmaligen Starten automatisch sämtliche notwendigen Tabellen angelegt. Danach ist das System sofort einsatzfähig.

4.4.2 Anbindung eines LDAP-Servers

In der Standardinstallation werden Benutzer direkt in der Portaldatenbank abgelegt und verwaltet. In der Praxis jedoch hängt meist ein LDAP-Verzeichnis dahinter, in dem die Benutzer samt Rollen abgespeichert sind. Natürlich ist es mit JBoss Portal auch möglich, einen LDAP-Server anzubinden.

Was ist LDAP?

LDAP ist zunächst einmal nichts anderes als ein Protokoll. LDAP steht für Light-weight Directory Access Protocol. Dieses Protokoll definiert, wie Abfragen und Änderungen an ein Verzeichnis gestellt werden können. Als Basis wird TCP/IP zugrunde gelegt. Es beschreibt somit, wie eine Kommunikation zwischen einem LDAP-fähigen Client und einem LDAP-fähigen Directory-Server funktioniert. Es hat sich im Sprachgebrauch jedoch eingebürgert, von LDAP-Clients und LDAP-Servern zu sprechen, weshalb in diesem Buch ebenfalls dieser Begriff verwendet wird. Wohl wissend, dass damit ein Server gemeint ist, der unter anderem auch das LDAP-Protokoll unterstützt.

Eine Umstellung von JBoss Portal auf einen LDAP-Server funktioniert natürlich ebenfalls wieder in einer Konfigurationsdatei. Den Einstieg bildet dabei die Datei

jboss-portal.sar/META-INF/jboss-service.xml

```
<mbean code="org.jboss.portal.identity.IdentityServiceControllerImpl"
       name="portal:service=Module,type=IdentityServiceController"
       xmbean-dd=""
       xmbean-code="org.jboss.portal.jems.as.system.JBossServiceModelMBean">

    <xmbean/>
    <depends>portal:service=Hibernate</depends>
    <attribute name="JndiName">java:/portal/IdentityServiceController</attribute>
    <attribute name="RegisterMBeans">true</attribute>
    <attribute name="ConfigFile">conf/identity/identity-config.xml</attribute>
    <attribute name="DefaultConfigFile">
        conf/identity/standardidentity-config.xml
    </attribute>
</mbean>
```

Listing 4.5: Umstellung auf einen LDAP-Zugriff

In Listing 4.5 sehen Sie den relevanten Abschnitt. Anstelle einer *identity-config.xml* tragen Sie an dieser Stelle *ldap_identity-config.xml* ein. Damit wird eine andere (bereits vorhandene) Konfigurationsdatei angezogen.

```
<datasources>
    <datasource>
        <name>LDAP</name>
        <config>
            <option>
                <name>host</name>
```

Listing 4.6: LDAP-Konfiguration der Datasource

```
            <value>localhost</value>
        </option>
        <option>
            <name>port</name>
            <value>10389</value>
        </option>
        <option>
            <name>adminDN</name>
            <value>cn=Directory Manager</value>
        </option>
        <option>
            <name>adminPassword</name>
            <value>password</value>
        </option>
    </config>
    </datasource>
</datasources>
```

Listing 4.6: LDAP-Konfiguration der Datasource (Forts.)

In Listing 4.6 sehen Sie den relevanten Ausschnitt für die LDAP-Datasource-Konfiguration. Es werden zunächst der Host und der Port für die Verbindung angegeben, ebenso wie der Admin-Zugang samt Passwort. Je nach Schema sind eventuell noch die Suchanfragen anzupassen, mit denen JBoss Portal nach Usern und Rollen sucht (Listing 4.7).

```
<options>
    <option-group>
        <group-name>common</group-name>
        <option>
            <name>userCtxDN</name>
            <value>ou=People,o=test,dc=portal,dc=example,dc=com</value>
        </option>
        <option>
            <name>roleCtxDN</name>
            <value>ou=Roles,o=test,dc=portal,dc=example,dc=com</value>
        </option>
    </option-group>
</options>
```

Listing 4.7: Suchanfragen für User und Rollen

Nach all den Konfigurationsschritten fragen Sie sich eventuell, welche LDAP-Server und Clients empfehlenswert wären. Eine Empfehlung meinerseits wäre natürlich rein subjektiv und im Umfang dieses Buches auch seriös nicht machbar, zudem gibt es oftmals in Unternehmen bereits gesetzte Produkte, auf die man sich eben verbinden muss.

Wenn Sie jedoch einfach mal eine LDAP-Anbindung testen und mit einem Client Daten modifizieren oder betrachten möchten, kann ich das Apache-Directory-Projekt empfehlen. Innerhalb dieses Projekts wird ein LDAP-fähiger Server sowie ein LDAP-Client entwickelt, komplett unter der Apache-Lizenz. Der Vorteil ist hier, dass sowohl der Server wie auch der Client perfekt aufeinander abgestimmt sind. Ich habe diese Kombination schon häufig in Trainings eingesetzt und bin nie auf größere Probleme gestoßen.

4.5 JBoss-spezifische Deployment-Deskriptoren

Bislang haben Sie ein Portlet bzw. eine Portlet-Applikation höchstwahrscheinlich als *war*-Datei deployt, haben danach in den Admin-Modus gewechselt und dort das Portlet auf einer Seite platziert. Zudem mussten Sie in JBoss Portal eine Portlet-Instanz anlegen, ein Window definieren und eventuell sogar noch Themes und Layouts zuordnen. Diese Vorgehensweise soll im Folgenden auch nicht in Frage gestellt werden, sie ist vollkommen korrekt.

Allerdings ist diese manuelle Arbeit sehr aufwändig und fehleranfällig, zudem ist immer der Eingriff des Administrators nötig. Wünschenswert wäre es daher, sämtliche Konfigurationsschritte bereits in der Anwendung zu hinterlegen, sodass nur noch ein *war*-Deployment notwendig ist, und ein Portlet würde automatisch auf einer Seite an einer definierten Stelle erscheinen.

Dies ist keine blanke Vision, sondern funktioniert bereits heute unter Zuhilfenahme zusätzlicher Deployment-Deskriptoren. Neben den bekannten und standardisierten Deskriptoren wie der *web.xml* oder *portlet.xml*, hat JBoss für das Portal zusätzliche Deskriptoren definiert, die genau die oben beschriebenen Einstellungen festschreiben können. Auch die Beispielanwendungen in diesem Buch verwenden die JBoss-Deskriptoren. Daher können Sie eine *war*-Datei einfach in JBoss deployen. Alle notwendigen Seiten und Zuordnungen werden „magisch" vorgenommen.

4.5.1 Der portlet-instances.xml Deskriptor

Der *portlet-instances.xml*-Deskriptor ist die Weiterführung der *portlet.xml* auf Instanzenebene. Während in der *portlet.xml* zunächst eine Portlet-Definition angelegt wird, kann in *portlet-instances.xml* direkt eine Portlet-Instanz definiert werden. Portlet-Instanzen sind JBoss-spezifisch und nicht in der Portlet-Spezifikation hinterlegt. Der Vorteil einer Portlet-Instanz ist, dass basierend auf einer Portlet-Definition (in der *portlet.xml*) verschiedene Ausprägungen vorgenommen werden können. So können z. B. zwei Instanzen mit unterschiedlichen Ausprägungen der Portlet Preferences angelegt werden. Die beiden Instanzen können dann auf verschiedene Portalseiten angeordnet werden. Auch können sich verschiedene Portlets hinsichtlich ihrer Security-Einstellungen unterscheiden.

```xml
<?xml version="1.0" standalone="yes"?>
<deployments>
  <deployment>
    <instance>
      <instance-id>PortletPreferencesInstance</instance-id>
      <portlet-ref>PortletPreferences</portlet-ref>
      <preferences>
        <preference>
          <name>bookmarkOfDay</name>
          <value>http://www.jboss.org</value>
        </preference>
      </preferences>
      <security-constraint>
        <policy-permission>
          <action-name>view</action-name>
          <unchecked />
        </policy-permission>
      </security-constraint>
    </instance>
  </deployment>
</deployments>
```

Listing 4.8: portlet-instances.xml-Deskriptor

In Listing 4.8 ist ein Beispiel für einen Deskriptor zu sehen, der eine Portlet-Instanz für das Preferences Portlet definiert. Hier wird über das *<instance>*-Element festgelegt, dass eine neue Portlet-Instanz erzeugt werden soll. Damit der Container weiß, von welchem Portlet eine Instanz angelegt werden soll, wird dies über das *<portlet-ref>*-Element angegeben. Der Name der Instanz muss eindeutig sein, da es sonst innerhalb des Portlet-Containers zu Namenskonflikten kommen kann.

Im Anschluss daran können bei Bedarf die Preferences überschrieben werden. Somit können pro Instanz spezifische Preferences angelegt werden. Im abgebildeten Beispiel wird als Bookmark des Tages die Website von *jboss.org* hinterlegt. In einer anderen Instanzendefinition könnte eine andere Website als Empfehlung hinterlegt sein. Innerhalb dieses Deskriptors können mehrere Definitionen für Instanzen vorgenommen werden.

Der letzte Abschnitt, beginnend mit *<security-constraint>*, bezieht sich auf die Berechtigungen, die auf diesem Artefakt hinterlegt werden. Im Element *<action-name>* können die bekannten Ausprägungen

■ view

■ viewrecursive

■ personalize

■ personalizerecursive

angegeben werden. Zusätzlich kann geregelt werden, wer (bzw. welche Rolle) diese Instanz sehen bzw. personalisieren darf. Es könnte mit einem *<role-name>* eine explizite Rolle genannt oder wie im abgebildeten Beispiel mittels *<unchecked>* keine Einschränkung auf Rollenebene vorgenommen werden.

4.5.2 Der *-object.xml-Deskriptor

Zusätzlich zum Deskriptor zur Definition von Portlet-Instanzen können natürlich auch noch weitere Portalartefakte wie Portalseiten oder Portlet Windows in Deskriptoren angelegt werden. Hierfür kann es unterschiedliche Deskriptoren geben, die dem Namensschema *-object.xml* unterliegen. Diese Dateien werden vom Portal eingelesen und entsprechende Aktionen (z. B. Anlegen einer Seite) ausgeführt. Aufgrund dieses Namensschemas ist klar, dass es mehrere solcher Deskriptoren in einer Portlet-Applikation geben kann.

```xml
<?xml version="1.0" encoding="UTF-8"?>
<deployments>
  <deployment>
    <parent-ref>default</parent-ref>
    <if-exists>overwrite</if-exists>
    <page>
      <page-name>DeskriptorPage</page-name>
      <window>
        <window-name>DeskriptorTestWindow</window-name>
        <instance-ref>
          PortletPreferencesInstance
        </instance-ref>
        <region>center</region>
        <height>0</height>
      </window>
      <security-constraint>
        <policy-permission>
          <unchecked />
          <action-name>viewrecursive</action-name>
        </policy-permission>
      </security-constraint>
    </page>
  </deployment>
</deployments>
```

Listing 4.9: *-object.xml-Deskriptor

In Listing 4.9 wird ein neues Window definiert, in das die zuvor festgelegte Portlet-Instanz eingebettet wird. Das erste Element innerhalb des Deployment-Abschnitts, *<parent-ref>*, zeigt zunächst an, wo im Baum das neue Element angeordnet werden soll.

Der Name setzt sich zusammen aus *Portal-Instanz.Portal-Seite*. Da im Beispiel eine komplett neue Seite verwendet werden soll, steht im *<parent-ref>*-Element lediglich ein *default* für das Default-Portal. Über das *<if-exists>*-Element kann angegeben werden, ob eine eventuell bestehende Seite überschrieben oder beibehalten werden soll. Die möglichen Parameter sind *overwrite* und *keep*. Im Anschluss wird die neue Seite beschrieben und ein Window darauf platziert. Über das Element *<instance-ref>* wird der Bezug auf eine Portlet-Instanz vorgenommen.

Bezüglich des Abschnitts *<security-constraint>* gelten die gleichen Bedingungen wie für den *portlet-instances.xml*-Deskriptor (vgl. ggf. vorheriges Kapitel).

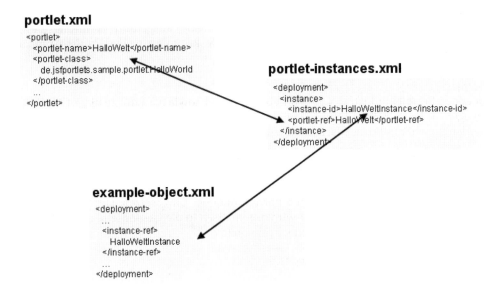

Abbildung 4.15: Deskriptoren in JBoss Portal

Abbildung 4.15 zeigt nochmals die Beziehungen der drei Deskriptoren *portlet.xml*, *portlet-instances.xml* und **-object.xml* auf. Es ist auf die korrekte Schreibweise des Portlets zwischen der *portlet.xml* und der *portlet-instances.xml* sowie auf die Schreibweise der Portlet-Instanz in der *portlet-instances.xml* und der **-object.xml* zu achten.

Insgesamt bietet die Verwendung der Deskriptoren den großen Vorteil, dass ein Deployment sowie eine Anordnung eines Portlets auf einer Seite komplett automatisiert und innerhalb einer Deployment Unit gebündelt werden kann.

4.5.3   Der jboss-portlet.xml-Deskriptor

Ein weiterer JBoss-spezifischer Deskriptor ist die Datei *jboss-portlet.xml*. In dieser können zusätzliche Angaben für ein Portlet vorgenommen werden, die in der Standard *portlet.xml* nicht vorgesehen sind. So kann ein Portlet beispielsweise für einen Remote-Aufruf freigeschaltet (WSRP) oder es können Header-Informationen für eine Gesamtseite angegeben werden. Auch ist es möglich, Services in eine Portlet-Applikation zu injekten.

```
<?xml version="1.0" standalone="yes"?>
<portlet-app>
  <portlet>
    <portlet-name>PortletPreferences</portlet-name>
    <header-content>
      <link rel="stylesheet" type="text/css"
            href="/global/important-styles.css" />
      <script type="text/javascript"
            src="/global/important-scripts.js"></script>
    </header-content>
  </portlet>
</portlet-app>
```

Listing 4.10: Setzen von Header-Content in der jboss-portlet.xml

Im ersten Beispiel in Listing 4.10 wird ein JavaScript sowie ein Link zu einer CSS-Datei angegeben. Diese beiden Informationen sollen im Head-Bereich der Seite ausgegeben werden, sobald das Portlet dargestellt wird.

Damit kann umgangen werden, dass durch das Portlet API kein direkter Zugriff auf die Seite möglich ist. Seit Portlet 2.0 gibt es zwar in der Spezifikation eine Erweiterung hinsichtlich Header- und Cookie-Informationen, diese sind jedoch als optional gekennzeichnet und nicht zwingend durch einen PortletContainer umzusetzen. Der innerhalb des *<header-content>* angegebene Inhalt wird automatisch in die Gesamtseite mit eingebaut, sobald die Seite das PreferencesPortlet beinhaltet.

```
<?xml version="1.0" standalone="yes"?>
<portlet-app>
  <portlet>
    <portlet-name>PortletPreferences</portlet-name>
    <remotable>true</remotable>
    <security></security>
  </portlet>
</portlet-app>
```

Listing 4.11: Setzen der Remotable-Option

Ebenfalls kann in der *jboss-portlet.xml* ein Portlet auf *remotable* gesetzt werden. Damit steht es über Web Services for Remote Portlets (WSRP) zur Verfügung.

4.6 JBoss Portal API

In den Kapiteln rund um das Portlet API haben wir uns ausschließlich mit den Portlets selbst beschäftigt. Das Portal als Umgebung haben wir lediglich als Laufzeitumgebung verwendet, programmatisch jedoch nie direkt angesprochen. Die Portlet-Spezifikaktion ist von ihrem Charakter natürlich auch nur auf Portlets ausgerichtet, Portale sind (leider) überhaupt nicht standardisiert und damit spezifiziert. Zwar gibt es mit den Funktionen der Portlet-Spezifikation 2.0 jetzt die Möglichkeiten, Dinge außerhalb des eigenen Portlets anzustoßen, eine direkte Interaktion mit dem Portal ist jedoch nicht vorgesehen.

Viele Hersteller von Portallösungen haben daher ein eigenes API zur Kommunikation mit dem Portal bereitgestellt. So auch JBoss, das mit dem JBoss Portal API eine Möglichkeit bietet, aus dem Portlet heraus direkt mit dem Portal zu kommunizieren (oder zumindest Funktionalität daraus zu verwenden). Um das Prinzip eines Portal-APIs zu demonstrieren, wird ein kleiner Ausschnitt aus dem JBoss Portal API gezeigt. Natürlich sind die unterschiedlichen Hersteller-APIs beliebig umfangreich und komplex, darauf kann an dieser Stelle natürlich nicht eingegangen werden. Ein kleines Beispiel sollte jedoch aufzeigen, wie sich das Portlet API von einem Portal-API abgrenzt.

Als Beispiel wird im Folgenden eine Navigation durch den kompletten Portalbaum demonstriert. Innerhalb eines Portlets soll Zugriff auf die „darüber liegenden" Elemente erreicht werden und diese im Portlet mit dem Namen ausgegeben werden. Ein Portal ist natürlich nicht eine wilde unkontrollierte Ansammlung von Seiten, Fenstern und Portlets. Vielmehr hat das gesamte Portal eine hierarchische Anordnung von so genannten Portal Nodes. Direkt unter dem Portal sind die Portalseiten angesiedelt, die wiederum verschiedene Fenster haben können, in denen Portlets enthalten sind.

Mit den JBoss APIs ist es unter anderem möglich, folgende Funktionalitäten zu verwenden:

- Untersuchung und Navigation innerhalb der Baumstruktur

- Erzeugung von Portal-URLs zum Zweck der Navigation zwischen kompletten Portalseiten

- Abfrage von Eigenschaften einzelner Nodes

Für die Portal Nodes existiert in dem Portal-API ein spezielles Interface: *org.jboss.portal.api.node.PortalNode*. Es ist über dieses Interface jedoch lediglich möglich, Informationen abzufragen. Ein manipulierender Eingriff ist nicht vorgesehen.

```
public interface PortalNode {

    int TYPE_CONTEXT = 0;
    int TYPE_PORTAL = 1;
    int TYPE_PAGE = 2;
    int TYPE_WINDOW = 3;
```

Listing 4.12: PortalNode-Interface

entwickler.press

```
    int getType();
    PortalNode getRoot();
    PortalNode getParent();
    String getName();
    String getDisplayName(Locale locale);
    PortalNode getChild(String name);
    Collection getChildren();
    PortalNode resolve(String relativePath);
    Map getProperties();
    PortalNodeURL createURL(PortalRuntimeContext portalRuntimeContext);
}
```

Listing 4.12: PortalNode-Interface (Forts.)

Im Interface sind die möglichen Node-Typen hinterlegt. Die relevanten Typen sind *Portal*, *Page* und *Window*. Sobald man sich auf einem bestimmten Knoten befindet, kann über die Methoden *getParent()*, *getChild()*, *getChildren()* oder *resolve()* durch den Baum navigiert werden.

```
public class PortalAPIPortlet extends JBossPortlet {

    @Override
    protected void doView(JBossRenderRequest request,
        JBossRenderResponse response) throws PortletException,
            PortletSecurityException, IOException {

        PortalNode pn = request.getPortalNode();
        response.setContentType("text/html");

        PrintWriter writer = response.getWriter();
        writer.println("<h3>Hallo Portal API</h3>");
        writer.println("<table>");



        printLineForNode( "Aktueller Knoten", pn, writer );
        printLineForNode( "Vater-Knoten", pn.getParent(), writer );
        printLineForNode( "Opa-Knoten", pn.getParent().getParent(), writer );
        printLineForNode( "Großopa-Knoten",
                        pn.getParent().getParent().getParent(), writer );
        writer.println("</table>");
    }
```

Listing 4.13: Ausgabe der PortalNodes

```
    private void printLineForNode( String name, PortalNode pn,
                                PrintWriter writer ) {
        writer.println("<tr>");
        writer.println("<td>" + name + "</td>");
        writer.println("<td>" + pn.getName() + "</td>");
        writer.println("<td>Typ:</td>");
        writer.println("<td>" + pn.getType() + "</td>");
        writer.println("</tr>");
    }
}
```

Listing 4.13: Ausgabe der PortalNodes (Forts.)

Damit Sie gegen das JBoss Portal API kompilieren können, sind dem Build-Pfad weitere Bibliotheken hinzuzufügen. Für das obige Beispiel benötigen Sie die Dateien *portal-api-lib.jar* und *jboss-portlet-api-lib.jar*, die beide im Verzeichnis *JBOSS_HOME\server\default\deploy\jboss-portal.sar\lib* zu finden sind.

In Listing 4.13 wird für den aktuellen Knoten der Name sowie der Typ abgefragt. Ebenso wird in der Hierarchie nach oben geschaut, welche Parent-Knoten noch enthalten sind. Den Parent-Knoten erhält man über den Aufruf *getParent()* auf einem PortalNode. Die Ausgabe dieses Portlets ist in Abbildung 4.16 zu sehen.

Abbildung 4.16: Ausgabe der Parent Nodes

Es ist deutlich zu erkennen, dass das abgebildete Portlet zunächst in einem Window *PortletAPIExampleWindow* enthalten ist (Typ 3), Dieses Window ist in einer Seite *PortalAPIExamplePage* enthalten (Typ 2). Die Seite ist in einer Seitenhierarchie eingebaut, deswegen hat auch diese Seite wieder einen Parent vom Typ 2. Der oberste Knoten in dieser Hierarchie ist das Default-Portal selbst vom Typ 1.

Damit dieses Portlet so funktionieren kann, wird nicht wie üblich von GenericPortlet abgeleitet, sondern von der Klasse *JBossPortlet*. Zudem muss in der *portlet.xml* ein spezieller PortletFilter registriert werden, damit ein *JBossRenderRequest* erzeugt wird.

```
<filter>
    <filter-name>JBoss Portlet Filter</filter-name>
    <filter-class>org.jboss.portlet.filter.JBossPortletFilter</filter-class>
    <lifecycle>RENDER_PHASE</lifecycle>
</filter>

<filter-mapping>
    <filter-name>JBoss Portlet Filter</filter-name>
    <portlet-name>PortalAPIExample</portlet-name>
</filter-mapping>
```

Listing 4.14: JBoss-Filter und Filter-Mapping in der portlet.xml

In Listing 4.14 ist der entsprechende Filter sowie das Filter-Mapping eingetragen. Der Filter muss für das jeweilige Portlet registriert werden. Bei Bedarf kann der Filter auch in anderen Lifecycle-Phasen aktiviert werden.

4.7   Zusammenfassung

In diesem Kapitel haben Sie die Grundlagen von JBoss Portal kennengelernt. Sie können jetzt einen JBoss-Portalserver grundsätzlich administrieren. Sie haben neue Portalseiten angelegt, Portlets bzw. Widgets auf Seiten platziert und Berechtigungen auf Portalseiten vergeben.

Ebenso haben Sie das integrierte Content-Management-System gesehen und einzelne Ordner und Dateien angelegt. Hilfreich ist bei Portalprojekten mit JBoss sicherlich die Möglichkeit, mit den JBoss-spezifischen Deployment-Deskriptoren eine komplette Deployment-Einheit zu bauen, die ein Portlet mit dem Deployment sogleich auf eine Portalseite platziert.

Genau dieses Feature nutzen auch die Beispiele, die Sie über die bereits erwähnte Webseite herunterladen können. Es sind entsprechende Deskriptoren beigefügt, sodass Sie lediglich die *war*-Datei deployen müssen. Danach können Sie sofort die Beispiele austesten.

5 Putting all together - JSF und Portlets verbinden

5.1 JSF und Portlets, wo ist das Problem?

Nachdem Sie in den Einführungskapiteln beide Technologien (JavaServer Faces und Portlets) kennen gelernt haben, ist es natürlich berechtigt zu fragen: Warum gibt es überhaupt ein Buch zum Thema JSF und Portlets? Es sollte doch kein Problem sein, ein JSF-Portlet zu schreiben!

Prinzipiell ist die Aussage schon richtig, dass es „eigentlich" kein Problem sein sollte. JSF kann JSP als View-Technologie nutzen. Und ein Portlet mit JSPs haben Sie bereits in den ersten Kapiteln erstellt. Wie so häufig liegt jedoch gerade bei dem Wort „eigentlich" das Problem.

In der Vergangenheit gab es schon zahlreiche Ansätze, JSF und Portlets zu kombinieren. Es existierten sowohl Open-Source-Projekte wie auch kommerzielle Implementierungen, die eine Portlet-Entwicklung basierend auf JSF unterstützten. Von daher könnte man durchaus vermuten, dass die beschriebene Problematik nur theoretisch besteht und in der Praxis irrelevant ist.

Bei genauerer Betrachtung beider Technologien fallen jedoch viele kleinere Probleme auf, die es zu meistern gilt. Das Pareto-Prinzip schlägt hier voll zu: 80 % der Probleme, beide Technologien zu kombinieren, lassen sich sehr einfach lösen. Die restlichen 20% bereiten jedoch zum Teil immense Schwierigkeiten. Daher ist es nicht verwunderlich, dass viele Hallo-Welt-Beispiele schnell geschrieben sind und es auf den ersten Blick sehr einfach zu sein scheint, ein JSF-Portlet zu schreiben. Um jedoch ein Projekt umzusetzen, das über den Umfang von Trivialbeispielen hinausgeht, sind noch etliche Fragen zu klären, wie sich denn JSF in einer Portalumgebung verhalten soll.

Nehmen wir als erstes Beispiel die Lebenszyklen beider Technologien. JSF hat einen Lebenszyklus, bestehend aus sechs Phasen. In der Portlet-Welt gibt es auch einen Lebenszyklus, im Wesentlichen werden pro Benutzeraktion zwei Phasen abgearbeitet – *render* und *processAction*. Da in einem JSF-Portlet die Portlet-Technologie die führende Rolle innehaben wird, ist die Frage, wie der JSF-Lebenszyklus auf den Portlet-Lebenszyklus abgebildet werden kann. Soll sowohl in der *render*- als auch in der *processAction*-Phase der gesamte JSF-Lebenszyklus abgearbeitet werden? Dann würde jede Phase von JSF zweimal durchlaufen. Dies wiederum hätte zur Folge, dass eventuell zweimal eine Aktionsmethode in JSF aufgerufen wird. Auf ein konkretes Beispiel übertragen könnte es somit passieren, dass ein Aufruf der Persistenzschicht zur Ausführung einer Banküberweisung zweimal erfolgt. Glück für den Zahlungsempfänger könnte man jetzt sagen. Aber nicht gerade das gewünschte Verhalten für den Anwender.

Als Lösung für das Problem beider Lebenszyklen könnte man den JSF-Lebenszyklus in zwei Teile aufbrechen, sodass in der Portlet-Render- und in der Portlet-Action-Phase jeweils ein bestimmter Teil des JSF-Lebenszyklus abgearbeitet wird. Somit könnte man sicherstellen, dass keine Phase in JSF zweimal ausgeführt wird. Doch damit ergibt sich ein weiteres Problem. JSF geht davon aus, dass alle Phasen in einem Request abgearbeitet werden. So speichert JSF in der Phase *Process Validation* z. B. FacesMessages, die in der JSF-Render-Phase dann zur Anzeige kommen. Wird jetzt jedoch der JSF-Lebenszyklus in zwei Teile aufgespalten (damit beide Portlet-Phasen verwendet werden können), wird als Folge der JSF-Lebenszyklus nicht mehr in einem Request abgearbeitet. Und schon kann eine JSF-Anwendung nicht mehr korrekt funktionieren. Sämtliche Fehlermeldungen kommen nicht mehr zur Anzeige, da sie aufgrund des zweigeteilten Lebenszyklus nicht mehr berücksichtigt werden. Auch dieses Verhalten ist nicht gerade ein erstrebenswertes Ergebnis.

Anhand dieser ersten Beispiele sieht man recht schnell, dass eine Verbindung von JSF und Portlets durchaus eine anspruchsvolle Angelegenheit ist. Grund genug, eine generelle Lösung zu erarbeiten, die die Problematik der Kombination von JSF und Portlets behandelt. Dies passiert bereits im Rahmen so genannter JSF-Portlet-Bridges, worauf in den folgenden Kapiteln näher eingegangen wird.

5.2 Eine Brücke verbindet Welten – JSF-Portlet Bridges

JavaServer Faces und Portlets sind durchaus zwei verschiedene Welten. Sie haben beide Technologien bereits kennen gelernt und wissen, was beide in der Lage sind zu leisten. Und Sie haben auch die Grenzen jeder Technologie kennen gelernt. In der Kombination beider Technologien versprechen wir uns somit eine bestmögliche Integration und damit eine noch leistungsfähigere Gesamtlösung. Grenzen, die die Portlet-Technologie aufweist, sollen durch die Möglichkeiten von JSF erweitert werden. JSF dagegen soll durch ein Portal bzw. einen PortletContainer diejenige Funktionalität hinzugefügt werden, die es standardmäßig in einem klassischen JSF-Umfeld nicht gibt.

In der Kombination beider Technologien existieren jedoch einige Hürden, die es zu meistern gilt. Bereits angesprochen haben wir die Abbildung beider Lebenszyklen. Bei einem JSF-Portlet hat zunächst die Portlet-Technologie die „führende" Rolle inne. „Führend" in der Hinsicht, dass die Anwendung in einem PortletContainer abläuft. Es muss also zunächst das Portlet-Interface in einer Klasse implementiert und der Portlet-Lebenszyklus eingehalten werden. Erst danach kann man sich um JSF kümmern, das innerhalb dieser Grenzen wie auch immer ablaufen kann. Es wird somit ein Übergang von Portlets hin zu JSF benötigt. Eine Problematik wie diese ist nicht neu, es gab und gibt auch Ansätze, z. B. Apache Struts oder andere View-Technologien in ein Portlet zu übertragen. Für genau solche Anforderungen, eine Brücke zwischen Technologien zu schaffen, wurden so genannte **Bridge**-Lösungen erschaffen. Wie der Name bereits impliziert, sorgen Bridge-Lösungen dafür, verschiedene Technologien zu verbinden. Im Portalumfeld ist – vereinfacht formuliert – eine Bridge nichts anderes als ein Portlet, das intern die Anfragen an andere View-Technologien weiterleitet.

JSF-Portlet Bridges sind somit Lösungen, die JSF und Portlets verbinden können. Ziel soll es sein, möglichst ohne großen Aufwand eine JSF-Anwendung mithilfe einer JSF-Portlet Bridge in einem PortletContainer betreiben zu können. JSF-Portlet Bridges sind im Allgemeinen so konzipiert, dass sie sogar ohne Änderungen eine JSF-Anwendung in ein Portlet überführen können. Bridge-Lösungen sollen somit an eine bestehende Anwendung angebaut werden können, ohne die Anwendung allzu großen Änderungen unterziehen zu müssen. Somit sind Bridge-Lösungen separiert vom eigentlichen Projekt zu betrachten. Übertragen auf JSF-Portlets gibt es damit einerseits die JSF-Anwendung, zum anderen eine eigenständige Bridge. Beide werden entsprechend miteinander kombiniert, und als Ergebnis kann die Anwendung in einem PortletContainer ablaufen.

Eine einfache Bridge-Lösung ist zunächst mit überschaubarem Aufwand und sehr wenigen Zeilen Code zu realisieren. Übertragen auf ein JSF-Portlet ist eine Portlet-Klasse bereitzustellen, die Anfragen an das Portlet an die JSF-Anwendung weiterleitet. Einfache Lösungen lassen sich hierfür recht schnell realisieren. Probleme treten erst bei genauerer Betrachtung auf. Das ist mit Sicherheit auch ein Grund, weshalb es in der Vergangenheit eine kaum überschaubare Zahl an JSF-Bridge-Lösungen gab. Es gab einige vielversprechende Ansätze, aber leider auch einige weniger glückliche Lösungen für JSF-Portlet Bridges. Erst mit der Standardisierung einer JSF-Portlet Bridge wurde meiner Meinung nach eine vernünftige Lösung erarbeitet.

5.3 Die Standardisierung der Bridge im JCP

5.3.1 Warum braucht die Welt einen Standard?

Die Verbindung von JSF und Portlets ist nichts spektakulär Neues. Erste Versuche, JSF in einem Portlet zu verwenden, gab es prinzipiell bereits mit Erscheinen der JSF-Technologie. Die Vorzüge, die eine Kombination von beiden Technologien mit sich bringt, waren bereits sehr früh ersichtlich. Als Folge wurden natürlich zahlreiche Versuche unternommen, um JSF möglichst einfach in den PortletContainer zu bringen. Die Idee **der JSF Portlet Bridges** wurde geboren. So entstanden in den letzten Jahren speziell für JSF zahlreiche Implementierungen, die eine einfache Kombination von JSF und Portlets versprachen.

Viele der Lösungen waren dabei durchaus gut durchdacht und konzipiert, oftmals jedoch nur in einem speziellen Application Server verwendbar. Gerade die kommerziellen Anbieter haben proprietäre Lösungen bereitgestellt, die untereinander (wie so häufig) in keinster Weise kompatibel waren.

Zwar gab es auch einige Open-Source-Projekte, die eine JSF Portlet Bridge als Ziel hatten, einige der Lösungen waren jedoch funktional nicht ganz ausgereift (vorsichtig formuliert). Innerhalb der Apache-Gruppe gab es auch mindestens zwei Lösungen. Diese hatten jedoch unterschiedliche konzeptionelle Ansätze und waren auch nicht untereinander kompatibel. Zwar funktionierten sie recht gut, man musste sich jedoch für eine Lösung entscheiden.

Der Wunsch war somit allgegenwärtig, einen Standard für eine Verbindung von JSF und Portlets zu etablieren, nach dem sich alle kommerziellen Hersteller und Open-Source-Initiativen richten konnten. Diesem Wunsch wurde 2006 nachgegangen, als ein JSR (Java Specification Request) im JCP (Java Community Process) eingereicht und akzeptiert wurde. Der **JSR-301** war geboren.

Innerhalb des JSR-301 (Codename **Portlet Bridge Specification for JavaServer Faces**), sollte ein einheitlicher Standard für eine JSF Portlet Bridge erschaffen werden, um damit künftig die Kombination beider Technologien zu vereinheitlichen. Ziel war es natürlich auch, eine ausgereifte und umfassende Lösung bereitzustellen, sodass dies auch für komplexere und anspruchsvolle Projekte verwendet werden kann (und nicht nur für ein Hallo-Welt-Beispiel).

Innerhalb kurzer Zeit wurde eine Expertengruppe gebildet und die Arbeit aufgenommen. In den folgenden Monaten entstand innerhalb der Expert Group eine einheitliche Lösung für die Brücke zwischen JSF und Portlets. Schnell wurde erkannt, dass es unterschiedliche Lösungen für JSR-168- und JSR-286-Portlets geben muss. Innerhalb der Expert Group ging man daher zunächst davon aus, dass zwei Ergebnisse erarbeitet werden. Eine Spezifikation für JSF 1.2 und Portlet 1.0, eine weitere Spezifikation für JSF 1.2 und Portlet 2.0. Im Laufe der Zeit hat man sich jedoch dazu entschieden, die Kombination JSF 1.2 und Portlet 2.0 in einen eigenen JSR auszulagern: **JSR-329**.

Bridge JSR	JSF-Version	Portlet-Version
JSR-301	1.2 (JSR-252)	1.0 (JSR-168)
JSR-329	1.2 (JSR-252)	2.0 (JSR-286)

Tabelle 5.1: JSF- und Portlet-Kombinationen

2009 wurden der Standard sowie eine Referenzimplementierung für den JSR-301 fertiggestellt. Auf diesem Stand basieren auch dieses Buch und die darin enthaltenen Beispiele. Der JSR-329 wird aktuell (Sommer 2009) noch erarbeitet.

5.3.2 Der JSR-301

Der JSR-301 wurde 2006 ins Leben gerufen. Die eigentliche Arbeit wurde Ende 2006, im Dezember, aufgenommen. Den Specification Lead übernahm Michael Freedman von Oracle. Weitere Vertreter der Expertenrunde waren u. a. Thomas Spiegl und Martin Marinschek (beide bekannt aus dem MyFaces-Projekt), Kito D. Mann (Editor von jsf-central.com), Scott O'Bryan (Oracle), Ted Goddard (Icesoft), Ate Douma (Hippo), Stan Silvert (JBoss), Roger Kitain (Sun) und ich selbst. An der Zusammensetzung des Expertengremiums ist gut zu erkennen, dass viele Vertreter, die als kommerzielle oder Open-Source-Variante bereits Bridge-Lösungen erstellt haben, sich hier zusammengefunden haben. Auch bekannte Namen aus dem JSF- und Portlet-Lager sind vertreten. Somit war eine optimale Basis für eine umfassende Arbeit gegeben.

Da neben einem Standard auch eine Referenzimplementierung benötigt wird, musste auch dafür eine passende Plattform gefunden werden. Als Plattform wurde auf das MyFaces-Projekt gesetzt. Dies hatte mehrere Vorteile. Zum einen konnte man sehr schnell die Arbeit aufnehmen, da die JSR-301-Referenzimplementierung als Subprojekt von MyFaces sehr schnell eingerichtet werden konnte, zum anderen war und ist die MyFaces-Community sehr aktiv und erfahren. Als Ergebnis steht jetzt eine Referenzimplementierung innerhalb der MyFaces-Community bereit. Dies bedeutet jedoch nicht, dass es irgendwelche Abhängigkeiten zum MyFaces-Core-Projekt gibt. Die JSR-301-Bridge ist autark und kann auch mit der JSF-Referenzimplementierung (Mojarra) von Sun kombiniert werden.

Es wurden innerhalb der Expertengruppe auch verschiedene Abstimmungen mit anderen JSRs vorgenommen, so z. B. mit dem JSR-286 (Portlet Specification 2.0). Auch daran ist zu erkennen, dass eine vollständige Bridge durchaus sehr aufwändig in der Programmierung und Abstimmung sein kann. Die Abstimmung mit anderen Standardisierungsgruppen war jedoch äußerst wichtig, da der JSR-301 verschiedene andere (Standard-) Technologien verbinden soll. Daher musste zwangsläufig auch in kleineren Teilen auf die anderen Standards Einfluss genommen werden, um eine bestmögliche Integration zu erreichen.

5.3.3   Der JSR-329

Der JSR-329 behandelt ähnlich wie der JSR-301 die Kombination von JSF und Portlets. Allerdings geht der JSR-329 speziell auf die Portlet-2.0-Funktionen ein. Mit Portlet 2.0 kamen viele weitere Möglichkeiten in der Portlet-Entwicklung dazu. Als Beispiele seien Portlet Events, Public-Render-Parameter oder ResourceServing genannt. Der JSR-329 behandelt speziell diese Fragestellungen. Die Grundprinzipien, wie beispielsweise die Lebenszyklen kombiniert werden können, sind im JSR-301 und JSR-329 gleich. Der JSR-329 erweitert hauptsächlich den JSR-301 um Portlet-2.0-spezifische Funktionen. Sobald JSF 2.0 erscheint, wird natürlich auch für die neue JSF-Spezifikation wieder eine Bridge hin zur Portalwelt benötigt. Es wird daher künftig mit Sicherheit einen weiteren JSR geben, der die Kombination Portlet 2.0 und JSF 2.0 behandeln wird.

5.4   Grundlegende Funktionsweise des JSR-301

Nachdem Sie jetzt Vieles über die Hintergründe und die Entstehungsgeschichte des JSR-301 gelernt haben, werden wir im Folgenden in die genaue Funktionsweise einsteigen. Sie werden lernen, wie die JSR-301-Bridge funktioniert, welche Konfigurationsmöglichkeiten es gibt und welche Annahmen der gesamten Lösung zugrunde liegen. Während in diesem Kapitel primär der konzeptionelle Aufbau besprochen wird, werden in Kapitel 6 verschieden konkrete Beispiele aufgezeigt. Für einen Einsatz der Bridge ist ein tieferes Verständnis von Interna zwar nicht zwingend notwendig, aber es hilft auf jeden Fall beim Aufbau komplexer Webprojekte. Daher empfehle ich Ihnen, dieses Kapitel zunächst durchzuarbeiten bevor Sie an die konkreten Implementierungsbeispiele gehen. Sie müssen zwar nicht jedes Detail komplett verstehen, aber zumindest den „roten Faden" in der JSR-301-Bridge-Lösung erkennen können.

5.4.1 Architekturüberblick

Bevor wir sofort in die (Un-)Tiefen der JSR-301-Bridge einsteigen, sollten wir zunächst ein grundsätzliches Verständnis der Architektur bekommen. Ich wähle den Top-Down-Ansatz, danach arbeiten wir uns schrittweise in die Details der Spezifikation vor.

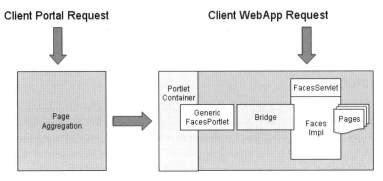

Abbildung 5.1: Überblick über die JSR-301-Architektur

In Abbildung 5.1 sehen Sie einen Überblick über die Architektur, die der JSR-301-Bridge zugrunde liegt. Auf der rechten Seite der Abbildung ist der „übliche" Einstieg in eine Servlet-basierte Webapplikation abgebildet, die über das Faces-Servlet verschiedene JSF-Seiten zur Verfügung stellt. Die Seiten werden aufgerufen, indem über einen Browser ein HTTP-Get oder -Post abgesetzt wird, der zunächst durch das FacesServlet abgefangen wird (technischer FrontController). Danach wird der in der Faces-Konfiguration definierte Lebenszyklus durchlaufen und dabei auf die JSF-Seite weitergeleitet. Dieser Weg ist bekannt und bedarf höchstwahrscheinlich keiner weiteren Erklärung. Wichtig zu erwähnen ist, dass in diesem Szenario das FacesServlet dafür zuständig ist, einen FacesContext aufzubauen. Dieser FacesContext steht während der gesamten Request-Verarbeitung zur Verfügung.

Der zweite Aufrufweg erfolgt über das Portal (also in der Abbildung „von links kommend"). In einer Portalumgebung kann natürlich keine spezielle JSF-Seite einer Anwendung aufgerufen werden. Vielmehr erfolgt zunächst ein Request an eine Portalseite. Die Portal-Engine, die für die Aggregation der Gesamtseite zuständig ist, leitet den Request von auf der Seite enthaltenen Portlets an den PortletContainer weiter. Dieser ist für den Lebenszyklus der einzelnen Portlets verantwortlich. Die Portlets erzeugen ein entsprechendes Markup, das wiederum durch das Portal aggregiert und als Gesamtseite zum Client (Browser) zurückgesendet wird.

Die Bridge ist jetzt das Bindeglied zwischen der Portlet- und der JSF-Umgebung. Die Bridge entspricht quasi dem FacesServlet. Sie ist dafür verantwortlich, eine geeignete Faces-Umgebung bereitzustellen, in der eine JSF-Anwendung ablaufen kann. Für die Anwendung selbst ist es somit vollkommen transparent, wie sie aufgerufen wurde. Entweder stellt das FacesServlet als FrontController die Umgebung bereit oder die Bridge in einer Portlet-Welt.

Mit diesem Überblick wird auch sogleich eine wichtige Frage beantwortet. Eine JSF-Anwendung muss nicht umprogrammiert werden, nur damit sie in einer Portlet-Umgebung laufen kann. Sicherlich müssen ein paar Dinge berücksichtigt werden. Es ist jedoch durchaus möglich, eine Anwendung sowohl für eine Servlet- wie auch für eine Portlet-Welt zu schreiben.

Dies ist somit auch eine wichtige Aussage zur JSR-301 Bridge. Sie ist so konzipiert, dass sie die bestehende JSF-Infrastruktur nicht „verbiegt". Es soll eine friedliche Koexistenz von Portal- und Nicht-Portal-Welt erreicht werden.

5.4.2   Terminologie

In den ersten Kapiteln dieses Buches haben Sie bereits alle relevanten Grundlagen zu JSF und Portlets kennen gelernt. Sie haben jedoch auch gesehen, dass viele Dinge zwar ähnlich benannt sind, doch im Detail durchaus komplett unterschiedliche Bedeutung haben können. So ist beispielsweise der Application Scope von JSF Managed Beans etwas komplett anderes als der Application Scope von Session-Objekten eines Portlets.

In der Spezifikation für die JSR-301-Bridge wird daher zu Beginn eine Begriffsdefinition dargestellt. Die genaue Abgrenzung der Begriffe ist wichtig für das Verständnis der Bridge. Aus diesem Grund wird auch hier im Buch eine Auswahl der wichtigsten Begriffe aufgeführt:

■ *Request* (oder *Client-Request*): Ein Request ist eine Anfrage eines Clients (Browsers) an einen Server.

■ *Response*: Eine Response ist die Antwort eines Servers an einen Client (Browser). Es wird als Antwort häufig Markup (z. B. HTML) gesendet. Es kann jedoch auch ein anderes Format (z. B. ein PDF-Stream) gesendet werden.

■ *Portlet Request*: Ein Portlet Request ist ein spezieller Request im Portalumfeld. Auch bei diesem Request wird durch einen Client Markup angefordert. Allerdings ist in diesem Fall der Client nicht ein Browser, sondern das Portal. Das Portal stellt einen PortletRequest an den PortletContainer. Des Weiteren existieren zwei unterschiedliche Arten von Portlet Requests: *ActionRequests* und *RenderRequests*.

■ *Portlet Response*: Eine Portlet Response ist das Gegenstück zu einem Portlet Request. Je nach Typ des Requests (Action oder Render) unterscheidet sich auch die Antwort. Die Antwort eines RenderRequests wird auch wieder durch das Portal als Consumer entgegengenommen und zu einer Gesamtseite aggregiert.

■ *Request Scope*: Ist die Gültigkeitsdauer eines Requests, der serverseitig verarbeitet wird. An einen Request können in der Regel weitere Informationen angehängt werden, die so lange erhalten bleiben, wie auch der Request gültig ist (Request-Attribute). Zur genaueren Unterscheidung sollte immer genannt werden, ob ein Servlet- oder ein Portlet Request Scope gemeint ist.

■ *Servlet Request Scope*: Dies ist die Gültigkeitsdauer eines Requests, der speziell durch einen ServletContainer verarbeitet wird. In einem ServletContainer erfolgt die Verarbeitung und die Markup-Generierung innerhalb eines Requests.

- *Portlet Request Scope*: In einem PortletContainer kann es natürlich auch eine Gültigkeitsdauer für einen Request geben. Bei Portlets wird jedoch zwischen einem Render- und einem Action-Request unterschieden. Es ist daher möglich, dass pro Client-Request auf Serverseite zwei Portlet Requests erzeugt werden. Werden Informationen in einem Request (z. B. dem ActionRequest) abgelegt, stehen sie im Folge-Request (Render Request) nicht mehr zur Verfügung, da dies in der Portlet-Welt ein neuer Request ist (obwohl es aus Clientsicht immer noch der gleiche Request ist).

- *Faces Request Scope*: Dies ist zunächst die Gültigkeitsdauer innerhalb von JSF. Da JSF jedoch im Kontext eines Containers ausgeführt wird, ist die Gültigkeitsdauer natürlich auch damit in Verbindung zu setzen. JSF wurde zunächst für die Servlet-Welt entwickelt. Hierbei verhält es sich so, dass der gesamte JSF-Lebenszyklus in einem Request ausgeführt wird. Der Request entspricht somit einem Client Request. In der Portlet-Welt verhält sich dies natürlich anders, weswegen es zu Problemen kommen kann. Genau diese Probleme mit den unterschiedlichen Scopes soll die 301-Bridge beseitigen.

- *Bridge Request Scope/Managed Request Scope*: Der Bridge Request Scope (oder auch Managed Request Scope – beides wird in der Spezifikation synonym verwendet) ist eine der wesentlichen Neuerungen des JSR-301. Dieser Scope ermöglicht es, dass JSF in einem PortletContainer ausgeführt werden kann. Der Managed Request Scope ist die Gültigkeitsdauer, die durch die Bridge verwaltet wird. Dieser Scope kann über einen PortletRequest hinaus andauern. So stellt die Bridge sicher, dass Daten des ActionRequests für nachfolgende RenderRequests bereitstehen und JSF somit problemlos ausgeführt werden kann. Auf diesen Scope wird im Folgenden näher eingegangen.

Wenn die gesamten Begriffe für Sie zunächst ein wenig irritierend wirken, seien Sie beruhigt. In den folgenden Abschnitten werden die Problematik sowie die Lösungsansätze noch genauer beschrieben und damit auch die Begriffe nochmals im Zusammenhang verwendet. Es sollte jedoch deutlich geworden sein, dass man sehr genau formulieren muss, von welchem Scope oder Request man gerade spricht, da die Unterscheidung im Detail doch sehr gravierend sein kann.

5.4.3　Bridge-Interface

In der Abbildung 5.1 zur Architektur der Bridge haben Sie bereits gesehen, dass in einer Portal-Umgebung vor einer JSF-Anwendung eine Bridge geschaltet wird, die den „Übergang" aus der Portlet-Welt in eine klassische JSF-Welt ermöglicht. Das zentrale Element in dieser Konstellation ist das Bridge Interface. Das Interface ist Teil der JSR-301 Spezifikation und definiert die API, die eine konkrete Implementierung der Bridge erfüllen muss.

```
init(PortletConfig)
destroy()
doFacesRequest(ActionRequest, ActionResponse)
doFacesRequest(RenderRequest, RenderResponse)
```

Abbildung 5.2: javax.portlet.faces.Bridge-Interface

In Abbildung 5.2 sehen Sie die entscheidenden Methoden des Bridge-Interfaces. Der Lebenszyklus der Bridge ist ähnlich aufgebaut wie der Lebenszyklus eines Portlets. Dies muss auch so sein, schließlich soll die Bridge den Übergang aus der Portlet-Welt heraus ermöglichen. Dennoch ist die Bridge (bzw. eine Implementierung des Interfaces) noch kein Portlet. Es fehlt das Portlet-Interface, das erst später im Rahmen des GenericFacesPortlet verwendet wird. Diese letzte Aussage ist sehr wichtig für das Verständnis. Das Bridge-Interface ist so konzipiert, dass es „irgendwie" in eine Portlet-Welt passt, aber selbst noch kein Portlet darstellt.

Üblicherweise hat jedes Portlet (bzw. jede Portlet-Applikation) eine eigene Instanz der Bridge. Die Bridge wird vor dem ersten Aufruf zunächst initialisiert, steht dann für Anfragen bereit und kann in einer Destroy-Phase wieder außer Betrieb genommen werden.

Initialisierung der Bridge

Die Bridge wird über die init-Methode initialisiert, bevor sie Requests annehmen und weiterreichen kann. Die Bridge berücksichtigt dabei Init-Parameter, die in der *web.xml* oder als PortletContext-Attribute angegeben werden können.

- *javax.portlet.faces.MAX_MANAGED_REQUEST_SCOPES*: Dieser Integer-Wert steuert, wie viele Bridge Request Scopes gleichzeitig vorgehalten werden können. Der Wert kann in einer Implementierung unterschiedliche Default-Werte aufweisen. Näheres zum Bridge Request Scope finden Sie in Kapitel 5.4.6. In der Referenzimplementierung liegt dieser Wert bei 100.

- *javax.portlet.faces.RENDER_POLICY*: Damit kann gesteuert werden, wie (bzw. ob) für das Rendering ein anderer View Handler verwendet soll. Mögliche Werte für diesen Parameter sind *ALWAYS_DELEGATE*, *NEVER_DELEGATE*, *DEFAULT*. *ALWAYS_DELEGATE* bedeutet, dass die Bridge nicht selbst das Rendering übernehmen soll, sondern immer an einen anderen Handler delegieren soll. *NEVER_DELEGATE* ist das komplette Gegenteil davon. Die Bridge übernimmt das Rendering selbst und delegiert in keinem Fall. *DEFAULT* ist der Wert, mit dem gemäß dem Decorator-Pattern in der Abfolge verschiedene View Handler zum Einsatz kommen können. Es wird dabei zunächst delegiert. Falls dabei eine Exception auftritt, wird quasi als Fallback das Rendering selbst übernommen.

- *javax.faces.LIFECYCLE_ID*: Hierüber kann ein Lebenszyklus festgelegt werden, der beim Ausführen der Bridge zum Einsatz kommt. Der Standardwert ist *LifecycleFactory.DEFAULT_LIFECYCLE*. Wichtig hierbei ist, dass mit dem Parameter der Lifecycle der Bridge gemeint ist, nicht der von JSF oder Portlets.

Zusätzlich zu diesen Parametern können auch Attribute im PortletContext gesetzt werden. Da der PortletContext jedoch Portlet-übergreifend ist, sind in den Parametern die Namen der Portlets kodiert. Somit kann erreicht werden, dass Portlet-spezifisch Angaben vorgenommen werden können.

- *javax.portlet.faces.[Portletname].excludedRequestAttributes*: Eines der wichtigsten Aufgaben der Portlet Bridge ist die Einführung des Bridge Managed Scopes (wird später noch genauer erläutert). Hier werden Request-Attribute gespeichert und für folgende Render-Phasen vorgehalten. Es kann jedoch Attribute geben, die nicht gespeichert werden dürfen. Mit diesem Parameter kann eine Liste von Strings angegeben werden, die durch die Bridge nicht im Bridge Managed Scope zwischengehalten werden. Bei den Namen der Attribute kann der * (Stern) als Wildcard verwendet werden.

- *javax.portlet.faces.[Portletname].preserveActionParams*: Über diesen Boolean-Wert kann festgelegt werden, ob Action-Request-Parameter für die Dauer des Bridge Request Scopes gespeichert werden sollen oder nicht. Wenn der Wert auf *false* gesetzt wird (Standard), werden Action-Request-Parameter nur im Action Request vorgehalten, nicht mehr im Render Request (was auch dem Standardverhalten entspricht). Wichtig ist hier die Betonung auf Parameter, nicht Attribute. Request-Attribute werden durch die Bridge gesondert behandelt. Der Parameter *preserveActionParams* bezieht sich lediglich auf die Request-Parameter und steuert, wie lange diese gespeichert werden sollen.

- *javax.portlet.faces.[Portletname].defaultViewIdMap*: Wie ich später noch genauer erläutern werde, wird ein generisches Portlet für die Anwendung durch den JSR-301 bereitgestellt. Dieses Portlet delegiert an die entsprechenden JSF-Seiten. In der defaultViewIdMap kann eine Map hinterlegt werden, die pro Portlet Mode die entsprechende View ID (JSF-Seite) definiert.

- Ein Interface ist zunächst nur die halbe Miete. Es wird natürlich basierend auf dem Interface eine konkrete Implementierung benötigt. Die Implementierung ist jedoch nicht Aufgabe der Spezifikation. Die Spezifikation definiert lediglich das Verhalten sowie die Anforderung an ein Interface, eine Implementierung der Klasse kann entweder innerhalb einer Referenzimplementierung oder in einer anderen Implementierung erfolgen.

Request-Verarbeitung

Nachdem die Bridge durch die Init-Phase in Bereitschaft gebracht wurde, kann die Verarbeitung einzelner Anfragen erfolgen. Dazu sind folgende zwei Methoden vorgesehen:

```
public void doFacesRequest( javax.portlet.ActionRequest request,
                            javax.portlet.ActionResponse response)
   throws BridgeUnititializedException, BridgeDefaultViewNotSpecifiedException,
        BridgeException, NullPointerException;


public void doFacesRequest( javax.portlet.RenderRequest request,
                            javax.portlet.RenderResponse response);
   throws BridgeUnititializedException, BridgeDefaultViewNotSpecifiedException,
        BridgeException, NullPointerException;
```

Listing 5.1: Methoden zur Request-Verarbeitung in der Bridge

Die Methoden sind so ausgelegt, dass sie auf den Lebenszyklus von Portlets passen. So unterscheiden sich beide Methoden aus Listing 5.1 nur in der Art des Request- und Response-Objekts. Zum einen werden ein ActionRequest und eine ActionResponse übergeben, zum anderen ein RenderRequest und eine RenderResponse. Aber auch auf die Gefahr hin, Sie zu langweilen, sei nochmals erwähnt, dass die Bridge an sich noch kein Portlet darstellt.

Destroy-Phase der Bridge

Die Destroy-Phase, die ebenfalls im Bridge-Interface definiert ist, liefert nichts allzu Spektakuläres. Es gibt eine Methode *public void destroy();*, in der entsprechende Aufräumarbeiten durchgeführt werden können. Da es für das Verständnis der Bridge wichtig ist, den Unterschied zwischen dem Interface und der Implementierung zu kennen, sei an dieser Stelle nochmals darauf hingewiesen. In der JSR-301-Spezifikation wird lediglich das Interface definiert. Dieses kann durch unterschiedliche Implementierungen abgebildet werden. Da jedoch das Interface eindeutig ist, sind damit die Implementierungen vom Prinzip her austauschbar. In diesem Buch wird auf zwei Implementierungen eingegangen. Zunächst auf die Referenzimplementierung, zum anderen auf die JBoss Portlet Bridge. JBoss hat eine eigene JSR-301-Implementierung entwickelt, die speziell für JBoss Portal, RichFaces und Seam und deren Kombination angepasst ist. Auch auf diese Implementierung gehen wir exemplarisch in diesem Buch ein.

5.4.4   GenericFacesPortlet

Das Bridge-Interface stellt den Übergang aus der Portlet-Welt in die JSF-Welt dar. Die Methoden der Bridge erinnern dabei stark an den Lebenszyklus eines Portlets. Dennoch ist die Bridge kein Portlet. Nun wird in einem PortletContainer jedoch als direkter Ansprechpartner eine Klasse benötigt, die das Portlet-Interface implementiert. Und dieses Interface wird von der Bridge nicht implementiert.

Sie haben in Kapitel 2.3.2 bereits gelernt, dass es oftmals geschickter ist, anstelle einer manuellen Implementierung des Portlet-Interfaces von einem GenericPortlet abzuleiten, das alle notwendigen Methoden bereits implementiert und zusätzliche Convenience-Funktionen bereitstellt. Ähnlich verhält es sich auch im JSR-301. Als Portlet, das auch in der *portlet.xml* eingetragen wird, existiert eine Klasse *javax.portlet.faces.GenericFacesPortlet*. Dieses Portlet regelt wiederum die Verwendung der jeweiligen Bridge-Implementierung. In den meisten Fällen muss das GenericFacesPortlet nicht überschrieben, sondern kann direkt verwendet werden. Es ist auch Teil der JSR-301-Spezifikation. Sollte es Fälle geben, in denen die Funktionalität der Bridge nicht ausreichend ist, kann logischerweise das GenericFacesPortlet abgeleitet und es können einzelne Aufrufe direkt behandelt werden. Das GenericFacesPortlet wurde explizit mit in die Spezifikation aufgenommen, um Entwicklern eine „Out-of-the-Box"-Lösung anbieten zu können und ohne großen Aufwand erste Ergebnisse zu erhalten.

Das GenericFacesPortlet bleibt im Normalfall in einem JSF Portlet das einzigste Portlet. Die JSF-Seiten selbst sind natürlich keine Portlets, sondern werden gemäß den Navigationsregeln innerhalb des Pageflows aufgerufen. Der PortletContainer kennt als Ansprechpartner daher im Normalfall nur das GenericFacesPortlet, das für eine Weiterverarbeitung des Requests verantwortlich ist.

Vom GenericFacesPortlet zur Bridge-Implementierung

Das GenericFacesPortlet ist als Portlet aufgebaut. Es wird über eine Init-Methode initialisiert und kann dort alle notwendigen Vorbereitungen treffen, um anschließend ankommende Requests verarbeiten zu können. Wichtigste Aufgabe des GenericFacesPortlets während der Initialisierung ist das Instanziieren der Bridge. Dazu wird zunächst nach einem Parameter *javax.portlet.faces.BridgeImplClass* gesucht, ob dieser gesetzt ist. Es kann mit diesem Parameter explizit eine Implementierungsklasse angegeben werden. Damit kennt das GenericFacesPortlet die Bridge-Implementierung und kann diese instanziieren.

```
<context-param>
    <param-name>javax.portlet.faces.BridgeImplClass</param-name>
    <param-value>org.apache.myfaces.portlet.faces.bridge.BridgeImpl</param-value>
</context-param>
```

Listing 5.2: Angabe der Bridge-Implementierung in der web.xml

Eine explizite Angabe dieses Parameters ist jedoch nicht zwingend notwendig. Die JSR-301-Spezifikation besagt, dass ohne Angabe dieses Parameters in einer Datei *META-INF/services/javax.portlet.faces.Bridge* gesucht, und darin der Name der Klasse ausgelesen wird. Diese Datei wird direkt mit einer *jar*-Datei (der Bridge-Implementierung) ausgeliefert. Daraus folgt, dass man als Anwendungsentwickler lediglich die *jar*-Dateien der Bridge verwenden muss, eine explizite Angabe der Bridge ist nicht notwendig. Das Auslesen des Parameters aus der *web.xml* wird meist nur dann verwendet, wenn in einer Umgebung mehrere Implementierungen der Bridge vorhanden sind und daher eine explizite Angabe notwendig ist. Aus dieser Beschreibung ergibt sich zudem folgende Konsequenz: Es wird pro Portlet-Instanz, genauer gesagt, pro GenericFacesPortlet-Instanz, eine Instanz der Bridge erzeugt. Die Bridge greift dabei durchaus auf Initialisierungsparameter zu, die Portlet-übergreifend sind, dennoch hat jede Portlet-Instanz ihre eigene Bridge.

Weitere Initialisierungsparameter

Neben der Implementierungsklasse der Bridge wertet das GenericFacesPortlet folgende Parameter aus:

■ *javax.portlet.faces.defaultViewId.[mode]*: Wenn im Request keine Information enthalten ist, welche View angezeigt werden soll, muss auf einen Default-Wert zurückgegriffen werden. Dies ist beispielsweise immer beim ersten Aufruf eines Portlets notwendig. Es muss eine Seite angegeben sein, die zur Anzeige kommen soll. In einem Portal werden die einzelnen Seiten eines Portlets nicht direkt per URL adressiert. Vielmehr ist das jeweilige Portlet dafür verantwortlich, in der render-Methode das korrekte Markup zu liefern. Der *defaultViewId*-Parameter kann für jeden Modus angegeben werden. Beispielsweise definiert ein Wert *javax.portlet.faces.defaultViewId.view* mit dem Wert *eingabe.jsp* für den View-Modus die entsprechende Startseite. Ein Beispiel dazu finden Sie in Kapitel 6.3.1.

■ *javax.portlet.faces.preserveActionParams*: Die Portlet-Spezifikation besagt, dass Action-Request-Parameter nur im aktuellen Portlet Request Scope gespeichert bleiben. Selbst wenn auf die Action-Phase sogleich eine Render-Phase folgt (und es für den Anwender wie ein Request ausschaut), sind Action-Request-Parameter in der Render-Phase nicht mehr vorhanden. Mit dem Init-Parameter *javax.portlet.faces.preserveActionParams* auf *true* werden die Action-Request-Parameter während der Dauer des Bridge Request Scopes gespeichert. Der Default-Wert ist *false*. Ein Beispiel für die Verwendung des Parameters finden Sie in Kapitel 6.3.5.

- *javax.portlet.faces.excludedRequestAttributes*: Es kann angegeben werden, dass bestimmte Request-Attribute nicht im Bridge Managed Scope gespeichert werden sollen. Die Liste kann einzelne Attributnamen oder auch Namen in Kombination mit einem Wildcard (dem *) enthalten. Es ist eine kommaseparierte Liste. Auch hierzu gibt es ein ausführliches Beispiel in Kapitel 6.3.6.

- *javax.portlet.faces.defaultContentType*: Setzt den Default-Mime-Typ. Die Bridge setzt den Mime-Typ, bevor in den Render-Methoden Output erzeugt wird.

- *javax.portlet.faces.defaultCharacterSetEncoding*: Mittels des *defaultCharacterSetEncodings* kann ein explizites Encoding gesteuert werden, falls dies nicht in den JSP-Seiten erfolgt.

Das GenericFacesPortlet leitet von GenericPortlet ab, das in der Portlet-Spezifikation beschrieben ist. Es wird somit auch eine *init()*-Methode überschrieben, in der das GenericFacesPortlet die genannten Init-Parameter ausliest und die Bridge konfiguriert. Für die Render-Methoden *doView*, *doEdit* und *doHelp* sind ebenfalls Methoden überschrieben, die intern an die Bridge weiterdelegieren. Auch wird im GenericFacesPortlet die Abarbeitung von NonFaces Requests vorgenommen.

5.4.5 Kombination beider Lifecycles

Die Hauptaufgabe einer JSF Portlet Bridge ist es, beide Technologien zusammenzubringen. Dazu muss in erster Linie der JSF-Lebenszyklus mit dem Portlet-Lebenszyklus kombiniert werden. Im Folgenden werden wir daher zunächst beide Lebenszyklen genauer betrachten und dann die Lösung skizzieren, die der JSR-301 Bridge zugrunde liegt.

Der Standard-Lebenszyklus in JSF

Der Standard-Lebenszyklus in JSF besteht aus insgesamt sechs Phasen. Bei Eintreffen eines Requests am Server (also wenn der Request im FacesServlet in die Service-Methoden gelangt), wird der Request sequenziell durch die einzelnen Phasen geleitet. Entscheidend ist es, dass alle Phasen sequenziell abgearbeitet werden und keine parallele Verarbeitung stattfindet. Der Standard-JSF-Lebenszyklus, der auch in Abbildung 5.3 zu sehen ist, geht davon aus, dass zunächst ein JSF-Request erzeugt wird, der eine JSF-Response bewirkt. Dies muss nicht immer der Fall sein, es kann durchaus andere Konstellationen geben. So kann ein JSF-Request aus einem Nicht-JSF-Umfeld erfolgen. Auch kann als Response z. B. ein PDF-Dokument zurückgeliefert werden und nicht zwangsläufig eine Faces-Seite. Beim Betrachten des Standardlebenszyklus geht man jedoch von der Kombination Faces-Request und Faces-Response aus.

In Abbildung 5.3 ist eine Darstellung des Lebenszyklus zu sehen. Zwischen Eintreffen des Requests und der Response im Browser werden im Normalfall die sechs Phasen durchlaufen (dargestellt als durchgezogene Linie). Falls es zu Ausnahmen innerhalb der Abarbeitung der Phasen kommt (z. B. wenn in der Phase Process Validation ein Fehler passiert), kann die sequenzielle Abarbeitung unterbrochen werden und es wird direkt eine Antwortseite generiert. Dies passiert in der Phase Render Response. Daher kann z. B. der Phase Process Validation auch die Phase Render Response folgen (dargestellt durch die gestrichelte Linie).

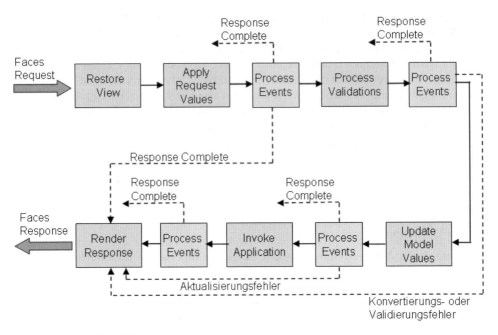

Abbildung 5.3: Standard-JSF-Lebenzyklus

Doch schauen wir uns zunächst den Inhalt der einzelnen Phasen genauer an:

Restore View In dieser ersten Phase innerhalb des JSF-Lebenszyklus wird zunächst die gespeicherte View des letzten Seitenaufrufs aus dem Kontext geladen. Dies hat den Hintergrund, dass in JSF immer ein kompletter Komponentenbaum der aktuell im Browser angezeigten Seite vorgehalten wird. Dies ist genau genommen ein Objektbaum mit Objekten aller Komponenten, die auf der (HTML-)Seite dargestellt werden. Dies ist auch notwendig, da viele Informationen, die eine View betreffen, nicht als HTML gerendert werden können. Ein Beispiel dazu: In JSF können an Eingabefelder Converter und Validatoren angehängt werden. Doch wie soll dies in HTML dargestellt werden? HTML bietet dazu keinerlei Möglichkeiten, daher müssen die Informationen zu diesem Eingabefeld irgendwo zwischengespeichert werden, bis der Anwender die Seite abschickt und danach die Konvertierung und Validierung serverseitig durchgeführt werden kann. Aus diesem Grund wird ein Komponentenbaum in JSF serverseitig (wobei dies konfigurierbar ist) vorgehalten. In dieser ersten Phase des Lebenszyklus wird somit dieser Komponentenbaum wieder geladen, um auf die darin gespeicherten Informationen zugreifen zu können.

Apply Request Values In dieser Phase wird nun der eintreffende Request genauer untersucht und die enthaltenen Parameter werden ausgelesen. Entscheidend für das Verständnis von JSF ist es, dass zunächst die **Komponenten** die Werte aus dem Request lesen. Die Werte sind dabei noch nicht im Modell, dies passiert erst in einer späteren Phase. So liest das Eingabefeld oder die Listbox diejenigen Werte aus, die für Sie relevant sind.

Hintergrund ist auch hier wieder, dass in HTML alle Eingabefelder lediglich Strings abspeichern, Datentypen sind in HTML nicht bekannt. Falls nun ein Anwender in ein Feld eine Zeichenkette eingegeben hat, hinter dem Eingabefeld jedoch ein *int*-Datentyp erwartet wird, hätte das Framework ein Problem: Wo sollte denn die falsche Zeichenkette gespeichert werden, da im Modell nur ein *int*-Datentyp vorhanden ist? Daher sind in allen Eingabekomponenten die Werte zunächst als Object gespeichert. Erst später wird versucht, aus dem übermittelten Wert ein Wert mit dem passenden Datentyp zu erzeugen und den konvertierten Wert in das Modellobjekt zu übergeben.

Am Ende dieser Phase haben alle Eingabekomponenten des aktuellen Komponentenbaums ihre Werte aus den Request-Parametern ausgelesen. Wichtig: Auch wenn ich Sie jetzt langweile und mich mehrfach wiederhole: Am Ende dieser Phase haben lediglich die **Komponenten** die aktuellen Werte, noch nicht die dahinter liegenden Managed Beans.

Process Validation

Nachdem durch die vorherige Phase alle Eingabekomponenten ihre Werte ausgelesen haben, kann in dieser Phase die Konvertierung und Validierung über diese ausgelesenen Werte angewendet werden. Es wird versucht, mithilfe der Konverter die Eingabewerte in den entsprechenden Datentyp zu konvertieren. War dies erfolgreich, können optionale Validatoren noch aufgerufen werden. Treten in dieser Phase Fehler auf, wird direkt auf die Phase *Render Response* verwiesen.

Erfolgt in dieser Phase kein Abbruch, kann davon ausgegangen werden, dass alle Eingabewerte durch den Konverter im richtigen Format vorliegen und eine erste (syntaktische) Validierung durchgeführt wurde. Die Daten können in das passende Datenformat überführt werden, und einer Speicherung der Werte im Modell (also in den Managed Beans) steht prinzipiell nichts mehr im Wege.

In dieser Phase werden auch die ValueChange-Events geworfen, wenn an einzelne Elemente in der Seitendefinition beispielsweise ValueChange-Listener angehängt worden sind.

Update Model Values

Erst im Anschluss an eine erfolgreiche Konvertierung und Validierung werden die Werte aus den Komponenten in das Modell übertragen. Durch die vorhergehende Phase ist sichergestellt, dass kein „unsinniger" Wert im Modell landen kann. Wichtig ist es auch, dass das Modell-Update quasi in einer Art Transaktion erfolgt. Es werden somit nicht nur die Werte in das Modell übertragen, die die vorhergehende Phase erfolgreich durchlaufen haben. Vielmehr werden alle Werte ins Modell übernommen. Konnte auch nur ein Wert nicht konvertiert oder validiert werden, wäre die Update-Model-Values-Phase niemals aufgerufen worden.

Invoke Application

Wie der Name bereits vermuten lässt, erfolgt auf dieser Ebene die Abarbeitung der Events auf Anwendungsebene. In dieser Phase werden die Aktionsmethoden ausgeführt und eventuelle ActionEvent-Listener aufgerufen. Somit kann man bei Aufruf einer Aktionsmethode sicher sein, dass die Werte aus dem Request bereits ins Modell übernommen wurden und eine erfolgreiche Konvertierung und Validierung stattgefunden hat.

Render Response

Nachdem alle vorherigen Phasen erfolgreich durchlaufen wurden, wird in der Phase Render Response die neue Antwortseite erzeugt (gerendert) und an den Browser zurückgeschickt. Da in diese Phase auch verzweigt wird, wenn in vorherigen Phasen Fehler auftraten (beispielsweise in Process Validation), werden ggf. Fehlermeldungen in die neue Seite mit hinein gerendert (der Platzhalter dafür ist standardmäßig das <h:messages>-Tag). Auch für die neue Seite wird der JSF-Komponentenbaum wieder gespeichert und steht für den neuen Requests von Clientseite bereit.

Dies waren sie also, die berühmten sechs Phasen des JSF-Lebenszyklus. Jede der Phasen hat ihre spezielle Aufgabe und ist essenziell wichtig für das Funktionieren des Gesamtsystems.

Der Lebenszyklus eines Portlets

Der Lebenszyklus eines Portlets ist im Vergleich zum JSF-Lebenszyklus wesentlich einfacher aufgebaut. Eine Ähnlichkeit ist nicht wirklich zu erkennen. Vielmehr erinnert der Portlet-Lebenszyklus an den Lebenszyklus eines Servlets, aber dies ist auch verständlich, sind die Portlet- und die Servlet-Welt doch auch anderweitig eng verwandt. Im Folgenden wird der Lebenszyklus eines JSR-168 Portlets betrachtet. JSR-286 erweitert diesen lediglich, grundsätzlich basieren aber auch diese Portlets auf dem gleichen Grundmuster.

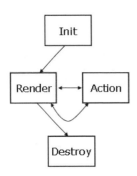

Abbildung 5.4: Lebenszyklus eines JSR-168 Portlets

Analog zur Servlet-Welt wird ein Portlet zunächst initialisiert, erst danach steht es für die Verarbeitung in einem Portalcontainer bereit. Wenn es vom Container wieder entfernt wird, steht auch hierfür ein bestimmter Einsprungpunkt bereit.

Initialisierungsphase Die Initialisierungsphase wird aufgerufen, wenn ein Portlet durch den PortletContainer in Betrieb genommen wird. Dies kann sein, wenn ein neues Portlet in den PortletContainer deployt oder das gesamte Portal neu gestartet wird. Die Initialisierungsphase ist noch unabhängig von Anfragen eines Benutzers. Es ist sichergestellt, dass zunächst die Initialisierungsphase vollständig durchlaufen wird, ehe Anfragen an das Portlet gelangen können. Somit kann diese Phase zum Aufbau von Datenbankverbindungen, Einlesen von Konfigurationsdateien oder Aufbau von Verbindungen zu Hostsystemen etc. verwendet werden.

Servicephase Die Servicephase ist die Phase, in der Requests von Seiten eines konkreten Benutzers an das Portlet herangetragen und bearbeitet werden. Sobald ein Portlet in einer Portalseite integriert ist und die Initialisierungsphase vollständig abgearbeitet wurde (und dabei keine Exceptions aufgetreten sind), wird ein Portlet für den Empfang von Anfragen (Requests) freigeschaltet.

Anders als in der Servlet-Spezifikation unterscheidet ein Portlet zwei Arten von Service Requests: Action-Requests und Render-Requests. Diese Unterscheidung ist wichtig für die Funktionsweise eines Portlets in einem Portalkontext.

Destroy-Phase In der Destroy-Phase wird ein Portlet vom PortletContainer in einen inaktiven Zustand versetzt. Es werden also künftig keine Requests mehr an das Portlet geschickt, vielmehr kann es komplett aus dem Container entfernt werden. In dieser Phase können auch Ressourcen freigegeben werden, die während der Servicephase durch das Portlet in Anspruch genommen wurden. Auch sonstige „Aufräumarbeiten" können hier durchgeführt werden, z. B. Schließen von Datenbankverbindungen, Löschen von temporären Dateien etc. Durch den Portalcontainer wird dabei sichergestellt, dass alle aktiven und laufenden Requests noch vollständig abgearbeitet werden. Die Destroy-Phase kann für jedes einzelne Portlet in einem Portalcontainer zu jedem beliebigen Zeitpunkt aufgerufen werden, nicht nur, wenn der Portalserver heruntergefahren wird. So kann im laufenden Betrieb des Portals ein einzelnes Portlet entfernt und ersetzt werden. Dabei wird für das Portlet die Destroy-Phase eingeleitet.

Kombination beider Lebenszyklen

Die obige Darstellung der verschiedenen Zyklen verdeutlicht bereits die Wichtigkeit, beide Lebenszyklen exakt aufeinander abzustimmen. Neben der Abbildung beider Zyklen kann ein Portlet aber auch noch verschiedene Portlet-Modi und Window States annehmen. Dies bedeutet, dass ein Portlet durch den PortletContainer in die durch die Spezifikation definierten Modi *View*, *Edit* oder *Help* gesetzt werden kann. Eine Entsprechung in der JSF-Welt gibt es hier nicht. Vielmehr regelt eine JSF-Anwendung von selbst, was bei Aktivierung von bestimmten Links oder Buttons geschieht. Dass eine Zustandsänderung von außen wie in einer Portlet-Umgebung passiert, ist in der Webwelt nicht vorgesehen. Da ein Portlet im Normalfall in einer Portalseite selten seitenfüllend ist, teilt es sich den Platz mit anderen Portlets. In einem Portal kann nun durch verschiedene Window States den einzelnen Portlets mehr oder weniger Platz zugewiesen werden. Auch dieses Verhalten ist in einer reinen JSF-Anwendung nicht vorgesehen. Die Seiten erscheinen eben so, wie sie im Vorfeld definiert wurden.

Doch all dies ist nur „Detail am Rande". Der Hauptpunkt, beide Technologien zusammenzubringen, liegt in der Abstimmung beider Lebenszyklen. Dazu muss zunächst festgelegt werden, welches der „führende" Zyklus ist. Da wir eine Lösung innerhalb eines PortletContainers anstreben, ist sicherlich der Portlet-Lebenszyklus der führende, in den wir den JSF-Lebenszyklus integrieren müssen.

JSF sieht für die Init-Phase und die Destroy-Phase keine expliziten Phasen vor. Vielmehr ist eine JSF-Anwendung sofort und immer einsatzfähig. Eine explizite Phase für ihre Initialisierung oder Entfernung aus dem Kontext gibt es nicht. Somit sind diese beiden Phasen für JSF zunächst irrelevant (so ganz stimmt die Aussage natürlich nicht, in der Init-Phase werden durch das FacesServlet durchaus Initialisierungen vorgenommen).

Grundsätzlich interessant sind daher die Portlet-Render- und die Action-Phase, wie diese eben auf die JSF-Welt abgebildet werden können. Des Rätsels Lösung ist in Abbildung 5.5 und Abbildung 5.6 zu finden.

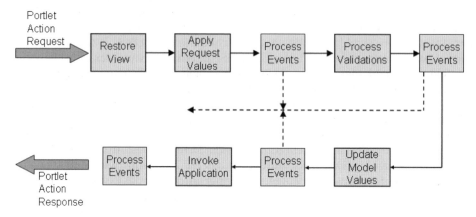

Abbildung 5.5: Mapping eines Portlet Action Requests

Im Fall eines Portlet Render Requests sieht das Mapping wie folgt aus:

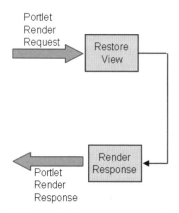

Abbildung 5.6: Mapping eines Portlet Render Requests

Die JSR-301-Bridge arbeitet so, dass in der Render-Phase des Portlets auch die Render-Phase von JSF aufgerufen wird; zuvor muss natürlich die View mittels RestoreView wiederhergestellt werden). In der Action-Phase des Portlets werden die Phasen 1-5 (von Restore View bis Invoke Application) von JSF aufgerufen. Mithilfe dieser Lösung erreicht man somit einen ersten wichtigen Meilenstein in der Kombination von JSF und Portlets. Man kann jetzt den JSF-Lebenszyklus in einer Portlet-Umgebung ausführen. Dazu wurde der JSF-Lebenszyklus in zwei Teile gespalten bzw. die JSF-Phasen werden auf die Portlet-Lebenszyklus-Phasen aufgeteilt. Die Bridge ist dafür zuständig, bei Eintreffen eines RenderRequests oder ActionRequests die jeweils passenden JSF-Phasen aufzurufen.

Dies hört sich im ersten Moment sicherlich einleuchtend an, bringt jedoch einige weitere Herausforderungen mit sich. Dies gehen wir dann im nächsten Abschnitt an.

5.4.6 Bridge Request Scope

Im letzten Abschnitt haben Sie gesehen, wie die beiden Lebenszyklen aufeinander gemappt werden. Der JSF-Lebenszyklus wird dabei aufgespalten und durch die beiden Phasen des Portlet-Lebenszyklus aufgerufen. So weit, so gut, könnte man meinen. Jedoch entstehen durch das Aufbrechen des JSF-Lebenszyklus weitere Herausforderungen. Der JSF-Lebenszyklus wurde nämlich nicht dafür entwickelt, in zwei getrennten Phasen abgearbeitet zu werden. Vielmehr geht JSF intern davon aus, dass alle Phasen in einem Request durchlaufen werden. So legt JSF beispielsweise Fehlermeldungen (Faces-Messages) im aktuellen Request ab, die später in der Render-Phase ausgelesen und dargestellt werden können. Konkret werden dazu Request-Attribute verwendet. Als kleine Wiederholung: Request-Attribute können als temporärer Speicher verwendet werden, der so lange gültig ist, wie der Request lebt. Wird der JSF-Lebenszyklus nun gespalten, kann dieser Mechanismus nicht mehr funktionieren. Denn Request Attribute sind nur im aktuellen Request gültig. Durch die Aufteilung des JSF-Zyklus in zwei Requests (einer wird in der Portlet-Action-Phase aufgerufen, einer in der Portlet-Render-Phase), sind plötzlich zwei Requests vorhanden. Ein Beispiel: Ein Formular wird gepostet, es wird durch den PortletContainer die Portlet-Action-Phase aufgerufen. Nun wird der JSF-Lebenszyklus von Phase 1 (Restore View) bis Phase 5 (Invoke Application) durchlaufen. In Phase 3 (Process Validation) wird jedoch erkannt, dass ein Validierungsfehler vorliegt. Gemäß Standardverhalten wird eine FacesMessage im Request abgelegt. Ein Objekt wird in die Request-Attribute des Portlet Action Requests gelegt.

Danach wird allerdings der JSF-Lebenszyklus erst einmal beendet. Anschließend wird die nächste Portlet-Phase (Render) aufgerufen. Diese delegiert an die JSF-Phase Render Response. Da wir jetzt aber in einem neuen Request sind, ist die Fehlermeldung der Validierung nicht mehr enthalten, die Request-Attribute sind leer, es werden keine Fehler in der Seite angezeigt. Ein klarer Fehler in der Umsetzung.

Die Lösung im JSR-301 sieht wie folgt aus. Die Bridge ist dafür verantwortlich, die Umgebung zwischen den beiden Portlet-Phasen zu sichern. Konkret bedeutet dies, dass alle (relevanten) Request-Attribute zwischengespeichert werden müssen. Es wird damit der State der JSF-Anwendung gespeichert. Wird nun von einer Portlet-Phase in die nächste übergegangen, muss die Bridge im neuen Request die Attribute wieder bereitstellen (also den Zustand wiederherstellen). Somit merkt der JSF-Lebenszyklus überhaupt nicht, dass er unterbrochen und die Umgebung erneut aufgebaut wurde. Dieser spezielle Bereich, in dem die Attribute zwischengespeichert werden, wird daher **Bridge Request Scope** genannt (oder synonym auch Bridge Managed Scope).

Der Bridge Request Scope ist somit ein Konstrukt, um JSF in einer Portalumgebung gerecht werden zu können. Mithilfe dieses „Zwischenspeichers" wird es möglich, JSF-Anwendungen ohne große Manipulationen direkt in einem PortletContainer ausführen zu können.

Die Bridge stellt somit sicher, dass alle (relevanten) Request-Attribute von einer Portlet-Phase zur nächsten „gerettet" werden und nicht verloren gehen. Dieses Verhalten ist jedoch nicht immer gewünscht. Es kann durchaus Attribute geben, die auf keinen Fall zwischengespeichert werden sollen, sondern vielmehr pro Request neu gesetzt werden müssen. Dies kann natürlich auch in der Bridge konfiguriert werden.

Der Bridge Managed Scope behandelt genau genommen zwei Arten von JSF-Daten: Den JSF View State sowie zusätzliche Request-Attribute. Diese zusätzlichen Daten sind:

■ Alle FacesMessages für UI-Komponenten der aktuellen View

■ Alle Request-Attribute, mit Ausnahme von

▶ Attribute, die schon vor Anforderung des FacesContexts gesetzt waren

▶ Attribute, die explizit vor einer Speicherung ausgeschlossen wurden

▶ Attribute, die aufgrund der Spezifikation ausgeschlossen wurden (das sind vorwiegend solche mit einem Präfix wie *javax.portlet* oder *javax.servlet*)

▶ Attribute, die nur von der Bridge gesetzt wurden und für folgende Requests nicht mehr benötigt werden.

■ Alle Request-Parameter, die über die Konstante *ResponseStateManger.VIEW_STATE_PARAM* identifiziert werden. Diese Konstante ist in der JSF-Spezifikation geregelt und besagt, dass in einem Request-Attribut mit diesem Namen und dieser ID der State der Anwendung gespeichert werden muss.

■ Alle zusätzlichen Request-Parameter, wenn die Einstellung *javax.portlet.faces.[Portletname].PRESERVE_ACTION_PARAMS* auf *true* gesetzt ist.

Der Ablauf der Erzeugung und Verwaltung eines Bridge Managed Scopes ist wie folgt:

Bei jedem Portlet Action Request wird ein neuer Bridge Managed Scope erzeugt. Es wird somit kein vorhandener Scope wieder verwendet, sondern jedes Mal ein neuer angelegt. Ist die Action-Verarbeitung erledigt, muss der Zustand im Bridge Managed Scope gespeichert werden. Dies muss in solch einer Art erfolgen, dass bei folgenden Requests der komplette Zustand für JSF wiederhergestellt werden kann.

Bei einem Portlet Render Request muss zunächst der passende Bridge Managed Scope gesucht werden. Falls einer gefunden wurde, werden die Informationen ausgelesen und wiederhergestellt. Da es durchaus verschiedene Views in einer JSF-Anwendung geben kann, ist die Bridge dafür verantwortlich, gegebenenfalls mehrere Managed Scopes zu verwalten und pro Request und Portlet den passenden bereitzustellen.

Ausschließen von Attributen aus dem Bridge Managed Scope

Die Bridge kümmert sich um das (Zwischen-)Speichern von Request-Attributen. Doch nicht immer ist es gewollt, dass sämtliche Attribute gespeichert werden. So sieht die Spezifikation verschiedene Möglichkeiten vor, wie einzelne Attribute von einer Speicherung im Bridge Managed Scope ausgeschlossen werden können.

■ Klassen können mit der Annotation *javax.portlet.faces.annotation.ExcludeFromManagedRequestScope* versehen werden. Attribute, die auf dieser Klasse basieren, werden damit nicht im Bridge Managed Scope abgelegt.

■ In der *faces-config.xml* kann in einem speziellen Abschnitt für die Bridge-Konfiguration angegeben werden, welche Daten nicht gespeichert werden sollen. Ein Beispiel ist folgendes:

```xml
<?xml version="1.0" encoding="windows-1252"?>
<faces-config version="1.2" xmlns="http://java.sun.com/xml/ns/javaee"
    xmlns:bridge="http://www.apache.org/myfaces/xml/ns/bridge/bridge-extension">
    <application>
        <application-extension>
            <bridge:excluded-attributes>
                <bridge:excluded-attribute>
                    myComponent.myRequestAttribute
                </bridge:excluded-attribute>
            </bridge:excluded-attributes>
        </application-extension>
    </application>
</faces-config>
```

■ Attribute, die über den Parameter *javax.portlet.faces.[Portletname].excludedRequest Attributes* ausgeschlossen wurden.

Insgesamt stehen somit verschiedene Möglichkeiten bereit, wie einzelne Werte von einer Speicherung ausgeschlossen werden können. Im Normalfall muss sich ein Anwendungsentwickler nicht darum kümmern. Die Bridge-Implementierungen sind bereits mit den wichtigsten Einstellungen ausgestattet.

5.4.7 Navigation zwischen Portlet Modes

Eine typische Eigenschaft von Portlets ist das Vorhandensein von Portlet Modes. So kennt ein Portlet die Standard-Modes *View, Edit* und *Help*. In JSF kennt man kein ähnliches Konstrukt. Möchte man jedoch in der JSF-Anwendung, die im Portal ablaufen soll, dieses Feature unterstützen, kann natürlich für jeden Portlet Mode in der *portlet.xml* eine andere Default View angegeben werden. Die Bridge erlaubt es jetzt zusätzlich noch, auch über die Faces-Navigationsregeln zwischen den Portlet Modes zu navigieren.

```xml
<navigation-rule>
    <from-view-id>/detailseite.jsp</from-view-id>
    <navigation-case>
        <from-outcome>edit</from-outcome>
        <to-view-id>
            /bearbeitung.jsp?javax.portlet.faces.PortletMode=edit
        </to-view-id>
    </navigation-case>
</navigation-rule>
```

Listing 5.3: Navigationsregel zum Wechseln des Portlet Modes

Der zusätzliche Parameter wird innerhalb der Bridge ausgewertet und ein Portlet-Mode-Wechsel angestoßen.

Zurück auf die letzte Seite

Dass mittels der Bridge auch Navigationen zwischen den Portlet Modes unterstützt werden, ist sicherlich eine wichtige Sache. Doch entstehen damit eine Reihe weiterer Fragen, die geklärt werden müssen. Stellen Sie sich einmal folgende Anwendung vor, deren Seitenfluss in Abbildung 5.7 abgebildet ist.

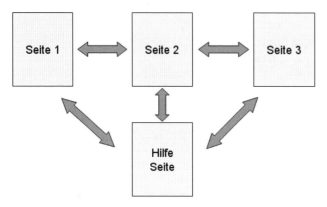

Abbildung 5.7: Beispiel eines Pageflows

Die Anwendung besteht aus mehreren Seiten, die nacheinander angesprungen werden können. Auf jeder Seite gibt es zusätzlich einen Hilfe-Button, der auf eine Seite mit allgemeinen Hilfetexten verweist. Es kann entweder über den Button oder über die Window Controls in den Help-Modus gesprungen werden.

In der Portalwelt ist es üblich, dass nach einem Wechsel der Portlet Modes auf die letzte View zurückgesprungen wird, von der aus man in den anderen Portlet Mode abgesprungen ist. Wenn somit auf Seite 2 in die Hilfe gesprungen wurde, soll bei einem Wechsel zurück auch wieder Seite 2 dargestellt werden.

Diese Information muss somit gespeichert werden. Zum Glück übernimmt dies auch die Bridge, sodass der Anwendungsentwickler sich nicht darum kümmern muss. Die Bridge merkt sich pro Portlet Mode, welche View zuletzt aktiv war und leitet bei einem Wechsel des Portlet Modes wieder darauf zurück. Möchte man dieses Verhalten über eine JSF-Navigationsregel erreichen, kann man folgende Syntax anwenden:

```
<navigation-rule>
   <from-view-id>/help.jsp*</from-view-id>
   <navigation-case>
      <from-outcome>view</from-outcome>
      <to-view-id>
         #{sessionScope['javax.portlet.faces.viewIdHistory.view']}
      </to-view-id>
   </navigation-case>
</navigation-rule>
```

Listing 5.4: Zurück-Navigation

Damit kann auch ein spezieller JSF-Button oder Link verwendet werden, der einen Wechsel zwischen den Modes erlaubt und dabei auf die zuletzt aktive View des neuen Modes weiterleitet.

Bitte beachten Sie in diesem Zusammenhang auch den Stern (Wildcard) im Tag <*from-view-id*>. Dieses ist wichtig, um einen Treffer in den Navigationsregeln zu erhalten. Denn falls, wie in Listing 5.3 gezeigt, über eine spezielle View-ID (mit Query String) auf die Help-Seite verwiesen wurde, muss genau dieser String auch als *from-view-id* gesetzt sein. Mit einer Wildcard umgeht man diese Problematik.

5.4.8 Expression Language

Die JSR-301 definiert einen eigenen EL-Resolver. Damit werden sämtliche Ausdrücke in den JSF-Seiten evaluiert. Entweder wird dabei der Ausdruck direkt behandelt, oder es wird an die Standard Resolver weitergeleitet. Zusätzlich zu den aus der JSF-Welt bekannten impliziten Objekten definiert die Bridge folgende zusätzlichen Objekte:

- portletConfig
- renderRequest
- renderResponse
- sessionPortletScope
- sessionApplicationScope
- portletPreferences

Mithilfe dieser zusätzlichen impliziten Objekte kann in JSF-Ausdrücken auf Portlet-spezifische Variablen zugegriffen werden. Der dafür notwendige EL-Resolver ist in einer *faces-config*-Datei bereits konfiguriert, die in den Bibliotheken der Bridge-Implementierung vorhanden ist. Durch einen Anwendungsentwickler ist somit nichts Spezielles mehr in der eigenen Anwendung zu konfigurieren.

5.4.9 PreDestroy in Managed Beans

Mittels PreDestroy können in JSF bestimmte Methoden in Managed Beans markiert werden, die vor Löschung der Bean aufgerufen werden. Konkret wird eine mit PreDestroy annotierte Methode aufgerufen, wenn eine Bean aus einem der Scopes Application, Session oder Request entfernt wird.

In einem Portalumfeld ändert sich daran für die beiden Scopes Application und Session auch nichts. Allerdings hat der Request-Scope eine Sonderstellung. Die Bridge stellt mit dem Bridge Managed Scope einen erweiterten Request Scope bereit, der eine längere Lebensdauer als der zugrunde liegende Portlet Request aufweist. Dies ist auch genau das Verhalten, das man erreichen möchte. Der JSF Request soll sich über alle sechs JSF-Phasen erstrecken. Wenn die sechs Phasen nun auf die beiden Portlet-Phasen aufgeteilt sind, müssen die Request-Objekte zwischen den beiden Portlet-Phasen gerettet werden. Und genau hier entsteht die Notwendigkeit, Request-Objekte im Zusammenhang mit der PreDestroy-Annotation etwas anders zu behandeln.

Ein Problem besteht allerdings darin, dass die Bridge das Aufrufen einer mit PreDestroy annotierten Methode nicht verhindern kann. Dass das Objekt zwar über den Bridge Managed Scope hinaus in die nächste Portlet-Phase gerettet wird, ist zwar der Bridge bekannt, allerdings nicht der Umgebung, die für das Auslösen des Methodenaufrufs zuständig ist.

Aus diesem Grund hat die Bridge zwei eigene Annotationen eingeführt:

■ BridgePreDestroy

■ BridgeRequestScopeAttributeAdded

Damit verhält es sich jetzt wie folgt: Anstelle der PreDestroy-Annotation wird die Bridge-eigene BridgePreDestroy-Annotation verwendet, die zum korrekten Zeitpunkt eine entsprechend annotierte Methode aufruft. Diese Annotation ist somit in einer Portlet-Umgebung einzusetzen. Allerdings müssen Methoden, die mit PreDestroy annotiert sind, nicht zwangsläufig im Bezug auf die Annotation verändert werden. Dazu wurde die zweite Annotation, *BridgeRequestScopeAttributeAdded*, eingeführt. Methoden mit dieser Annotation werden aufgerufen, wenn das Objekt dem Bridge Managed Scope hinzugefügt wurde. Diese Information kann dann im Objekt gespeichert werden. Wird jetzt eine mit PreDestroy annotierte Methode aufgerufen (was, wie bereits erwähnt, durch die Bridge nicht verhindert werden kann), so kann in der Methode abgefragt werden, ob man sich nicht eventuell in einem Portlet-Umfeld befindet. Dieser Hinweis wurde durch eine mit *BridgeRequestScopeAttributeAdded* annotierten Methode (hoffentlich) gespeichert. Ist dies der Fall, wird am besten nichts in der Methode vorgenommen. Dafür können sämtliche Aufräumarbeiten dann in einer mit *BridgePreDestroy* annotierten Methode vorgenommen werden.

5.4.10 Bridge-Render-Filter

Der Bridge-Render-Filter dient primär der Behebung eines sehr alten, aber immer noch präsenten JSF-Bugs (na ja, man könnte dies auch als Feature bezeichnen). JSF 1.0/1.1 hatte ein grundsätzliches Problem damit, Seiten korrekt zu rendern, in denen sowohl normales Markup wie auch JSF-Tags verwendet wurden. Es wurde dabei zunächst der normale Output erzeugt und ausgegeben, danach der Output durch den JSF-Komponentenbaum. Erst mit JSF 1.2 wurde im View Handler ein Mechanismus basierend auf einem ResponseWrapper geschaffen, der dieses Problem beheben konnte. Jetzt sieht die Portlet-Spezifikation 2.0 zwar ResponseWrapper vor, die Portlet-1.0-Spezifikation allerdings nicht. Daher wird generell ein Servlet-Filter eingeführt, der stattdessen eingesetzt werden kann.

Der Servlet-Filter ist separat in der *web.xml* zu konfigurieren. Dies muss jedoch nicht zwangsläufig gemacht werden. Es kommt je nach Anwendung darauf an, ob das beschriebene JSF-Fehlverhalten überhaupt auftreten kann oder nicht. Bestehen die JSP-Seiten ausschließlich aus JSF-Tags, kann der Filter ohne Bedenken weggelassen werden. Oder auch, wenn statt JSPs als View-Technologie beispielsweise auf Facelets gesetzt wird.

```
<filter>
   <filter-name>Faces Portlet Render Filter</filter-name>
   <filter-class>
      org.apache.myfaces.portlet.faces.filter.BridgeRenderFilter
   </filter-class>
</filter>

<filter-mapping>
   <filter-name>Faces Portlet Render Filter</filter-name>
   <servlet-name>Faces Servlet</servlet-name>
   <dispatcher>INCLUDE</dispatcher>
</filter-mapping>
```

Listing 5.5: Faces Portlet Render Filter in der web.xml

Listing 5.5 zeigt den Ausschnitt aus der *web.xml*, falls der Bridge-Render-Filter zum Einsatz kommen soll. Es wird ein „üblicher" Servlet-Filter inklusive Filter-Mapping deklariert.

Als Empfehlung nennt selbst die Spezifikation, im Zweifel dies erst einmal nicht zu konfigurieren. Kommt es dann zu Fehlverhalten im Rendering, sollte man sich einfach daran erinnern, dass die PortletBridge so etwas wie einen RenderFilter kennt und kann diesen dann noch einbauen.

5.4.11   Zugriff auf Portlet-spezifische Objekte

Üblicherweise besteht keine Notwendigkeit, aus JSF heraus direkt auf die nativen Portlet-Objekte zugreifen zu müssen. Dennoch kann es den Fall geben, dass eine Verwendung der nativen Portlet-Objekte notwendig ist. Um aus JSF heraus auf die Portlet-Objekte zugreifen zu können, kann z. B. in einer Aktionsmethode direkt auf die Portlet-Klassen gecastet werden. Dies ist zwar keine sehr schöne und saubere Lösung, würde aber prinzipiell funktionieren.

```
Object req = FacesContext.getCurrentInstance().getExternalContext().getRequest();
if ( req instanceOf PortletRequest ) {
   portletReq = (PortletRequest)req;
   ...
}
```

Listing 5.6: Cast auf einen PortletRequest

Listing 5.6 zeigt, wie exemplarisch auf ein PortletRequest gecastet werden kann. Die *if*-Abfrage im Vorfeld verhindert, dass es zu *ClassCastExceptions* kommt, falls die Anwendung doch in einer Servlet-Welt betrieben wird. Vermutlich würde es jedoch in einer reinen Servlet-Welt viel früher zu Problem kommen. Denn es liegen in einem reinen ServletContainer keine Portlet-Klassen vor, eine Abfrage auf einen PortletRequest würde daher unweigerlich zu einer *NoClassDefFoundException* führen. Keine sehr schöne Lösung.

Ein hartes Verdrahten ausschließlich auf eine Umgebung ist daher nicht zu empfehlen. Doch wie findet man am besten heraus, in welcher Umgebung die Anwendung betrieben wird? Eine elegantere Möglichkeit sieht die Spezifikation selbst vor. Es kann jederzeit ein Attribut abgefragt werden, in dem die Lebenszyklus-Phase hinterlegt ist. Ist dieses Attribut nicht vorhanden, kann davon ausgegangen werden, dass keine Bridge zum Einsatz gekommen ist.

```
boolean isPortletEnv =
    externalContext.getRequestMap().containsKey("javax.portlet.faces.portletPhase");
```

Noch eleganter ist folgende Möglichkeit:

```
javax.portlet.faces.BridgeUtil.isPortletRequest()
```

Diese Lösung erfordert allerdings, dass die Bridge-Klassen in der Anwendung verfügbar sind, da es ansonsten ebenfalls zu einer *NoClassDefFoundException* kommt. Diese Klassen müssen damit auch in einer Anwendung deployt werden, wenn sie nicht im PortletContainer liegt. Gerade aber für den Fall, dass eine Anwendung sowohl im Portlet wie auch außerhalb des Portals gleichzeitig betrieben werden soll, ist obige Abfrage eine sehr gute Möglichkeit.

5.5 Umsetzung von Portlet-2.0-Features im JSR-329

In den letzten Abschnitten haben Sie viel über die grundsätzliche Funktionsweise der JSR-301 Portlet Bridge gelernt. Sie wissen jetzt, wie die Lebenszyklen aufeinander gemappt werden, kennen den Bridge Managed Scope und haben auch das GenericFacesPortlet kennen gelernt. Der JSR-301 zielt jedoch ausschließlich auf die Portlet-1.0-(JSR-168-)Spezifikation. Möchten Sie Portlet-2.0-Features in Kombination mit JSF verwenden, müssen Sie auf den JSR-329 aufsetzen. Zur Drucklegung dieses Buches war der JSR-329 noch in einem sehr frühen Stadium und weit von einer Finalisierung entfernt. Daher sind die gedachten Lösungsmöglichkeiten, wie ich sie in den nächsten Abschnitten skizziere, noch mit Vorsicht zu genießen. Hier können sich noch Änderungen ergeben. Da Sie jedoch möglichst frühzeitig eine Idee davon bekommen sollen, in welche Richtung die Expert Group tendiert, habe ich mich dazu entschlossen, den aktuellen Arbeitsstand jetzt schon kurz zu beschreiben.

Beginnen wir zunächst mit **Portlet Events**. Portlet Events können zur Kommunikation und dem Datenaustausch zwischen unabhängigen Portlets verwendet werden. Einzelne Portlets können Events versenden, die an andere Portlets, die sich dafür interessieren, gesendet werden. Da der Fokus bei JSF Portlets darauf liegt, JSF zu betreiben (eben nur in einem Portlet), hat man folgende Annahme bei der Umsetzung zugrunde gelegt: Portlet Events sollen zwar in einem JSF Portlet verarbeitet (sprich empfangen) werden können, ein JSF Portlet muss jedoch nicht unbedingt ein Portlet Event aktiv versenden müssen. Daher ist lediglich vorgesehen, einen **Event Handler** zu registrieren, der bei Eintreffen von Portlet Events aufgerufen wird. Darin können dann einkommende Events entsprechend verarbeitet werden.

Eine andere wichtige Portlet-2.0-Funktion sind **Public-Render-Parameter**. Bestimmte Render-Parameter können in der *portlet.xml* als *public* markiert werden. Damit können auch andere Portlets darauf zugreifen und diese Werte ebenfalls manipulieren. Im JSR-329 ist vorgesehen, hierfür eine eigene Expression zu definieren, anhand der ein Mapping in ein JSF Managed Bean erfolgt. Wird der Wert der entsprechenden Managed Bean verändert, wird anschließend auch der Public-Render-Parameter aktualisiert.

Last but not least wird natürlich auch **ResourceServing** im JSR-329 berücksichtigt. Die Bridge muss dabei unterscheiden, ob der ankommende Request ein Faces-Request oder ein Non-Faces-Request ist, um den Lebenszyklus von JSF entsprechend abzuarbeiten oder abzubrechen.

5.6 Zusammenfassung

„Endlich" sagen Sie vermutlich. Endlich haben Sie genügend Wissen, um JSF und Portlets kombinieren zu können. Es war ein langer Weg, doch Sie werden sehen, er hat sich gelohnt. In diesem Kapitel wurde zunächst theoretisch auf die Kombination von JSF und Portlets eingegangen. Sie haben die Grundlagen des JSR-301 kennen gelernt und wissen jetzt, welche Ideen und Konzepte der Portlet Bridge zugrunde liegen.

Sie haben gesehen, wie die Lebenszyklen von JSF und Portlets mithilfe der Bridge aufeinander gemappt werden. Zudem haben Sie den Bridge Request Scope kennen gelernt und wissen, wo die Herausforderung bei den Request-Attributen liegt.

Des Weiteren wurde auf die verschiedenen Konfigurationseinstellungen der Bridge im Detail eingegangen. In den meisten Fällen werden Sie mit diesen nicht arbeiten müssen, falls jedoch einmal die Notwendigkeit besteht, wissen Sie jetzt zumindest, dass es diese gibt.

In diesem Sinne: Schnell zum nächsten Kapitel und in die praktische Arbeit mit JSF und Portlets einsteigen.

6 Einsatz der JSF Portlet Bridge

6.1 Voraussetzungen

Endlich ist es soweit: Nachdem wir alle Grundlagen zu Portlets und JSF kennen, alle theoretischen Kenntnisse zur JSF Portlet Bridge durchgenommen haben, den JBoss-Portalserver bedienen und administrieren können, können wir uns endlich dem praktischen Part widmen. Wir bringen eine JSF-Anwendung dazu, im Portal zu laufen. Sie werden (hoffentlich) positiv erstaunt sein, wie einfach das Ganze sein wird. Zwar ist die Theorie „dahinter" durchaus komplex, eine Anwendung im realen Leben dafür umso einfacher.

Sie haben auch gelernt, dass der JSR-301 lediglich eine Spezifikation ist. Basierend auf dieser Spezifikation kann es unterschiedliche Implementierungen geben. Daher wird es in diesem Kapitel zwei Installationsanleitungen geben: Eine für die Referenzimplementierung der Bridge in Kombination mit Exo Portal (das intern auf Apache Tomcat aufsetzt), eine für JBoss Portal im Zusammenspiel mit der JBoss-Implementierung der Portlet-Bridge-Spezifikation.

Sie haben jetzt natürlich die Wahl: Entweder Sie entscheiden sich für eine der beiden Varianten, oder versuchen es mit beiden Alternativen. Die dritte Möglichkeit wäre es, das Ganze auf eine komplett andere Konstellation zu übertragen (eventuell mit Liferay oder Jetspeed?). Wenn Sie jedoch noch etwas unsicher sind, würde ich Ihnen zunächst eine Vorgehensweise mit JBoss Portal empfehlen, denn hierfür sind die folgenden Schritte genau beschrieben.

Es wird künftig sicherlich noch weitere Implementierungen der JSF Portlet Bridge geben. Dies ist auch absolut gewollt. Wichtig ist, dass alle Implementierungen JSR-301-konform sind. Und damit ist auch sichergestellt, dass sich alle Implementierungen gleich verhalten und austauschbar sind (weitgehend zumindest). Wenn man somit einmal das Prinzip der Bridge verstanden hat, ist es unerheblich, mit welcher konkreten Implementierung man arbeitet. Zwar wird es jeweils ein paar spezifische Konfigurationsparameter geben, vom Grundsatz her wird sich eine Entwicklung von JSF Portlets nicht unterscheiden.

6.2 Bridge Hello World

Ich hatte es Ihnen ja bereits angedeutet: Dieses Buch baut nicht nur eine Hallo-Welt-Anwendung, sogar gleich drei Stück davon. Nachdem wir ein HalloWelt für eine JSF-Anwendung erstellt haben, dann ein Hallo-Welt-Portlet, muss natürlich jetzt noch ein Hallo-Welt-JSF-Portlet entstehen.

Dieses erste Hallo-Welt-JSF-Portlet wird natürlich noch nicht allzu komplex sein, sondern eine ganz simple Anwendung beinhalten. Der Fokus liegt eindeutig auf einem ersten, schnellen Erfolgserlebnis. Die Anwendung besteht daher lediglich aus zwei JSF-Seiten (die über eine Navigationsregel miteinander verbunden sind), einer Managed Bean und etwas Konfiguration.

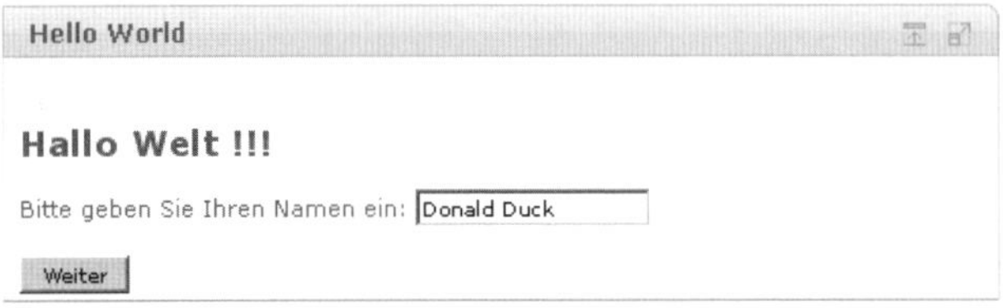

Abbildung 6.1: Eingabeseite der Demoanwendung

Abbildung 6.2: Ausgabeseite der Demoanwendung

In Abbildung 6.1 und Abbildung 6.2 sehen Sie die relevanten Screenshots. Auf der ersten Seite wird zunächst der Name eines Besuchers abgefragt und eine Willkommensbotschaft ausgegeben. Nachdem der Benutzer seinen Namen eingegeben hat, wird dieser bei einem Post in eine Managed Bean geschrieben und auf der Folgeseite wieder ausgegeben. Das war es dann auch schon. Basierend auf diesem ersten einfachen JSF Portlet können dann weitere komplexere Beispiele entstehen.

6.2.1 Aufbau der Anwendung

Das folgende Beispiel wird unter Zuhilfenahme von Eclipse entwickelt. Natürlich lässt sich das Ganze auch auf andere IDEs übertragen. Wir beginnen zunächst mit dem allgemeinen Teil des Projekts, das noch nicht JBoss-Portal- oder Exo-Portal-spezifisch ist.

Legen Sie zunächst ein Webprojekt mit der bekannten Struktur (*WEB-INF*-Verzeichnis, *web.xml*, …) in Eclipse an. Eclipse bietet dazu auch eine Projektvorlage: Dynamisches Webprojekt. Das Projekt soll auf JDK 1.5 basieren. Des Weiteren wollen wir das Projekt gleich so aufsetzen, dass es für JSF eingerichtet ist. Um dies zu erreichen, können Sie entweder in Eclipse im Projekt-Wizard die JSF-1.2-Option mit ankreuzen, oder Sie erstellen manuell eine leere *faces-config.xml* im Verzeichnis *WEB-INF*. Anschließend müssen Sie noch den Build Path setzen, falls Sie nicht mit dem Wizard gearbeitet haben. Es sind dieselben Konfigurationsschritte, die Sie bereits in den jeweiligen Kapiteln zu JSF durchgeführt haben.

Anschließend können Sie beide JSF-Seiten im Projekt anlegen. Die Seiten bedürfen vermutlich keiner weiteren Erklärung, haben Sie doch alle Grundlagen zu JSF bereits kennen gelernt. In Listing 6.1 sehen Sie zumindest die erste JSF-Seite für das JSF Portlet.

```
<%@ taglib uri="http://java.sun.com/jsf/html" prefix="h" %>
<%@ taglib uri="http://java.sun.com/jsf/core" prefix="f" %>


<f:view>

   <h2>Hallo Welt !!!</h2>
   <h:form>
      Bitte geben Sie Ihren Namen ein:
      <h:inputText value="#{GreetingBean.name}" />

      <h:commandButton action="forward" value="Weiter" />
   </h:form>
</f:view>
```

Listing 6.1: HalloWelt-Seite

Das einzig Erwähnenswerte ist, dass eben kein *<html>*- oder *<head>*-Tag verwendet, sondern innerhalb der View direkt der Output erzeugt wird. Es ist eben keine Anwendung mehr, die seitenfüllend läuft, sondern ein Portlet, das innerhalb einer Portalseite zur Anzeige kommt.

Ansonsten wird natürlich eine Managed Bean mit dem Namen *GreetingBean* benötigt. Dies ist auch wieder eine simple Klasse mit der Property *name*. Das Ganze ist in der *faces-config.xml* entsprechend deklariert, ebenso wie eine Navigationsregel, um von der ersten Seite auf die Folgeseite zu gelangen.

Alles kalter Kaffee für Sie, nehme ich an. Bislang hat sich das JSF Portlet nicht wesentlich von einer „normalen" JSF-Anwendung unterschieden. Der interessante Teil kommt somit jetzt. Und an dieser Stelle erfolgt nun die Weichenstellung, in welcher Umgebung Sie testen möchten: Tomcat/Exo Portal oder JBoss Portal? Beide Alternativen sind im Folgenden näher beschrieben.

6.2.2 Konfiguration für JBoss Portal

Wenn Sie bei der Installation von JBoss Portal das Bundle bestehend aus JBoss Applicationserver inklusive PortletContainer verwendet haben, können Sie sofort mit der Konfiguration des Projekts in Eclipse beginnen. Eine manuelle Integration von Servlet- und PortletContainer ist dann schon erfolgt.

Um das JSF Portlet zusammen mit der JBoss JSF Portlet Bridge zum Laufen zu bekommen, sind ein paar (wenige) Schritte notwendig. Es müssen zunächst die Bibliotheken der Bridge in das Projekt eingebunden und in den Deskriptoren ein paar Anpassungen vorgenommen werden. Danach kann schon ein Deployment erfolgen und das Portlet in eine Seite eingebunden werden.

JBoss PortletBridge und Maven

JBoss stellt für das Anlegen von Projekten verschiedene Archetypes zur Verfügung. Damit kann sehr schnell ein Projekt aufgesetzt und auch deployt werden. Ein Beispiel, wie mit den Maven Archetypes gearbeitet werden kann, ist in Kapitel 6.5 zu finden. Im Folgenden wird ein Projekt-Setup „manuell" vorgenommen, um die verschiedenen Schritte detailliert beschreiben zu können.

Notwendige Bibliotheken

Zunächst müssen alle notwendigen Bibliotheken bereitstehen oder über die Website von *jboss.org* heruntergeladen werden. Im Downloadpaket sind die beiden notwendigen Dateien enthalten, zusammen mit einigen Beispielprojekten. Im Build Path des Projekts muss zudem noch JSF und das Portlet API aufgenommen werden. Da JBoss Portal auf dem JBoss Applicationserver basiert, sind ab JBoss AS 4.2 die JSF-Bibliotheken bereits mitgeliefert. Es wird seit JBoss 4.2 auf die JSF-Implementierung von Sun (Mojarra) gesetzt. Die JSF-Bibliotheken müssen somit für ein Portlet-Projekt nicht separat mit aufgenommen werden. Es genügt, den Build Path zu setzen, damit gegen die JSF-Bibliotheken kompiliert werden kann, im *WEB-INF/lib*-Verzeichnis müssen sie nicht mehr vorhanden sein (vgl. dazu Kapitel 4).

Genauso verhält es sich mit dem Portlet API. Dieses muss zwangsweise im Portalserver vorhanden sein. JBoss Portal legt das Portlet API im Verzeichnis *server\default\deploy\ jboss-portal.sar\lib* ab mit dem Namen *portlet-api.jar*. Doch auch der Name kann mit unterschiedlichen Versionen von JBoss Portal variieren.

Das wichtigste Element in diesem Zusammenhang ist natürlich die Bridge. Die JBoss-PortletBridge besteht aus zwei Bibliotheken, einem API und einer Implementierung. Beide Bibliotheken müssen in das *lib*-Verzeichnis der Anwendung aufgenommen werden.

Die JBoss PortletBridge benötigt einige Commons-Bibliotheken, die ebenfalls in das *lib*-Verzeichnis aufgenommen werden müssen. Diese können Sie am besten über die Beispielapplikation beziehen, die im Bridge-Paket mit enthalten sind.

Der Vollständigkeit halber hier nochmals die komplette Liste an Bibliotheken, die im *lib*-Verzeichnis vorhanden sein müssen:

- commons-collections
- commons-lang
- portletbridge-api
- portletbridge-impl

Damit stehen dann alle notwendigen Bibliotheken bereit. Die nächsten Schritte betreffen die Konfiguration der Bridge sowie das Deployment.

Konfigurationen

Bislang ist das Projekt noch ein reines Webprojekt und kann noch nicht in einen Portlet-Container übertragen werden. Dazu muss zunächst der Portlet-Deployment-Deskriptor bereitgestellt werden.

```
<portlet>
    <portlet-name>HelloWorldJSFPortletBridge</portlet-name>
    <portlet-class>
        javax.portlet.faces.GenericFacesPortlet
    </portlet-class>
    <init-param>
        <name>javax.portlet.faces.defaultViewId.view</name>
        <value>/helloworld/first.jsp</value>
    </init-param>
    <expiration-cache>0</expiration-cache>
    <portlet-info>
        <title>HelloWorldJSFPortletBridge</title>
    </portlet-info>
    <supports>
        <mime-type>text/html</mime-type>
        <portlet-mode>VIEW</portlet-mode>
    </supports>
</portlet>
```

Listing 6.2: Portlet-Deployment-Deskriptor

In Listing 6.2 sehen Sie eine passende *portlet.xml*, in der das GenericFacesPortlet bereits hinterlegt ist. Dies ist das aus der JSR-301 bekannte GenericFacesPortlet, das als Initialisierungsparameter die Default View (also die JSF-Seite) für den View-Modus hat. Der nächste Schritt betrifft die *faces-config.xml*, in der speziell für die JBoss Portlet Bridge zwei zusätzliche Angaben vorgenommen werden müssen.

```
<application>
    <view-handler>
        org.jboss.portletbridge.application.PortletViewHandler
    </view-handler>
    <state-manager>
        org.jboss.portletbridge.application.PortletStateManager
    </state-manager>
</application>
```

Zum einen wird ein eigener View Handler angegeben, zum anderen ein State Manager. Diese expliziten Angaben sind bei Verwendung der Referenzimplementierung der PortletBridge nicht notwendig, bei der JBoss-Implementierung wird diese zusätzliche Angabe jedoch benötigt.

Zuletzt noch ein Blick in die *web.xml*:

```
<context-param>
    <param-name>javax.portlet.faces.renderPolicy</param-name>
    <param-value>NEVER_DELEGATE</param-value>
</context-param>

<servlet>
    <servlet-name>Faces Servlet</servlet-name>
    <servlet-class>javax.faces.webapp.FacesServlet</servlet-class>
    <load-on-startup>1</load-on-startup>
</servlet>

<servlet-mapping>
    <servlet-name>Faces Servlet</servlet-name>
    <url-pattern>/faces/*</url-pattern>
</servlet-mapping>
```

In der *web.xml* ist zum einen der wichtige Parameter *javax.portlet.faces.renderPolicy* gesetzt, zum anderen ist das bekannte Faces Servlet samt Mapping hinterlegt.

Deploy und Test

Dies waren auch schon alle notwendigen Arbeitsschritte. Jetzt kann das gesamte Projekt als *war*-Datei exportiert und dem Portal übergeben werden. In Eclipse kann über den Befehl EXPORT | EXPORT AS WAR eine *war*-Datei erstellt werden. Diese wird in das *deploy*-Verzeichnis von JBoss eingebunden. In der Konsole kann man erkennen, ob alles gut gegangen ist oder Fehler aufgetreten sind.

```
18:31:46,156 INFO [TomcatDeployer] deploy, ctxPath=/DemoBridge,
                    warUrl=.../tmp/deploy/tmp5183DemoBridge-exp.war/
```

Erscheint eine solche (oder ähnliche) Ausgabe ohne weitere Fehlermeldungen, ist das Ziel fast erreicht. Die Anwendung wurde erfolgreich deployt und die Portlets können in eine Portalseite eingebaut werden. Dazu wie in Kapitel 4.2 beschrieben im Admin-Bereich des Portals eine neue Portalseite anlegen, eine Portlet-Instanz erzeugen und auf der Portalseite platzieren. Voila!

Herzlichen Glückwunsch. Sie haben somit ihr JSF Portlet erfolgreich in JBoss Portal deployt und aufgerufen. Sie sehen: JSF und Portlets funktionieren tatsächlich unter Zuhilfenahme der Bridge gemeinsam ohne Probleme. Und Sie haben hoffentlich auch eines gesehen: Es ist kein großer Aufwand, eine JSF-Anwendung erfolgreich ins Portal zu migrieren. Die Konfigurationsaufwände und Programmanpassungen hielten sich stark in Grenzen bzw. waren überhaupt nicht vorhanden.

6.2.3   Konfiguration für Exo Portal

Hier im Buch wird vorwiegend auf JBoss Portal aufgebaut. JBoss liefert jedoch gerade für die JSF Portlet Bridge eine eigene Implementierung der JSR-301-Spezifikation. Um auch ein Beispiel zu zeigen, wie ein JSF-Portlet mithilfe der Referenzimplementierung gebaut werden kann, habe ich mich für Exo Portal entschieden. Es soll in den folgenden Abschnitten kurz der Aufbau einer Portlet-Anwendung für Exo Portal zusammen mit der JSR-301-Referenzimplementierung gezeigt werden. Eine detailliertere Beschreibung zwecks Funktionsweise von Exo Portal erfolgt jedoch nicht.

Das Aufsetzen eines Portlet-Projekts erfolgt zunächst „klassisch": Basierend auf dem reinen JSF-Projekt werden die beiden *jar*-Bibliotheken der Referenzimplementierung für die JSF Portlet Bridge in das *WEB-INF/lib*-Verzeichnis aufgenommen:

■ portlet-bridge-api

■ portlet-bridge-impl

Die Referenzimplementierung des JSR-301 erhalten Sie über die MyFaces-Webseite. MyFaces stellt die Plattform und die Community für diese Referenzimplementierung. Über den dortigen Downloadbereich erhalten Sie Zugriff auf die notwendigen Dateien.

Da Exo Portal jedoch auf Apache Tomcat aufbaut, ist man hier nicht mehr in einer vollständigen Java-EE-Umgebung, sondern lediglich in einem Servlet-Container. Dies bedeutet, dass JSF nicht mehr Teil des Servers ist, sondern separat im Projekt mit eingebunden werden muss. Am besten, Sie laden sich die JSF-1.2-Implementierung über die Webseite *https://javaserverfaces.dev.java.net/* herunter. Anschließend müssen folgende Dateien in das *WEB-INF/lib*-Verzeichnis aufgenommen werden:

■ jsf-api

■ jsf-impl

■ sowie die DTDs und TLD-Dateien aus dem JSF 1.2 Paket.

In der *portlet.xml* wird das GenericFacesPortlet eingetragen und als Init-Parameter die erste Seite der JSF-Anwendung mitgegeben.

```
<portlet>
    <portlet-name>BridgeHelloWorld</portlet-name>
    <portlet-class>javax.portlet.faces.GenericFacesPortlet</portlet-class>
    <init-param>
        <name>javax.portlet.faces.defaultViewId.view</name>
        <value>/helloworld/first.jsp</value>
    </init-param>
    <supports>
        <mime-type>text/html</mime-type>
        <portlet-mode>view</portlet-mode>
    </supports>
```

Listing 6.3: portlet.xml für Exo-Portal

```
    <supported-locale>en</supported-locale>
    <portlet-info>
        <title>ExoBridgeExample</title>
    </portlet-info>
</portlet>
```

Listing 6.3: portlet.xml für Exo-Portal (Forts.)

Exo Portal hat zudem noch eine Besonderheit, wie Portlet-Arnwendungen im Container registiert werden müssen. Dazu sind in der *web.xml* folgende Ergänzungen vorzunehmen.

```
<listener>
    <listener-class>
        org.exoplatform.services.portletcontainer.impl
            .servlet.PortletApplicationListener
    </listener-class>
</listener>
...
<servlet>
    <servlet-name>PortletWrapper</servlet-name>
    <servlet-class>
        org.exoplatform.services.portletcontainer.impl.servlet.ServletWrapper
    </servlet-class>
</servlet>
...
<servlet-mapping>
    <servlet-name>PortletWrapper</servlet-name>
    <url-pattern>/PortletWrapper</url-pattern>
</servlet-mapping>
```

Listing 6.4: Ergänzungen für Exo Portal

Nach diesen Ergänzungen kann das Projekt wieder als *war*-Archiv in Exo Portal deployt werden. Die JSF Portlets stehen dann wie erwartet zum Einbinden in eine Portalseite zur Verfügung. Sie sehen, mit der Referenzimplementierung ist es teilweise sogar noch einfacher, JSF-Anwendungen als Portlet zu deployen. Das Grundprinzip ist jedoch gleich, egal welcher Portalserver zum Einsatz kommt.

6.2.4 Ein erster Test der Anwendung

Im letzten Abschnitt konnten Sie den großen Erfolg verbuchen, ein JSF Portlet erfolgreich in einem Portalserver deployt zu haben. Während das Glücksgefühl hoffentlich noch ein wenig vorhält, können wir gleich einen weiteren Test nachschieben, der die korrekte Funktionsweise der Bridge bestätigen soll. In Kapitel 5.4.5 haben Sie gelernt, dass durch die Bridge die Lebenszyklen von Portlets und JSF aufeinander gemappt werden. Die

Aufrufe des JSF-Lebenszyklus können sehr leicht mit einem PhaseListener überwacht und beispielsweise auf der Konsole ausgegeben werden. Daher wird zur Demonstration folgender PhaseListener in der Faces-Konfiguration hinterlegt (vgl. Listing 6.5).

```java
public class LifecycleListener implements PhaseListener {

   public void beforePhase( PhaseEvent pEvt ) {
      System.out.println("JSF before Phase:" + pEvt.getPhaseId() );
   }

   public void afterPhase( PhaseEvent pEvt ) {
      System.out.println("JSF after Phase:" + pEvt.getPhaseId() );
   }

   public PhaseId getPhaseId() {
      return PhaseId.ANY_PHASE;
   }
}
```

Listing 6.5: PhaseListener im JSF Portlet

Das Registrieren der PhaseListener-Klasse erfolgt in der Faces-Konfigurationsdatei (vgl. Listing Listing 6.6).

```xml
<lifecycle>
   <phase-listener>
      de.jsfportlets.jsfsample.listener.LifecycleListener
   </phase-listener>
</lifecycle>
```

Listing 6.6: Registrierter PhaseListener

Der PhaseListener registriert sich an jeder JSF-Lebenszyklus-Phase und gibt eine entsprechende Meldung aus. Wird jetzt die JSF-Anwendung in ein Portlet eingebunden, sollten je nach Portlet-Phase (Render oder Action) die dazu passenden JSF-Phasen aufgerufen werden. Um jedoch das Mapping auf die Portlet-Phasen zu demonstrieren, habe ich in Listing 6.7 das GenericFacesPortlet abgeleitet und es in der *portlet.xml* hinterlegt. Es kommt in realen Projekten eher seltener vor, dass das GenericFacesPortlet abgeleitet werden muss, zur Demonstration an dieser Stelle hilft es aber weiter.

```java
public class CustomGenericFacesPortlet extends GenericFacesPortlet {

   @Override
   protected void doView(RenderRequest request, RenderResponse response)
         throws PortletException, IOException {
```

Listing 6.7: Abgeleitetes GenericFacesPortlet

```
    System.out.println("Portlet: starting with doView" );
    super.doView( request, response );
    System.out.println("Portlet: end of doView" );
}


@Override
public void processAction(ActionRequest request, ActionResponse response)
    throws PortletException, IOException {
    System.out.println("Portlet: starting with processAction " );
    super.processAction(request, response);
    System.out.println("Portlet: end of processAction" );
}
}
```

Listing 6.7: Abgeleitetes GenericFacesPortlet (Forts.)

Es wird in den jeweiligen Portlet-Phasen auch wieder eine Meldung ausgegeben, Damit kann man im Folgenden gut das Mapping in der Konsole erkennen. Am Beispiel des ersten Hallo-Welt-JSF-Portlets ergeben sich in der Konsole folgende Ausgaben:

```
19:37:49,853 INFO  [STDOUT] Portlet: starting with doView
19:37:49,931 INFO  [STDOUT] JSF before Phase:RESTORE_VIEW 1
19:37:49,962 INFO  [STDOUT] JSF after Phase:RESTORE_VIEW 1
19:37:49,993 INFO  [STDOUT] JSF before Phase:RENDER_RESPONSE 6
19:37:50,243 INFO  [STDOUT] JSF after Phase:RENDER_RESPONSE 6
19:37:50,259 INFO  [STDOUT] Portlet: end of doView
```

Dies ist die Ausgabe bei einem initialen Aufruf des Portlets. Es erfolgt lediglich eine Darstellung, noch keine Aktionsverarbeitung. Es ist gut zu erkennen, dass lediglich die Portlet-*doView*-Methode aufgerufen wird und darin die JSF-Phasen 1 und 6. Bei einer Aktion im Portlet erhält man dann folgende Ausgabe:

```
19:42:49,355 INFO  [STDOUT] Portlet: starting with processAction
19:42:49,371 INFO  [STDOUT] JSF before Phase:RESTORE_VIEW 1
19:42:49,371 INFO  [STDOUT] JSF after Phase:RESTORE_VIEW 1
19:42:49,371 INFO  [STDOUT] JSF before Phase:APPLY_REQUEST_VALUES 2
19:42:49,371 INFO  [STDOUT] JSF after Phase:APPLY_REQUEST_VALUES 2
19:42:49,386 INFO  [STDOUT] JSF before Phase:PROCESS_VALIDATIONS 3
19:42:49,386 INFO  [STDOUT] JSF after Phase:PROCESS_VALIDATIONS 3
19:42:49,386 INFO  [STDOUT] JSF before Phase:UPDATE_MODEL_VALUES 4
19:42:49,386 INFO  [STDOUT] JSF after Phase:UPDATE_MODEL_VALUES 4
19:42:49,386 INFO  [STDOUT] JSF before Phase:INVOKE_APPLICATION 5
19:42:49,386 INFO  [STDOUT] JSF after Phase:INVOKE_APPLICATION 5
19:42:49,386 INFO  [STDOUT] Portlet: end of processAction
```

```
19:42:49,402 INFO  [STDOUT] Portlet: starting with doView
19:42:49,402 INFO  [STDOUT] JSF before Phase:RENDER_RESPONSE 6
19:42:49,449 INFO  [STDOUT] JSF after Phase:RENDER_RESPONSE 6
19:42:49,449 INFO  [STDOUT] Portlet: end of doView
```

Auch hier kann man wieder schön erkennen, dass zunächst der Request verarbeitet wird (Portlet-Action-Phase) und danach eine Darstellung des Portlets erfolgt. Zunächst wird dies auf die JSF-Phasen 1-5 abgebildet, danach erfolgt in JSF lediglich noch die Darstellung.

Sie sehen also, die Bridge arbeitet wie konzipiert. Wir haben genau das im Standard spezifizierte Verhalten, und die Anwendung scheint tatsächlich auch zu funktionieren. Natürlich ist dies nur ein Trivialbeispiel. Daher werden in den folgenden Abschnitten verschiedene Aspekte einer Anwendungsentwicklung vorgestellt und die Bridge daran genauer unter die Lupe genommen.

6.3 Anwendung der Bridge

In den folgenden Abschnitten werden verschiedene Aspekte der Bridge an konkreten Beispielen näher beleuchtet. Es wird dabei auch auf deren konkrete Konfigurationsmöglichkeiten eingegangen und die teilweise theoretischen Grundlagen aus dem letzten Kapitel werden mit Leben gefüllt.

6.3.1 Setzen der DefaultViewId

In einer Portalumgebung kann eine spezielle Portlet-Seite nicht direkt über einen URL adressiert werden. Vielmehr wird immer eine komplette Portalseite aufgebaut, die Ausgaben einzelner Portlets enthält. Somit muss die Bridge entscheiden, welche View initial angezogen werden soll. Da sich dies aus dem URL nicht ergibt, muss nach Informationen im Request gesucht werden. Ist auch dort keine Angabe enthalten, wird auf eine Default-View zurückgegriffen. In der *portlet.xml* kann pro Portlet Mode eine Default ViewId angegeben werden.

```
<portlet>
    <description>DefaultViewIdPortlet</description>
    <portlet-name>DefaultViewIdPortlet</portlet-name>
    <portlet-class>
        javax.portlet.faces.GenericFacesPortlet
    </portlet-class>

    <init-param>
        <name>javax.portlet.faces.defaultViewId.view</name>
        <value>/defaultviewid/example_view.jsp</value>
```

Listing 6.8: Setzen der Default ViewIds pro Portlet Mode

```
    </init-param>
    <init-param>
        <name>javax.portlet.faces.defaultViewId.edit</name>
        <value>/defaultviewid/example_edit.jsp</value>
    </init-param>
    <init-param>
        <name>javax.portlet.faces.defaultViewId.help</name>
        <value>/defaultviewid/example_help.jsp</value>
    </init-param>

    <expiration-cache>0</expiration-cache>
    <supports>
        <mime-type>text/html</mime-type>
        <portlet-mode>VIEW</portlet-mode>
        <portlet-mode>EDIT</portlet-mode>
        <portlet-mode>HELP</portlet-mode>
    </supports>

    <supported-locale>en</supported-locale>
    <portlet-info>
        <title>DefaultViewIdPortlet</title>
    </portlet-info>
</portlet>
```

Listing 6.8: Setzen der Default ViewIds pro Portlet Mode (Forts.)

Der PortletContainer erkennt an den angegebenen Portlet Modes im Tag *<supports>*, welche Modi unterstützt werden. Daraufhin werden in den Window Controls die entsprechenden Icons ausgegeben, mit denen in die anderen Modi gewechselt werden kann. Natürlich ist auch eine programmatische Änderung des Modes möglich.

In Listing 6.8 sehen Sie zunächst den Auszug aus einer *portlet.xml*. Das *DefaultViewIdPortlet* unterstützt die Portlet Modes *VIEW*, *EDIT* und *HELP*. Der Bridge wird über den Init-Parameter *javax.portlet.faces.defaultViewId. + Mode* die entsprechende JSF-Seite mitgegeben. Anschließend greifen dann die üblichen JSF-Navigationsregeln für Folgeseiten, die sich aufgrund von Aktionen auf der angezeigten JSF-Seite ergeben.

6.3.2 Navigation zwischen Portlet Modes

Die Bridge sorgt dafür, dass ein JSF Portlet sich für einen JSF-Entwickler fast so ähnlich anfühlt wie bei einer klassischen JSF-Programmierung. Dies bedeutet auch, dass ein Seitenwechsel innerhalb der Anwendung weiterhin über die JSF-Navigationsregeln erfolgen kann.

Abbildung 6.3: Wechsel der Portlet Modes

In Abbildung 6.3 sehen Sie eine Maske, von der aus Sie auf eine Folgeseite oder auch eine Seite zurück wechseln können. Alles nichts Spektakuläres. Zusätzlich gibt es jetzt aus den verschiedenen JSF-Seiten die Möglichkeit, auf eine zentrale Hilfeseite wechseln zu können. Auch dies könnte mit einer klassischen JSF-Navigationsregel umgesetzt werden. Um jedoch ein bisschen mehr „Portal-Flair" aufkommen zu lassen, möchte man einen Wechsel auf die Hilfe-Seite auch über die Window Controls ermöglichen. Es wäre daher schön, wenn das Portlet zusätzlich den Help-Modus unterstützen würde.

Kein Problem, könnte man zunächst meinen: In der *portlet.xml* kann eine weitere Default-View bereitgestellt werden, die bei Umschaltung des Portlet Modes angezeigt wird. Wenn man jetzt aber die Umschaltung des Portlet Modes auch über einen JSF CommandButton realisieren möchte, muss man diese Zusatzinformation in den Navigationsregeln mit angeben:

```
<navigation-case>
    <from-outcome>help</from-outcome>
    <to-view-id>
        /navigation/help.jsp?javax.portlet.faces.PortletMode=help
    </to-view-id>
</navigation-case>
```

Listing 6.9: Navigationsfall für den Wechsel eines Portlet Modes

In Listing 6.9 sehen Sie, dass im Navigationsfall ein zusätzlicher Parameter angegeben wurde. Damit erreichen Sie, dass der Portlet Mode bei diesem Navigationsfall mit gewechselt wird. Voila! Schon haben wir etwas mehr Portal-Flair in der JSF-Anwendung.

Doch nun haben wir ein weiteres kleines Problem: Wir haben eine (zentrale) Hilfeseite, die von den anderen drei Seiten angesprungen werden kann. Wenn man in der Hilfeseite nun den Zurück-Button betätigt, möchte man immer auf die zuvor aktive Seite zurückspringen. Man kann somit keine fixe Navigationsregel erfassen, da der Rücksprung immer relativ erfolgen soll. Die Bridge sieht dazu folgende Möglichkeit vor:

```
<navigation-case>
    <from-outcome>view</from-outcome>
    <to-view-id>
        #{sessionScope['javax.portlet.faces.viewIdHistory.view']}
```

Listing 6.10: Navigationsregel vom Edit- in den View-Modus

```
    </to-view-id>
  </navigation-case>
```

Listing 6.10: Navigationsregel vom Edit- in den View-Modus (Forts.)

Damit ist die Anwendung rund. Man kann die Portlet Modes nahtlos in die JSF-Anwendung integrieren. Auch ein Zurücknavigieren auf die letzte Seite vor einem Mode-Wechsel wurde bedacht und funktioniert.

6.3.3 FacesMessages

JSF bietet den Komfort, dass beispielsweise bei Konvertierungs- oder Validierungsfehlern Nachrichten automatisch erzeugt und in die Seite hinein gerendert werden (falls ein *<h:messages>*-Tag gesetzt ist). Im Grundlagenkapitel zu JSF haben Sie gelernt, dass JSF einen fest definierten Lebenszyklus hat. Treten nun beispielsweise in Phase 3 (Process Validation) Fehler auf, erzeugt JSF automatisch FacesMessages und setzt diese als Request-Attribute. In der Phase 6 (Render Response) werden die FacesMessages aus dem Request gelesen und dargestellt. Im Portal existieren jedoch zwei getrennte Phasen, eine processAction- und eine Render-Phase. Die Bridge übernimmt es, dass alle (relevanten) Request-Attribute zwischen den beiden Portlet Phasen erhalten bleiben (Bridge Managed Scope) und JSF damit wie gewohnt funktionieren kann. Im folgenden Beispiel wird beim Auslösen eines Command Buttons eine FacesMessage erzeugt und in den FacesContext gelegt. Wenn diese dann zur Anzeige kommt, ist damit der Beweis erbracht, dass die Bridge ihre Aufgabe korrekt ausführt.

Abbildung 6.4: Ausgabe von Meldungen

In Abbildung 6.4 sehen Sie die Ausgabe einer FacesMessage als Reaktion auf den Knopfdruck *PushMe*. Die FacesMessage ist ein Request-Attribut, das nur für den jeweils aktuellen (Faces-) Request gesetzt und in der JSF-Render-Phase ausgegeben wird.

Sie können jetzt im Portal auch die Seiten wechseln. Sobald Sie jedoch wieder auf diese Beispielseite zurück wechseln, wird die FacesMessage angezeigt. Diese verschwindet erst wieder, wenn eine neue Aktion auf der Seite ausgelöst wird. So können Sie einfach den zweiten Command Button auslösen. Dieser macht an sich überhaupt nichts außer

entwickler.press

einen nochmaligen Seitenaufbau zu bewirken. Da FacesMessages nur für einen Request vorliegen, verschwindet anschließend die Message wieder. Dieses Beispiel verdeutlicht sehr schön die Funktionsweise der Bridge. Solange ein Portlet einen bestimmten Zustand hat, wird dieser bei jeder Seitenanzeige so auch wieder hergestellt. Ein Wechsel der Portalseiten ändert also nicht den Zustand dieses speziellen Portlets. Erst bei Aktionen innerhalb des Portlets entsteht ein neuer Zustand, der dann ggf. wieder durch die Bridge zwischengespeichert werden muss.

In diesem Zusammenhang ist auch die Konfiguration des Managed Request Scopes interessant. Es kann nämlich konfiguriert werden, wie viele Scopes vorgehalten werden sollen. Dies hat natürlich Auswirkungen auf das Verhalten eines speziellen Portlets. Vorerst begnügen wird uns damit, dass wir den Zustand des Portlets korrekt speichern können und dies am Beispiel der FacesMessages auch demonstrieren konnten.

6.3.4   Faces Request Scope

JavaServer Faces kennt einen Request Scope. Dieser Request Scope besagt, dass Beans so lange gültig sind, bis der Request komplett abgearbeitet wurde. JSF geht dabei davon aus, dass sämtliche sechs Lebenszyklusphasen in einem kompletten Request abgearbeitet werden. In der Portlet-Welt ist das jedoch ein wenig anders: Es gibt einen Action-Request und einen RenderRequest. Folglich müssen Beans beide PortletRequests überdauern. Genau dafür ist die Bridge verantwortlich.

Abbildung 6.5: Faces Request Scope

In Abbildung 6.5 wird in einem Formular ein Wert abgefragt und auf der gleichen Seite auch wieder ausgegeben. Der Wert wird in einer Faces Managed Bean gespeichert, die den Scope Request hat. Folglich wird beim Abschicken des Formulars mit einem neuen Wert die Bean instanziiert, der neue Wert des Eingabefeldes gesetzt und die Antwortseite gerendert. Nachdem die Seite gerendert wurde, wird die Bean wieder zerstört. Der Quellcode der Seite ist in Listing 6.11 abgebildet.

```
<h:form>
    Eingabe: <h:inputText value="#{MyRequestBean.text}" />
    Ausgabe: <h:outputText value="#{MyRequestBean.text}" />
    <br><br>
    <h:commandButton action="success" value="Submit" />
```

Listing 6.11: Test des Faces Request Scopes

```
  <h:commandButton action="forward" value="Weiter" />
  <h:commandButton action="cancel" value="Cancel" immediate="true" />
</h:form>
```

Listing 6.11: Test des Faces Request Scopes (Forts.)

Wichtig ist, dass sowohl das Eingabefeld wie auch das Ausgabefeld auf dieselbe Property weisen. Damit kann im Eingabefeld ein neuer Wert eingegeben werden, der nach dem Abschicken des Formulars im Ausgabefeld angezeigt wird.

Die Buttons auf der Seite bewirken Folgendes: Wenn auf *Weiter* geklickt wird, wird auf eine Folgeseite navigiert, in der ebenfalls wieder die Property ausgegeben wird. Da sowohl der Post der Seite wie auch das anschließende Rendern der Folgeseite in einem JSF Request passiert, müsste der neu eingegebene Wert ersichtlich sein. Beim Zurücknavigieren muss die Bean resettet werden, da sie ja lediglich im Request lebt.

Der Button *Submit* ist mit keiner Navigationsregel verbunden. Er schickt lediglich die Seite ab und stellt die gleiche Seite wieder dar. Damit kann demonstriert werden, dass beim Abschicken des Formulars der Wert tatsächlich in die Managed Bean geschrieben wird.

Das Verhalten der Bridge kann man auch dann wieder sehr schön beobachten, wenn man zunächst einen neuen Wert eingibt und ihn mittels *Submit* abschickt. Der neue Wert wird dann zwar auf der Maske noch angezeigt, im Hintergrund ist die Bean jedoch bereits zerstört worden, da der JSF Request vorüber ist. Wird jetzt jedoch wieder zwischen den Portalseiten gewechselt, wird der Wert bei einem Zurückwechseln wieder angezeigt. Der Wert kann deshalb wieder angezeigt werden, da die Bridge die Umgebung für diesen einen Seitenaufbau gerettet hat.

6.3.5 PreserveActionParams

Die Portlet-Spezifikation besagt, dass Action-Request-Parameter nur in der Action-Phase gesetzt sind. In einer folgenden Render-Phase sind sie nicht mehr vorhanden, selbst wenn beide Phasen unmittelbar aufeinander folgen. In reiner Portlet-Programmierung kann man sich damit behelfen, dass man in der Action-Phase so genannte Render-Parameter setzt. Damit können aus der Action-Phase bestimmte Parameter in die Render-Phase übernommen werden.

In der Bridge existiert ein zusätzlicher Init-Parameter, mit dem dieses Verhalten gesteuert werden kann. Der Parameter *javax.portlet.faces.preserveActionParams* steuert, ob Action-Request-Parameter nur während der Action-Phase vorgehalten werden, oder ob sie während des Bridge Request Scopes gespeichert werden.

```
Eingabe der Message:
  <h:inputText id="myMessage" value="#{GreetingBean.message}" />


Ausgabe der Message über JSF:
  <h:outputText value="#{GreetingBean.message}" />
```

Listing 6.12: Test des Parameters javax.portlet.faces.preserveActionParams

```
Ausgabe der Message über Action Request Parameter:
    <h:outputText value="#{GreetingBean.messageActionRequestParameter}" />
```

Listing 6.12: Test des Parameters javax.portlet.faces.preserveActionParams (Forts.)

In Listing 6.12 sehen Sie den Ausschnitt aus einer Portlet-Seite, die zunächst nur den Wert einer Managed Bean ausgibt sowie ein Eingabefeld dafür vorsieht. Wenn das Formular abgeschickt wird, greifen zunächst die Portlet-Techniken. Alle Request-Werte werden in die Phase *processAction* übertragen, von wo Sie über das GenericFacesPortlet in die Bridge bis zum JSF Lifecycle transportiert werden. In JSF erfolgt die entsprechende Aktualisierung des Modells (der Managed Bean). Anschließend erfolgt die Render-Phase und die Werte werden aufgrund der Angaben in der Managed Bean wieder dargestellt. Jetzt könnte man allerdings testweise in der Render-Phase versuchen, auf die Request-Parameter zuzugreifen. Letztendlich ist es zunächst ein Formular, das mittels Post an den Server übertragen wird. Alle Eingabewerte sind natürlich als Post-Parameter im Request enthalten. Genau diese Abfrage erfolgt in der Methode *getMessageActionRequestParameter*.

```
public String getMessageActionRequestParameter() {
    String ret = "";
    FacesContext jsfContext = FacesContext.getCurrentInstance();
    String viewId = jsfContext.getViewRoot().getClientId( jsfContext );
    AbstractExternalContext jbossContext =
        (AbstractExternalContext)jsfContext.getExternalContext();

    String encodedViewId = jbossContext.encodeNamespace( ":"+viewId );
    Map<String, String> requestParameterMap
        = jsfContext.getExternalContext().getRequestParameterMap();

    ret = requestParameterMap.get( encodedViewId + ":myForm:myMessage" );
    return ret;
}
```

Listing 6.13: Zugriff auf Action-Request-Parameter

Diese Methode ist speziell für die JBoss PortletBridge realisiert. Es verdeutlicht jedoch das Verhalten des Parameters, das sich auch in der Referenzimplementierung der Bridge genau gleich verhält. In der Methode, die in der Faces-Render-Phase und damit auch in der Portlet-Render-Phase aufgerufen wird, erfolgt ein Zugriff auf die *RequestParameterMap*. Dies ist eine Map mit allen Request-Parametern des aktuellen Requests. Nochmals kurz zur Wiederholung: Die Request-Parameter enthalten während der Portlet-Action-Phase die Werte aus dem Formular, das gepostet wurde. In der Render-Phase sind diese per Default nicht mehr gesetzt (es ist ja eine neue Phase). Diese get-Methode wird jedoch aus der JSF-Seite heraus aufgerufen, was somit der Portlet-Render-Phase entspricht. Somit dürfte diese Methode zunächst lediglich einen Leer-String zurückliefern.

Um auf den Namen des Request-Parameters zu kommen, wird zunächst die Client-ID der View ermittelt. JBoss umgibt sämtliche Komponenten innerhalb der JSF-Anwendung mit einem zusätzlichen Namespace. Daher erfolgt zunächst ein Cast des ExternalContexts auf die JBoss spezifische Klasse *AbstractExternalContext*. Darüber lässt sich dann die Methode *encodeNamespace* aufrufen und somit den korrekten Namen des Request-Parameters ermitteln. Der Request-Wert ist jedoch in der Standardkonfiguration leer. Dies entspricht auch unseren Erwartungen, da Request-Parameter nur in der Portlet-Action-Phase vorhanden sind, nicht in der Portlet-Render-Phase.

```
<portlet>
    <description>PreserveActionParamsPortlet</description>
    <portlet-name>PreserveActionParamsPortlet</portlet-name>
    <portlet-class>javax.portlet.faces.GenericFacesPortlet</portlet-class>

    <init-param>
        <name>javax.portlet.faces.defaultViewId.view</name>
        <value>/preserveActionParams/example.jsp</value>
    </init-param>
    <init-param>
        <name>javax.portlet.faces.preserveActionParams</name>
        <value>true</value>
    </init-param>
    ...
</portlet>
```

Listing 6.14: Setzen des Parameters javax.portlet.faces.preserveActionParams

Setzt man nun in der *portlet.xml* den Parameter *javax.portlet.faces.preserveActionParams* auf *true* (vgl. Listing 6.14), erfolgt ein gänzlich anderes Verhalten: Die Action-Request-Parameter sind in der Render-Phase noch vorhanden und können ausgegeben werden.

Abbildung 6.6: Einsatz des Parameters PreserveActionParams

In Abbildung 6.6 sehen Sie die Ausgabe des Post-Parameters, wenn der Init-Parameter *javax.portlet.faces.preserveActionParams* auf *true* gesetzt ist. Diesen Parameter benötigen z. B. manche JSF-Komponentenbibliotheken, die vorwiegend für eine Servlet-Welt entwickelt wurden und jetzt in einer Portalwelt betrieben werden sollen. Dieser Parameter kann somit ein Verhalten erzeugen, das im Normalfall zwar nicht benötigt werden sollte, in bestimmten Situationen dennoch wichtig ist.

6.3.6 ExcludedRequestAttributes

Der Bridge Managed Scope sorgt dafür, dass Request-Attribute zwischengespeichert und von einer Action-Phase in die Render-Phase gerettet werden. Damit fühlt es sich für JSF so an, als ob der komplette Lebenszyklus in einem Request, also quasi einem Durchlauf, erfolgt wäre. Manchmal ist es jedoch nicht erwünscht, dass die Bridge bestimmte Request-Attribute zwischenspeichert. In diesen Fällen kann ein Parameter angegeben werden, der bestimmte Attribute von der Zwischenspeicherung auslässt.

```
<f:view>
    <h2>ExcludedRequestAttributes</h2>

    <h:form id="myForm">
        Ausgabe des Request Attributs:
            <h:outputText value="#{GreetingBean.requestAttribute}" />

        <h:commandButton action="#{GreetingController.setRequestAttribute}"
                         value="Setzen eines Attributs" />
        <h:commandButton action="success" value="Do Nothing" />
    </h:form>
</f:view>
```

Listing 6.15: Ausgabe von Request-Attributen

Im Portlet aus Listing 6.15 wird zunächst eine Variable *requestAttribute* ausgegeben. Darin wird auf ein Request-Attribut zugegriffen. Wie dieser Zugriff erfolgt, ist in Listing 6.16 zu sehen.

```
public String getRequestAttribute() {
    String ret = "";
    FacesContext jsfContext = FacesContext.getCurrentInstance();
    RenderRequest renderReq
        = (RenderRequest)jsfContext.getExternalContext().getRequest();
    ret = ""+renderReq.getAttribute( "myTestAttribute" );
    return ret;
}
```

Listing 6.16: Zugriff auf ein Request-Attribut

Das Setzen des Attributs erfolgt explizit in der Methode *setRequestAttribute*, die in Listing 6.17 abgebildet ist.

```
public String setRequestAttribute() {
    FacesContext jsfContext = FacesContext.getCurrentInstance();
    ActionRequest actionReq
        = (ActionRequest)jsfContext.getExternalContext().getRequest();
    actionReq.setAttribute( "myTestAttribute",
                            "Time: " + System.currentTimeMillis() );
    return null;
}
```

Listing 6.17: Setzen eines Request-Attributs

Wenn jetzt der Button *Setzen* betätigt wird, wird in der Aktionsmethode zunächst ein Request-Attribut gesetzt. Das Setzen erfolgt in der JSF-Phase *Invoke Application*, die in der Portlet-Action-Phase aufgerufen wird. Da wir im Bridge-Umfeld sind, wird dieses Attribut im Bridge Managed Scope gespeichert und kann daher in der Faces-Render-Phase wieder ausgegeben werden. Wird der Button *Do Nothing* betätigt, verschwindet der Wert wieder, da in dieser neuen Action-Phase kein Attribut mehr gesetzt wird.

Abbildung 6.7: Ausgabe beim Zugriff auf ein Request-Attribut

Wird jetzt somit über den ersten Button in der Faces-Action-Phase ein Request-Attribut gesetzt, wird durch den Bridge Managed Scope sichergestellt, dass das Attribut in der JSF-Render-Phase immer noch vorhanden ist. Abbildung 6.7 beweist, dass dies auch tatsächlich funktioniert, da eine Ausgabe an der Oberfläche zu erkennen ist. Die Bridge arbeitet somit wie spezifiziert und erwartet.

Möchte man das Speichern des Request-Attributs verhindern, kann explizit mit dem Init-Parameter *javax.portlet.faces.excludedRequestAttributes* dieses Verhalten unterbunden werden.

```
<portlet>
    <portlet-name>ExcludedRequestAttributePortlet</portlet-name>
    <portlet-class>
        javax.portlet.faces.GenericFacesPortlet
    </portlet-class>
</portlet-class>
```

Listing 6.18: Verwendung des Parameters javax.portlet.faces.excludedRequestAttributes

```
<init-param>
    <name>javax.portlet.faces.excludedRequestAttributes</name>
    <value>myTestAttribute</value>
</init-param>
...
</portlet>
```

Listing 6.18: Verwendung des Parameters javax.portlet.faces.excludedRequestAttributes (Forts.)

Im Beispiel in Listing 6.18 wird jetzt das Attribut *myTestAttribute* explizit ausgeschlossen. Das Verhalten danach ist, dass nach Drücken des Buttons *Setzen* der Wert in der Oberfläche nicht mehr erscheint.

Abbildung 6.8: ExcludedRequestAttribute

Damit hat man als Entwickler beide Alternativen. Standardmäßig werden sämtliche Attribute zwischengespeichert. Mit Ausnahme derer natürlich, die in der Bridge selbst schon ausgeschlossen sind. Möchte man spezielle Attribute ausschließen, kann dies ebenfalls durch konfigurative Maßnahmen erreicht werden.

6.3.7 Maximum Number of Managed Request Scopes

Der Managed Request Scope ist in der JSR-301-Spezifikation der Ansatz, um eine JSF-Umgebung zwischen den beiden Portlet-Phasen *Action* und *Render* zu sichern. Dafür wird natürlich etwas Speicher benötigt. Es gibt nicht nur einen Managed Request Scope, sondern viele, wenn das Portal entsprechend zahlreich verwendet wird. Der Managed Request Scope wird von der Bridge verwaltet. Diese speichert die Scopes letzten Endes im PortletContext. Es gibt einen PortletContext pro Portlet-Applikation und Virtual Machine. Somit können mehrere Portlets einer Portlet-Applikation auf den gleichen PortletContext zugreifen und damit auch weitere Scopes in Beschlag nehmen. Für eine mögliche Gesamtzahl der Scopes spielt es somit eine wesentliche Rolle, wie viele Portlets der Portlet-Applikation Daten im Managed Request Scope ablegen möchten. Zudem spielt die Session natürlich eine Rolle. Jede Benutzersitzung (Session) benötigt auf einem Portlet ihren eigenen Managed Request Scope. Sie möchten ja auch nicht den Scope eines wildfremden Besuchers plötzlich in ihrer Anwendung haben. Auch ist der Portlet Mode ein weiteres Kriterium, für das ein Scope bereitstehen muss. Durch unterschiedliche Portlet Modes bedingt müssen auch innerhalb eines Portlets und einer Session verschiedene Zustände gespeichert werden. Einen eben pro Portlet Mode.

Sie sehen an den vielen Konstellationen, dass die Zahl der Bridge Managed Scopes schnell ansteigen kann. Natürlich kann gesteuert werden, wie groß die maximale Anzahl an Scopes sein darf. Wird diese Zahl überschritten, steht einem Portlet dann nicht mehr die Information zu einer Umgebung bereit. Dies kann natürlich ein nicht gewolltes Verhalten nach sich ziehen. In der Regel sollte es jedoch nicht zu gravierenden Problemen kommen. Es wird normalerweise die JSF-Seite im Portlet einfach nochmals angezeigt, eben dann ohne die vorher gesetzten Informationen.

Wenn Sie die maximale Anzahl der Scopes setzen möchten, können Sie in der *web.xml* Folgendes ergänzen:

```
<context-param>
    <param-name>javax.portlet.faces.MAX_MANAGED_REQUEST_SCOPES</param-name>
    <param-value>25</param-value>
</context-param>
```

Wenn Sie das Verhalten Ihrer Anwendung testen möchten, können Sie die Zahl probeweise sehr gering setzen, z. B. auf einen Wert kleiner 3. Wenn Sie jetzt mit mehreren Portlet Modes und zwei unabhängigen Browsern (Sessions) arbeiten, wird die Anzahl schnell erreicht, und das Verhalten kann demonstriert werden.

6.3.8 Expression Language

Mittels der Expression Language können Ausdrücke in JSF-Seiten adressiert werden. Die Expression Language ist dabei mittlerweile sehr mächtig geworden. In den ersten Versionen von JSF gab es noch eine eigene EL (die JSF EL). Zusätzlich gab es noch die JSP EL. Erst mit JSF 1.2 und JSP 2.1 hat man sich auf eine gemeinsame EL, die Unified Expression Language, geeinigt. Eine Expression ist vereinfacht formuliert alles, was in einem #{...}-Block steht. Dabei wird innerhalb der Expression häufig eine Managed Bean angesprochen:

```
<h:outputText value="#{GreetingBean.name}" />
```

Obige Ausgabe greift somit auf eine Managed Bean GreetingBean zu, das in einer *faces-config*-Datei bekannt sein muss. Neben den explizit deklarierten Elementen gibt es noch zusätzliche implizite Objekte. Diese sind im Kontext bereits bekannt und können ohne spezielle Deklaration verwendet werden, z. B. *facesContext*.

```
<h:outputText value="#{facesContext.viewRoot.locale}" />
```

Diese Ausgabe liefert die aktuell gesetzte Locale zurück. *facesContext* ist dabei in keiner *faces-config* explizit gesetzt, sondern wird implizit durch einen EL-Resolver aufgelöst. Die Bridge definiert jetzt einen weiteren zusätzlichen EL-Resolver, der weitere implizite Objekte kennt. Auf diese kann über dieselbe Syntax zugegriffen werden.

```
<h:outputText value="#{portletPreferences['bookmarkOfDay']}" />
```

Über diesen Aufruf kann beispielsweise über die PortletPreferences zugegriffen werden. Damit haben Sie auch in JSF über die impliziten Objekte Zugriff auf die Portlet-spezifischen impliziten Objekte. Das vollständige Beispiel des Portlets ist in Listing 6.19 abgebildet.

```
<%@ taglib uri="http://java.sun.com/jsf/html" prefix="h" %>
<%@ taglib uri="http://java.sun.com/jsf/core" prefix="f" %>


<f:view>
    <h2>Verwendung der Expression Language:</h2>
    Locale:
        <h:outputText value="#{facesContext.viewRoot.locale}" />
    PortletPreferences:
        <h:outputText value="#{portletPreferences['bookmarkOfDay']}" />
</f:view>
```
Listing 6.19: Verwendung der EL

Eine Liste von impliziten Objekte und deren Verwendung finden Sie in Kapitel 5.4.8.

6.3.9   Einbinden von Bildern

Als letztes kleines Beispiel in der Anwendung der Bridge noch ein kleiner Exkurs in die Welt der bunten Bilder. Eigentlich ist dieser Abschnitt fast überflüssig, aber als Abrundung nach so vielen komplizierten Zusammenhängen passt das noch ganz gut herein. Wenn Sie Bilder in einer Portlet-Seite anzeigen möchten, können Sie das *<h:graphic-Image>*-Tag aus JSF verwenden. Diesem Tag können Sie einen URL relativ zur Context Root angeben. Bei Verwendung der Bridge ändert sich hieran überhaupt nichts.

```
Hier kommt ein Bild ...
<h:graphicImage url="/images/schweiz.gif" />
```
Listing 6.20: Anzeige von Bildern in einem Portlet

Das Bild – in diesem Fall die Fahne der Schweiz – liegt im Verzeichnis */images* innerhalb der Portlet-Anwendung. Es wird im Portlet dann entsprechend angezeigt. Mehr ist dazu nicht zu sagen. Sie sehen, es gibt auch Dinge, die funktionieren einfach, ohne große Erklärung.

6.4   Dos and Donts

In den letzten Kapiteln haben Sie viel über den Einsatz der Portlet Bridge gelernt. Mit dem Basiswissen über Portlets und JavaServer Faces sind Sie damit bestens gerüstet, moderne und leistungsfähige Portalanwendungen zu erstellen. Was Sie bislang jedoch hauptsächlich gelernt haben war, **wie** man am besten etwas realisiert. In den folgenden Beispielen möchte ich Ihnen jedoch auch zeigen, was man besser **nicht** machen sollte.

Denn es gibt im Zusammenhang mit der Anwendungsentwicklung von Portlets einige No-Gos, die man auf jeden Fall berücksichtigen sollte, bevor man eine Anwendung zu programmieren beginnt.

Zugriff auf Request-Attribute

Request-Attribute sind Attribute, die lediglich für den aktuellen Request gültig sind. Sobald der aktuelle Request abgearbeitet ist, stehen die Attribute nicht mehr zur Verfügung. JSF nutzt Request-Attribute, um beispielsweise FacesMessages für die Render-Phase zu speichern. In den Grundlagenkapiteln zur JSR-301-Bridge haben Sie bereits gesehen, dass die Bridge für die Speicherung der Attribute zwischen den beiden Portlet-Phasen verantwortlich ist.

Jetzt kann es aber durchaus den Fall geben, dass Sie manuell Request-Attribute setzen oder abfragen möchten. Folgendes Codefragment wäre daher durchaus denkbar:

```
FacesContext jsfContext = FacesContext.getCurrentInstance();
HttpServletRequest req = (HttpServletRequest)
        jsfContext.getExternalContext().getRequest();
Object obj = req.getAttribute( "meinEigenesAttribut" );
```

Dieses Codefragment ist in einer Servlet-Umgebung ohne Probleme lauffähig. Im Portlet liefert der Aufruf jedoch eine ClassCastException, da der ExternalContext kein *HttpServletRequest* zurückliefert, sondern ein *PortletRequest*. Genaugenommen erhalten Sie einen ActionRequest oder einen RenderRequest zurück, abhängig von der Phase, in der sich das Portlet momentan befindet. Diese Art des Castings ist somit zu vermeiden.

Glücklicherweise stellt JSF bereits Möglichkeit zur Verfügung, wie Sie auf Request-Attribute zugreifen können, ohne auf den jeweiligen konkreten Request casten zu müssen.

```
FacesContext jsfContext = FacesContext.getCurrentInstance();
Object obj =
    jsfContext.getExternalContext().getRequestMap().get("meinEigenesAttribut");
```

Hier sehen Sie, dass über den Aufruf *getRequestMap* direkt auf ein Attribut zugegriffen werden kann, und das in einer Servlet- und Portlet-unabhängigen Weise. Dieser Weg ist somit zu bevorzugen.

Verwendung von Redirect

Redirects werden in Servlet-Anwendungen häufig verwendet, um auf externe Seiten zu verlinken. So kann beispielsweise ein Link auf Google oder Amazon gesetzt und in der Request-Verarbeitung serverseitig auf diese Seiten weitergeleitet werden.

In einem Portal sollte man jedoch mit Redirects vorsichtig verfahren. Ist es wirklich gewollt, dass bei Aufruf eines Links die komplette Seite z. B. auf Google oder Amazon umgelenkt wird? Bedenken Sie, dass Sie in einem Portlet nur ein kleiner Teil der großen Portalseite sind. Darf nun ein kleines Portlet die komplette Seite beeinflussen und eine ganz andere Seite anzeigen?

jsfContext.getExternalContext().redirect("http://www.google.de");

Obiger Aufruf z. B. in einer JSF-Methode kann zudem zu Exceptions führen. Wurde bereits in die Response geschrieben, wirft der Container eine entsprechende Exception. Hier ist somit stark zwischen der Servlet-Welt und der Portalwelt zu unterscheiden. Am besten ist jedoch, man verwendet überhaupt keine Redirects.

Eigenes JavaScript

Auch wenn in Zeiten von modernen JSF-Komponenten die Notwendigkeit, eigenes Java-Script zu schreiben, gegen Null tendiert, bleibt immer noch ein gewisses Restrisiko. Es kann immer wieder einmal die Anforderung geben, ein eigenes kleines JavaScript in eine JSF-Seite einbauen zu müssen, um irgendeine Sonderbehandlung realisieren zu können. Gerne sieht man dann in JSF-Anwendungen folgenden Code:

```
function meinCoolesJavaScript() {
    alert(„Wichtige Mitteilung");
}
```

Dieses JavaScript wird entweder dynamisch gerendert, oder es steht direkt „hart" in der JSP-Seite. Der Aufruf eines solchen JavaScripts kann beispielsweise wie folgt geschehen:

```
<h:commandButton value="Click" action="success" onclick="sayHello();" />
```

Dieses JavaScript hat es in einem Portal sehr schwer. Denn falls es auf einer Portalseite, die ja durchaus mehrere Portlets enthalten kann, eine gleiche Funktion gibt, kommt es zu einer Kollision. Oder das Portlet wird mehrfach auf einer Seite platziert, auch ein gültiges Portalszenario. Daher müssen sämtliche JavaScript-Funktionen und deren Aufrufe so gestaltet werden, dass es nicht zu Konflikten kommen kann (vgl. dazu Kapitel 2.12.4).

Ein besseres JavaScript könnte beispielsweise wie folgt aussehen:

```
<script>
    function <portlet:namespace/>sayHello() {
        alert("Hallo aus dem Portlet !");
    }
</script>
```

Hier sehen Sie, dass mit dem Portlet-Tag *<portlet:namespace>* gearbeitet wird. Damit wird die Funktion insgesamt eindeutig, auch wenn dasselbe Portlet mehrfach auf einer Seite angeordnet wird. Ein korrekter Aufruf dieses JavaScripts könnte wie folgt funktionieren:

```
<h:commandButton value="Click" action="success"
    onclick="#{GreetingController.namespace}sayHello();" />
```

Sie sehen, dass vor der eigentlichen JavaScript-Funktion ein EL-Aufruf erfolgt, der zunächst ebenfalls den Namespace ermittelt. Dieser Aufruf liefert das gleiche Ergebnis wie das *<portlet:namespace>*-Tag, nur eben mit JSF-Mitteln. Ich zeige die Methode der Vollständigkeit halber natürlich ebenfalls:

```
public String getNamespace() {
    FacesContext jsfContext = FacesContext.getCurrentInstance();
    return jsfContext.getExternalContext().encodeNamespace( "" );
}
```

Dieses Beispiel hat als Annahme zugrunde gelegt, dass Sie das JavaScript direkt in der JSP-Seite schreiben und nicht durch eine Komponente generieren lassen. Falls Letzteres der Fall wäre, könnten Sie das JavaScript gleich mithilfe der JSF-Bordmittel korrekt erzeugen und müssten nicht das *<portlet:namespace>*-Tag verwenden.

Die wichtigste Botschaft dieses Abschnitts ist es jedoch, dass auf das Encoding geachtet wird, wenn eine Servlet-Anwendung in das Portal gebracht wird.

Upload-Funktionalität

Ein Upload zu realisieren kann entweder sehr aufwändig oder sehr einfach sein. Ok, das ist jetzt keine revolutionär neue Lebensweisheit. Aber ein Upload, komplett selbst umgesetzt, ist sowohl in der Servlet- wie auch in der Portlet-Welt durchaus eine Herausforderung. Zum Glück gibt es jedoch viele JSF-Komponentenbibliotheken, die einem eine Upload-Komponente bereits anbieten. Sie übernehmen in der Regel die Verarbeitung eines Multipart-Requests und stellen lediglich ein Byte-Array oder eine fertige Datei in eine Managed Bean.

Sollten Sie jedoch einmal in die Verlegenheit kommen, eine eigene Upload-Funktionalität umsetzen zu müssen, berücksichtigen Sie mindestens einmal das Projekt fileUpload in den Apache-Commons-Komponenten. Hierin sind bereits einige wichtige Basisfunktionalitäten enthalten. Eine Einbindung in eine Servlet- oder Portlet-Umgebung müssen Sie zwar immer noch selbst vornehmen, aber ein gewisses Basisset an Funktionalität wird zumindest bereitgestellt.

Der einfachste Weg ist und bleibt aber auf jeden Fall, eine fertige JSF-Komponente einzusetzen, die genau die geforderte Funktionalität bereits mitbringt. Der Markt an JSF-Komponenten ist mittlerweile riesig und bietet genügend Auswahl, hier eine passende Komponenten für ihren Upload zu finden.

Verwendung von Servlet-Filtern

Servlet-Filter werden eingesetzt, um ankommende Requests zu wrappen. Es kann damit vor und nach dem eigentlichen Request manipulativ auf den Request eingewirkt oder bestimmte Aktionen durchgeführt werden. JSF-Komponentenbibliotheken verwenden teilweise Servlet-Filter, um Ressourcen (JavaScript, CSS) an die fertige HTML-Seite anhängen zu können. Dabei wird teilweise der komplette HTML-Output nochmals geparst und Zusatzinformationen in die Seite mit aufgenommen.

Genau solche Konstrukte verursachen im Portal natürlich Probleme. Zwar gibt es mit Portlet 2.0 jetzt durch Portlet-Filter ein ähnliches Konstrukt, doch viele Komponentenbibliotheken sind noch nicht darauf ausgelegt.

Somit müssen Sie einerseits in ihrem eigenen Sourcecode darauf achten, möglichst ohne Servlet-Filter auszukommen. Andererseits müssen Komponentenbibliotheken, die eingesetzt werden, auch auf ihre Funktionsweise im Portalumfeld hin überprüft und getestet werden.

Invalidieren einer Session

Wer hat dies nicht schon selbst des Öfteren gemacht? Eine Session „mal kurz" invalidieren, am besten beim Logout eines Benutzers. Im Portal jedoch kann dies verheerende Folgen haben. Nehmen wir auch hierfür wieder ein Codefragment:

```
FacesContext jsfContext = FacesContext.getCurrentInstance();
Object session =  jsfContext.getExternalContext().getSession( false );
```

Auch hier kann über den ExternalContext wieder ein Sessionobjekt bezogen werden. Der Rückgabewert ist jedoch vom Typ *Object*, somit muss noch ein Cast erfolgen. Je nach Umgebung ist zwischen einer HttpSession und einer PortletSession zu unterscheiden.

```
if(session instanceof HttpSession) {
   ((HttpSession)session).invalidate();
} else ( session instanceof PortletSession) {
   ((PortletSession)session).invalidate();
}
```

Obiges Codefragment ist zwar schon ganz gut, aber Probleme bereitet es dennoch. Wenn eine Anwendung sowohl in einem WebContainer wie auch in einem PortletContainer laufen soll, muss immer das Portlet API vorhanden sein. Es wird ja dagegen kompiliert. Dieses Manko kann man ggf. noch akzeptieren, allerdings sind die Folgen einer Sessioninvalidierung teilweise katastrophal. Während in einer Webanwendung lediglich die aktuelle Anwendung davon berührt wird, kann es im Portal anders aussehen. Denn mehrere Portlets einer Portlet-Applikation teilen sich eine gemeinsame PortletSession. Wird jetzt in einem Portlet die Session invalidiert, sind automatisch auch alle anderen Portlets dieser Portlet-Applikation davon betroffen. Hier muss somit mit Vorsicht an eine Sessioninvalidierung herangegangen werden.

6.5 JSF und Komponentenbibliotheken

Bislang haben wir uns ausschließlich mit Plain-JSF-Anwendungen im Portalumfeld beschäftigt. Dies funktioniert mithilfe der Bridge auch sehr gut. Ohne große Programmanpassungen ist es möglich, JSF-Anwendungen als Portlet zu betreiben. Allerdings haben Sie im Grundlagenkapitel zu JSF auch gelernt, dass JSF mehr ist als das reine UI-Framework und die wenigen Basiskomponenten. In JSF ist klar geregelt, wie Erweiterungen an das Framework angebracht werden können. Es war von Anfang an so beabsichtigt, dass im Standard hinsichtlich der UI-Komponenten nur ein Basisset zur Verfügung gestellt wird. Alles Weitere können Open-Source-oder kommerzielle Anbieter übernehmen. Dies ist bekanntermaßen auch erfolgt. UI-Komponentenbibliotheken gibt es mittlerweile schon so viele, dass man sie kaum noch alle kennen kann. Auch weitere Ergänzungen wie Facelets für Templating, Ajax4Jsf für eine AJAX-Integration oder Seam, um EJB3 und JSF näher zusammen zu bringen, bringen durchaus zusätzliche Komplexität in ein Projekt. Die entscheidende Frage ist nun, wie diese Ergänzungen sich im Portalumfeld verhalten bzw. wie eine Integration dieser Ergänzungen funktioniert.

Hier kann leider keine allgemeine Aussage getroffen werden. Man muss sich jede spezielle Bibliothek bzw. Ergänzung zu JSF genau anschauen und auf eine Portalintegration testen. Von manchen Komponentenbibliotheken ist es bekannt, dass sie problemlos auch im PortletContainer ablaufen, von anderen sind noch keine Informationen bekannt. Sicherlich ist der JSR-301 auch noch sehr neu, sodass sich hier noch viel ändern wird.

Als Beispiel sei an dieser Stelle RichFaces sowie Seam von JBoss erwähnt. Beide Ergänzungen können zusammen mit der JBoss-Implementierung der JSF Portlet Bridge recht problemlos in JBoss Portal betrieben werden.

JBoss liefert für das Anlegen von Portlet-Projekten in Verbindung mit Plain JSF, JSF + RichFaces und Seam so genannte Maven Archetypes, mit denen sehr schnell ein Projekt-Setup aufgebaut werden kann.

Apache Maven und Maven Archetypes

Apache Maven ist ein Java-basiertes Build- und Softwaremanagement-Werkzeug der Apache Software Foundation. Maven verfolgt stark das Prinzip von „Convention over Configuration". Hält man sich an die Konventionen von Maven (z. B. was die Projektstrukturierung anbelangt), so können sehr schnell Projekte kompiliert, getestet, gebaut und deployt werden. Auch eine Integration weiterer so genannter Plug-ins z. B. für eine Reporterzeugung ist sehr einfach möglich. Zentrales Element in einem Maven-Projekt ist die Datei *pom.xml*, in der alle projektrelevanten Informationen hinterlegt sind, z. B. Dependencies und zusätzliche Plug-ins. Zur Erzeugung von Projekten stellt Maven das Konzept der Archetypes zur Verfügung. Mit Archetypes können neue Projekte aufgesetzt werden, die auf einem „Template" basieren. In Archetypes sind alle relevanten Konfigurationen hinterlegt, auch Dependencies sind bereits korrekt konfiguriert.

Zur Demonstration wird zunächst ein JSF Portlet mit RichFaces-Integration aufgesetzt. Dazu kann mit Maven und einem Archetype ein vollständiges Projekt aufgebaut werden.

```
mvn archetype:generate
    -DarchetypeGroupId=org.jboss.portletbridge.archetypes
    -DarchetypeArtifactId=richfaces-basic
    -DarchetypeVersion=1.0.0.GA
    -DgroupId=org.whatever.project
    -DartifactId=myprojectname
    -DarchetypeRepository=http://repository.jboss.org/maven2/
```

Listing 6.21: Aufsetzen eines JSF RichFaces Portlets

Mit diesem Befehl erhalten Sie ein fertiges RichFaces-Projekt, das auch gleich in einem JBoss-Portalserver deployt werden könnte. Über den Maven-Befehl

```
mvn eclipse:eclipse
```

erzeugen Sie die notwendigen Eclipse-Artefakte, damit über den Importbefehl das Projekt in einen Eclipse Workspace importiert werden kann. Darin können Sie Ihre JSF-Rich-Faces-Anwendung „wie gewohnt" entwickeln. Damit Sie jedoch verstehen, welche Besonderheiten in der JBoss-Implementierung der JSR-301-Spezifikation stecken, seien im Folgenden die wichtigsten Konfigurationsdateien kurz erläutert.

Zum einen wird natürlich auch wieder ein Portlet-Deployment-Deskriptor *portlet.xml* benötigt. Dieser ist in Listing Listing 6.22 abgebildet.

```
<portlet>
    <portlet-name>RichFacesEchoPortlet</portlet-name>
    <portlet-class>
        javax.portlet.faces.GenericFacesPortlet
    </portlet-class>
    <init-param>
        <name>javax.portlet.faces.defaultViewId.view</name>
        <value>/pages/echo.xhtml</value>
    </init-param>
    <init-param>
        <name>javax.portlet.faces.preserveActionParams</name>
        <value>true</value>
    </init-param>
    <expiration-cache>0</expiration-cache>
    <supports>
        <mime-type>text/html</mime-type>
        <portlet-mode>VIEW</portlet-mode>
    </supports>
    <portlet-info>
        <title>RichFaces Echo Portlet</title>
    </portlet-info>
</portlet>
```

Listing 6.22: Erzeugte portlet.xml aus dem Archetype

Zunächst wird das aus dem JSR-301 bekannte GenericFacesPortlet als Portlet-Klasse hinterlegt. Zudem ist es jedoch wichtig, den Init-Parameter *javax.portlet.faces.preserveAction-Params* auf *true* zu setzen.

Auch in der *faces-config.xml* müssen bei Einsatz der JBoss Portlet Bridge ein paar zusätzliche Angaben gemacht werden.

```
<application>
   <view-handler>
      org.jboss.portletbridge.application.PortletViewHandler
   </view-handler>
   <state-manager>
      org.jboss.portletbridge.application.PortletStateManager
   </state-manager>
</application>
```

Listing 6.23: Erzeugte faces-config.xml

Es wird in der Faces-Konfigurationsdatei in separater View Handler sowie ein State-Manager registriert. Beide sind auf eine Integration von RichFaces und Seam hin optimiert. Da speziell bei RichFaces die verschiedenen UI-Komponenten diverse JavaScript-Dateien sowie Stylesheets benötigen, werden diese Dateien normalerweise im Head-Bereich der Gesamtseite angegeben. Da man im Portlet-Fragment jedoch darauf keinen direkten Zugriff mehr hat (Portlet-2.0-Features einmal außen vor), muss das Laden dieser Dateien an einer separaten Stelle erfolgen. JBoss hat hierfür eine eigene *jboss-portlet.xml* bereitgestellt.

```
<portlet>
   <portlet-name>RichFacesEchoPortlet</portlet-name>
   <header-content>
      <script src="/faces/rfRes/org/ajax4jsf/framework.pack.js"
              type="text/javascript"></script>
      <script src="/faces/rfRes/org/richfaces/ui.pack.js"
              type="text/javascript"></script>
      <link rel="stylesheet" type="text/css"
              href="/faces/rfRes/org/richfaces/skin.xcss"/>
   </header-content>
</portlet>
```

Listing 6.24: jboss-portlet.xml für JBoss

In dieser Datei werden zentral die zu ladenden JavaScript-Dateien und Stylesheets hinterlegt. Dies wird dann im Head-Bereich der Gesamtseite eingetragen.

Last but not least muss auch die *web.xml* noch ein wenig angepasst werden. Neben dem bekannten Faces-Servlet sowie dem dazu passenden Mapping muss ein Kontext-Parameter gesetzt werden:

```
<context-param>
   <param-name>javax.portlet.faces.renderPolicy</param-name>
   <param-value>NEVER_DELEGATE</param-value>
</context-param>
```

Listing 6.25: Kontext-Parameter in der web.xml

entwickler.press

Das war es dann aber auch! Das Projekt kann jetzt deployt werden, und die RichFaces-Komponenten stehen im Portlet zur Verfügung. Sie sehen, es sind zwar ein paar mehr Konfigurationsschritte notwendig, aber es ist überschaubar, auch RichFaces-UI-Komponenten im Portalumfeld nutzen zu können.

6.6 Fazit und Zusammenfassung

Zunächst einmal Herzlichen Glückwunsch! Sie haben sich tapfer durch das komplette Buch durchgearbeitet und können jetzt die Kombination von JSF und Portlets verstehen und in eigenen Anwendungen umsetzen.

Dieses Kapitel hat die konkreten Einsatzszenarien der JSF Portlet Bridge aufgezeigt und Sonderfälle exemplarisch vorgestellt. Sie haben gelernt, wie man ein JSF-Portlet-Projekt aufsetzen kann, welche Konfigurationseinstellungen notwendig sind und welche Auswirkungen einzelne Parameter haben können. Die letzten Abschnitte haben dagegen demonstriert, dass auch beim Einsatz der JSF Portlet Bridge Fehler in der Entwicklung gemacht werden können. Zwar versucht die JSF Portlet Bridge, eine „normale" JSF-Anwendung möglichst ohne Anpassungen ins Portal zu bringen, dazu müssen auf Seiten von JSF jedoch gewisse Konventionen eingehalten worden sein. Diese Konventionen, oder besser gesagt No-Gos, haben Sie ebenfalls kennen gelernt und wissen nun, worauf zu achten ist. Damit können Sie sich jetzt an ihre eigenen Projekte machen, um JSF-Anwendungen zu entwickeln, die später einmal ohne großen Aufwand auch in ein Portal gebracht werden können.

Ich hoffe, ich konnte Sie überzeugen, dass die Kombination von JSF und Portlets ein tatsächliches Dream Team ist und Anwendungen basierend auf dieser Konstellation zukunftsweisend sind.

Stichwortverzeichnis